本书获上海市Ⅱ类高原学科
（应用经济学科商务经济方向）资助

新金融环境下的
欧债危机
EUROPEAN DEBT CRISIS

郭娆锋　著

上海科学技术文献出版社
Shanghai Scientific and Technological Literature Press

图书在版编目（CIP）数据

新金融环境下的欧债危机 / 郭娆锋著 . —上海：上海科学技术文献出版社，2021

ISBN 978-7-5439-8251-2

Ⅰ.①新… Ⅱ.①郭… Ⅲ.①欧元区—债务危机—研究 Ⅳ.① F835.059

中国版本图书馆 CIP 数据核字 (2020) 第 272779 号

责任编辑：李　莺
封面设计：周　婧

新金融环境下的欧债危机
XIN JINRONG HUANJING XIA DE OUZHAI WEIJI
郭娆锋　著
出版发行：上海科学技术文献出版社
地　　址：上海市长乐路 746 号
邮政编码：200040
经　　销：全国新华书店
印　　刷：常熟市人民印刷有限公司
开　　本：720mm×1000mm　1/16
印　　张：15.25
字　　数：257 000
版　　次：2021 年 6 月第 1 版　2021 年 6 月第 1 次印刷
书　　号：ISBN 978-7-5439-8251-2
定　　价：68.00 元
http://www.sstlp.com

目录

导　论

　　21 世纪以来,随着通信技术的不断创新和发展,金融业也迎来了一场全新的技术革命——金融市场被技术驱动的新型金融活动和新型金融模式所包围,层出不穷的新兴金融工具和产品充斥着整个市场。然而,在新金融环境下,全球债务规模继续不断扩张,政府部门的财政赤字规模持续扩大。为了维持高消费的生活方式,西方发达国家形成一种负债经济发展模式,个人借贷消费,国家政府负债运行。同时,新金融环境为实体资产被置换为金融资产创造了极其便捷的条件,任何具有未来现金流的资产都能够被证券化后投入市场交易和流通,甚至可以以此类证券化产品为基础继续进行二次、三次方设计,发行更多的金融工具或产品。金融领域内的资本积累方式也发生了变化:利润的增长不完全来自经济增长,而主要来自于金融创新产品和衍生工具在市场波动中不断循环资金而产生的收入,金融市场被锁定在高风险投资之中,2008 年爆发的全球金融危机就是其极端的表现。随后,2010 年爆发的欧债危机更是反映了在当今金融环境下,国家的主权债务面临极大的信用危机,同时,也让全球经济继续负重前行。

　　回顾资本主义金融危机史,国家主权债务危机一般都爆发于新兴发展中国家,比如:20 世纪 80 年代的拉美债务危机、1994 年的墨西哥债务危机、1999 年的俄罗斯债务危机以及 2001 年的阿根廷债务危机。然而,2010 年的主权债务危机却在资本主义最发达国家中全面爆发,这确属少见。因此,危机爆发后,社会各界对此次欧债危机爆发的原因进行了深入的反思和探讨。可惜的是,对于这次欧债危机爆发的原因,现有的研究大多集中在表面,微观上把此次危机的直接原因归结为 2008 年美国金融危机的冲击以及国际信用评级机构的幕后推动,在宏观上把危机的主要原因归结为欧洲各国实行的高福利政策、欧洲一体化和欧元自身的缺陷以及欧洲南北国家经济发展差异等。这些反思虽然详细地说明了危机的实际状况和具体过程,但并未对深层原因进行进一步的探讨。经济危机发生的表层原因各有不同,但深层原因却往往是相同的。因此,本书试图以经济哲学的视角,立足于新金融环境下,对欧债危机进行再次深入思考,并对其深层原因进行全方位的考察和研究。

一、相关概念及解释

(一) 新金融

目前业界和学界对新金融并未有严格明确的定义。正如数年前流行的"新经济"概念是相对于传统经济而言的,"新金融"只是相对于原分业经营和分业管理的银行、证券、保险、期货、基金等传统金融活动和金融业务模式而言的,是对以互联网为代表的新一代信息通信技术催生、完全依托现代信息网络通信技术手段实现的新兴金融模式和新型金融活动的统称。[①]

(二) 主权债务危机

公债,即公共债务(public debt)是指国家或政府以自身的信用做担保,向国内外投资者或投资机构通过借款或发行债券等方式筹集资金,在此过程中形成的债权债务关系。它是政府部门举借的债务,由政府部门取得收入并向债权人支付一定利息的一种有偿形式。在某种意义上讲,公债又称主权债务(sovereign debt)或政府债务(government debt)。马克思从阶级的角度认为,公债不过是资产阶级增加税收和满足资产阶级掌握政权所造成新需要的一种新方式。恩格斯认为,随着文明时代的向前进展,甚至捐税也不够了,国家就发行期票,借债,即发行公债。布坎南认为,对政府来说,公债是代替税收的一种筹措公共支出所需资金的方法,在有限的程度内几乎总是可以利用的。在美国经典经济学教材中,公债被定义为政府未清偿的债务净存量。[②]

然而,通常情况下,市场所关注的债务危机多集中在企业等非主权主体。当一个非主权主体的债务人在规定的时间内未能按计划偿还本金或利息时,势必对债权人的利益造成损害。同时,债务人也丧失了从债权人那里继续获得贷款

---

① 彭绪庶,2019:《新金融企业的创新特征、影响因素及未来趋势》,《深圳大学学报(人文社会科学版)》,第 36 卷第 3 期。
② 史锦华,2011:《公债学》,中国社会科学出版社,第 3—4 页。

的可能性,从而进一步加大了危机发生的可能性。当不能按时偿还到期债务的债务人主体变为一国的中央政府时,该国政府的信誉将受到极大冲击,且势必引发进一步的信用危机;危机的蔓延也会影响与其相关的其他国家政府的主权信用评级,导致这些国家也无法正常偿还债务,如此一来,便产生了普遍的主权债务危机。因此,主权债务危机是指由一国的中央政府无法偿付到期债务而引发的主权信用危机,是一国政府失信、不能按时履行债务偿付义务而产生的一系列风险。爆发主权债务危机的国家并不能以企业申请破产的方式寻求保护,而主要的解决方法是申请第三方援助或宣布主权债务违约。所以,也可以把主权债务危机理解为一国中央政府即将或已经发生主权债务违约的情形。

(三) 马克思的预言: 危机产生的本质

19世纪后期,马克思对资本主义的命运做出了预言:资本主义的基本矛盾和阶级斗争必然会导致资本主义的灭亡。这预言的有力证据就是资本主义社会周期性爆发的经济危机。现如今,尽管资本主义社会仍然深受着经济危机的侵袭,但资本主义社会并未崩溃,发达资本主义经济体继续引领全球经济社会的发展。这样看来,马克思的预言是否失去了其科学性呢? 显然,面对马克思的批判,资本主义统治阶级针对经济危机以及化解资本主义社会矛盾等方面采取了相应的措施和改革,并在一定时间范围内让资本主义病态的社会取得了疗效。但这正从另一个角度证明了马克思预言的科学性,证明了马克思通过对经济危机的分析来说明资本主义社会发展规律的正确性,正如马克思所言:"只要指出在周期性的重复中越来越危及整个资产阶级社会生存的商业危机就够了。……在危机期间,发生一种在过去一切时代看来都好像是荒唐现象的社会瘟疫,即生产过剩的瘟疫。社会突然发现自己回到了一时的野蛮状态……仿佛是工业和商业全被毁灭了。"[①]

资本危机的原生态表现为生产过剩危机。马克思认为,这种资本主义社会的"生产过剩的瘟疫"是由资本主义的基本矛盾不断激化所决定的。资本主义社会的基本矛盾实质上是生产关系与生产力的矛盾不断扩大和深化,使得生产的物质发展和其社会形式之间形成对立并发生冲突,也即表现为生产的社会化与生产资料的资本主义占有形式之间的矛盾。资本主义社会进入机器大生产阶段

---

① 马克思,2012:《马克思恩格斯选集》第1卷,人民出版社,第406页。

以后,由于生产社会化程度越来越高,企业对社会的依赖程度也愈发强烈。经过残酷的竞争后,生产资料愈发集中在少数资本家手中。"资产阶级日甚一日地消灭生产资料、财产和人口的分散状态。它使人口密集起来,使生产资料集中起来,使财产聚集在少数人的手里"。[①] 而这些拥有生产资料的"少数人"——资本家——进行生产的唯一目的是为了给自身牟取暴利,因此他们会毫不犹豫地抛弃社会公众的利益。所以,可以说资本的这种本性决定了资本主义社会矛盾的主要内容,即"生产资料的集中和劳动社会化"与"资本主义私有制"之间的矛盾。

恩格斯对此也做出了解释,并认为在资本主义生产方式中,社会化生产仍然服从于一种以个体的私人生产为前提的占有形式。而在这种新的生产方式中,社会化生产与私人占有之间的矛盾,则包含了所有现代冲突的萌芽。新的生产方式越是在一切有决定意义的生产部门和一切在经济上起决定作用的国家占统治地位,从而把个体生产排挤到无足轻重的地位,社会的生产和资本主义占有的不相容性也必然越加鲜明地表现出来。资本主义的基本矛盾在经济领域的具体表现为"个别工厂中的生产组织性"和"整个社会生产中的无政府状态"之间的矛盾。具体来说,在自由竞争时期,作为个体的企业为了生存必须尽可能地获取利润,加强企业的组织性生产,通过不断改善经营管理提高生产效率。而这样的结果必然使得在整体的社会化生产中企业之间的竞争更加激烈,由此便进一步加剧了社会生产的无政府状态。同时,资本家为了追逐更多的利润,必定会无限度地加深对工人的剥削,造成工人的穷困和购买力的每况愈下。于是,无政府状态的盲目扩大再生产造成了供大于求的局面,矛盾的长期积累也必然导致周期性的生产过剩危机。

马克思的预言为资本主义统治阶级揭示了问题,也指出了资本主义社会的经济危机是由资本主义的基本矛盾所决定的。而马克思在解释资本主义基本矛盾的基础上,对资本的本性及其积累的研究为我们探寻资本主义社会的各类型危机的根源提供了线索。

二、关于欧债危机原因的文献综述

目前,对于欧债危机的研究,国内外的文献很多,基本上涵盖了各个方面,包括危机的演进、原因、传导、影响以及解决方案等。国内外学者、研究机构以及国

---

① 马克思,2012:《马克思恩格斯选集》第 1 卷,人民出版社,第 405 页。

际组织等社会各界关于欧债危机原因的研究大致形成了以下几种观点：

（一）全球金融危机的冲击及国际评级机构的推波助澜

国际货币基金组织（IMF）认为，受全球金融危机冲击，大多数国家的经济活动衰弱、税收减少、失业率急剧上升，政府不得不增加财政支出，同时降低税率，对金融体系提供担保和支撑。其结果是赤字显著增加，可能需要几年的时间才能削减赤字。[①] 迈克尔·D.波尔多、克里斯托弗·M.梅斯纳和大卫·斯达克（2009）通过实证对金融危机是否影响主权债务危机进行了研究，并得出结论：金融危机对主权债务危机的影响程度与一国的储蓄以及政府公信力有着密切关联。在金融危机的冲击下，外币债务占总债务的比率越高，其爆发债务危机的可能性就越大，造成一国永久性产出的损失也就越大。金融危机是导致主权债务危机爆发的直接原因之一。金融危机可以通过三种路径导致主权债务危机。第一种路径是通过政府出资缓释国际金融危机带来的国内银行风险。比利时经济学家保罗·德格劳威（2010）认为，由于欧洲金融机构受国际金融危机的冲击而遭受了重大的损失，为了维护整个金融系统的稳定，欧元区各成员国政府向其金融机构注入所需资金，由此造成了政府债务的大规模上涨。第二种路径是为了应对金融危机对各国经济的冲击，各国都采取了大规模的经济刺激计划。在金融危机爆发后，欧元区各成员国都开始实行积极的财政政策，由此来预防经济的进一步衰退。国际清算银行主席诺伊（2010）认为大规模经济刺激计划的实施使各国财政赤字上升、部分资产负债表显示状况恶化。第三种路径是经济下滑和财政收入锐减。受国际金融危机的影响，欧洲各国的经济都陷入不同程度的衰退。库尔塔斯和维拉米斯（2010）认为，经济衰退不仅导致国内生产总值减少，而且使财政收入下降，于是政府财政赤字和债务占国内生产总值比重迅速加大。

就信用评级机构而言，弗里德曼（1995）曾评论说："穆迪评级公司拥有强大的威慑力，与美国可以通过军事力量毁灭别国相似，穆迪可以通过信用降级使一个国家崩溃。"赫尔穆特（1999）通过对亚洲金融危机中主权评级的研究否定了其对货币危机的早期预警作用，并指出主权信用评级机构的介入进一步强化了投资者的羊群效应，放大了市场波动。希腊债务危机爆发后，在美国的信用评级机构的推动下，债务危机迅速蔓延至其他成员国，导致了欧债危机的全面升级。曼

---

① IMF Working Paper, European Department, Euro Area Sovereign Risk During the Crisis, Prepared by Silvia Sgherri and Edda Zoli, Authorized for Distribution by Luc Everaert, October, 2009.

加内利(2009)认为,从评级与债券利率的关系来看,评级机构的信用降级后政府债券利率显著高于正常水平,评级机构趋向于放大金融市场的波动性,具有显著的放大效应。国内学者李建军、宗良、甄峰(2012)通过对主权信用评级与国家风险的逻辑风险的实证研究,得出结论:美国、德国和法国等核心国家的评级调整并没有实质影响到其国家风险,而希腊、意大利和西班牙等风险国家的调级则显著影响到其国家风险。黄河(2011)认为,2008年次贷危机之后,外部资金流入对美国经济恢复显得尤为重要。一旦欧洲债务出现问题,华尔街从金融上获取的最直接好处是可以迫使原来流向欧元区的资金转为流向美国以寻求避险。美国评级机构利用了欧元区的制度设计缺陷与经济结构不平衡的弱点,以希腊等国为其突破口,引发欧债危机。范彦君、董裕平(2012)采用固定效应模型分别研究三大评级机构主权评级观察及评级降级对欧元区国家融资成本的市场影响,并发现主权评级对于市场长期影响不是很大,其中独立的降级影响不显著;评级负面观察的市场影响较独立的评级降级影响显著;评级观察及降级变化尽管对高级别国家的影响有限,但对A级以下的国家有明显的冲击影响。

(二) 统一的货币政策与分散的财政政策的矛盾

统一的货币政策与分散的财政政策被看作欧元区设计的"先天缺陷",成了学术界批判欧盟内部结构不够健全的集中攻击点,也被认为是欧债危机爆发的主要原因之一。经济学家弗里德曼(1999)认为,制约欧元区长远发展的根本因素在于欧元区内缺乏一致而又坚实的货币政策基础。他预言,欧元的生命会受第一次经济危机的冲击而终结,欧元区很有可能在年后就此解体。英国前首相约翰·梅杰曾说"英国之所以没有加入欧元区,是因为我们预见到欧元区内存在着结构性的缺陷"。拉赫曼(2010)认为,债务危机的爆发暴露了欧洲一体化的制度缺陷。希腊危机及欧洲债务问题暴露的是欧洲一体化进程的基础问题。帕西诺(2010)认为,欧元区的先天缺陷使得原本可以互补的财政与货币政策变得只能单方向行使。统一的货币政策对每个成员国的作用存在着差异,无法满足每一个国家的具体要求,不同的经济周期对应的影响也有所不同。在经济高涨期,统一的货币市场和市场错觉,使得南欧边缘国与北欧核心国具有相近的举债成本,由此降低了南欧国家的融资成本。米尔恩(2011)认为在欧元区内,各成员国失去了对货币政策和汇率政策的主导权,当欧元区的经济出现问题时,各成员国只能通过自身的财政政策进行调节。然而,一国实行扩张性的财政政策并不会引发本国的通货膨胀,所产生的成本却由整个货币区承担,由此会诱发严重的财政赤字。孙杰(2011)认为,欧元区严格的一体化制度背后存在的松散性是一个重要的问题。缪建民(2011)认为,欧洲经济与货币联盟中存在结构性矛盾。当全球经济处于上升或繁荣期时,这些结构性矛盾并不会表露出来。一旦经济进入下行期,这些矛盾就开始显现。主要表现为:一是欧元区内部各成员国之间的经济竞争力存在差异;二是欧元区内部各地区的文化存在着一定的差异;三是欧元区内部各成员国多样化的财政政策与欧洲央行单一的货币政策的矛盾。

(三) 欧元区成员国经济结构不平衡

欧元区成员国经济发展及经济结构不平衡被认为是主权债务危机爆发的又一原因。首先,欧洲各国之间就存在着经济结构的差异。欧盟(2010)发布报告指出,在欧元区内部,各成员国之间长期以来形成的国家竞争力的差异以及宏观经济的失衡加剧了成员国国内经济结构和金融系统的脆弱性,这种差异和失衡让一些在成本和价格竞争力上具有优势的成员国获得了巨大的收益,而一些处于劣势的国家却蒙受了巨大的损失。分化的趋势说明了随着一些成员国内部经济发展失衡的积聚,国家之间的竞争力和经常项目账户也逐渐呈现出相应的差异。乔治·索罗斯(2010)认为,欧元区存在着一些产业结构极度缺乏理性的高负债经济体。例如希腊,希腊的产业结构十分落后,仍处于 20 世纪的发展水平,其结构类型仍然效仿二十年前的其他欧洲国家,主要依赖于农业、航运业和旅游业,而经济的发展主要依靠政府的财政支出及其借贷来维持。弗朗索瓦·詹维狄(2010)认为欧盟成员国爆发主权债务危机的根本原因在于经济失去“生产性”,全球制造业逐渐向新兴经济体国家转移,欧元区的传统制造业在全球化过程中失去了原有的竞争优势,而其非高科技产品又处在价格竞争的劣势,由此市场不断萎缩。世界清算银行(2011)认为,欧债危机的深层次原因在于:一是危机国的各个经济部门之间的发展不平衡;二是经常账户和资本与金融账户的不平衡。费尔德斯坦(2012)认为,欧债危机是将单一货币强加于多个经济环境迥异国家的必然结果。国内学者杨晓龙(2012)从技术效率角度的研究表明,欧元区国家技术效率差异明显,法国和德国等国家的技术效率相对较高,而爆发主权债务危机的希腊、意大利、葡萄牙以及西班牙的技术效率相对较低,位列欧元区国家最后几名;技术效率的下降会加大政府公共债务比重,最终引发债务危机。李延喜(2015)认为,欧元紧缩是欧债危机的根源。过分分散的经济使得欧洲大陆难以形成一个通行的货币政策;极可能发生"非对称冲击",即部分国家经济保持高速增长,而其他国家经济却表现出衰退迹象;欧洲各国与美国的联邦制不同,它们既缺乏统一的预算体系和劳动力市场,也缺乏共同语言。虽然债务国巨额的支出使得欧洲领导人把其作为症结所在,但是作为一个整体而言,欧洲的支出实在太少了。而且,他们对财政实施更加严厉的紧缩政策,这也是导致情况急剧恶化的原因。

(四) 欧元区国家的高福利制度和人口老龄化

约翰·莫尔丁和乔纳森·泰珀所著的《终局:看懂全球债务危机》一书中指出:由于银行系统的监管不严,为了弥补高福利体系下巨大的资金缺口,政府过度发挥高杠杆作用获得了高额的贷款,但是获得贷款的国家并不能及时偿付。如今,在这场持续性经济危机与多重破灭后的残局中,充斥着巨额的财政赤字、持续攀升的公共债务、不断刷新纪录的高失业率以及为还债而四处奔波的消费者。这次危机不仅使发达国家出现了很多严重的问题,也让新兴经济体同样承受着巨大的压力。但是,在危机尚且处于修复期时,各国所采取的措施就已将危机从私人转嫁到了银行,最终由政府承担,而不会落到其他地方。明克(2008)认为,从长远来看,老龄化趋势势必带来人口规模的劳动力结构的变化,如果劳动生产率保持不变,那么实际的国内生产总值的增长率会出现下滑,经济增长水平的下降也会带来政府收入的锐减。M. Schuman(2010)指出,大部分欧洲国家的公民在和政府签订了一份"社会契约"以后,只要支付一定的税收,就可以享受全方位的社会福利,包括:国家医疗、养老金、劳动者权益、提前退休和失业救济金等。但是,随着人口老龄化的加剧,福利系统对欧洲国家的财政预算所施加的压力也愈发沉重。

郑秉文(2011)从人口老龄化的角度,分析了"老龄化成本"的含义和构成及其导致希腊陷入债务危机的诱因,并认为从深层来看,过度的福利和慷慨的保障已使福利国家不堪重负,人口老龄化的加剧更使财务隐患日益显现,债务货币化已使福利国家走向债务国家。张士斌和何秋仙(2012)的研究表明,社会保障失衡是福利国家财政赤字和政府债务日益积累的重要影响因素,且在债务危机期间相对明显。孙涛和臧秀玲(2012)通过分析希腊债务危机与本国福利制度的关系,对比南北欧在危机中的不同表现,得出结论认为高福利制度只是债务危机的直接推手,但不能把危机原因全部归咎于高福利。赵聚军(2014)认为,欧债危机爆发的政治体制根源在于代议制民主下福利超载现象的不断累积。黄晓薇（2015）认为，老龄化和高公共福利支出是影响希腊、意大利等欧洲国家债务持续性的重要因素。医疗保险与养老金支出作为刚性财政支出无法形成税收，债务融资成为政府弥补财政缺口的主要手段，同时脱离了经济发展约束的福利制度进一步恶化了政府的财政状况。人口老龄化、公共福利支出的增加将扩大政府债务规模。

在以上国内外学者发表的这些关于欧债危机原因的见解中，很多也不乏真知灼见，可以简要概括为以下几个方面：（1）国际金融危机冲击论认为，金融危机可以通过三种路径导致主权债务危机：第一种路径是通过政府出资缓释国际金融危机带来的国内银行风险；第二种是为了应对金融危机各国采取了大规模的经济刺激计划；第三种是经济下滑和财政收入锐减。同时，论证了在国际金融危机的冲击下，国际信用评级机构推动了危机的全面升级。（2）统一的货币政策与独立的财政政策矛盾论。统一的货币政策无法满足多个成员国的需要，分散而又独立的财政政策缺乏有效的监管，易诱发严重的财政赤字，当经济开始下行时，便导致财政危机的发生。（3）经济结构失衡论。当单一货币强加于多个经济迥异的国家时，加剧了欧共体内部经济结构失衡风险，极可能发生"非对称冲击"，从而引发危机。（4）高福利制度论。随着人口老龄化的加剧，福利系统施加的财政负担愈发沉重，债务货币化已使欧洲福利国家走向债务国家，欧债危机爆发的政治体制根源在于代议制民主下福利超载现象的不断累积。当然，社会各界关于此次欧债危机原因的观点远不止以上几种，国内学者徐明棋（2013）认为欧债危机爆发的原因可以归纳总结出至少十种观点。这些观点为我们深入了解欧债危机爆发的原因提供了宝贵的参考价值。同时，不可否认的是，危机爆发的原因是由多重因素共同决定的，通过各种观点的对比性研究，可以凸显各因素之间的区别以及增强各观点的联系和辨识度。

但是，通过对这些文献的考察后发现，它们只是说明了此次危机的表层原因或内在原因，如果将其归纳为此次债务危机的根源未免有些牵强。因为，这些文献只说明了危机的结果，也就是说，只对资本主义基本矛盾转化而来的结果进行讨论，而未对基本矛盾转化的原因进行论述，即未对基本矛盾发生新变化的原因进行系统的研究。

同时，只有少数学者对欧债危机与资本主义的基本矛盾进行了论述，比如：应霄燕（2011）认为主权债务危机是资本主义发展到金融资本主义阶段，资本主义基本矛盾不断深化和资本主义国家政府各种反经济危机政策及措施叠加的必然逻辑结果,是资本主义制度经济和政治危机深化的集中表现。蒋永穆(2012)从资本主义一体化异化的角度对欧洲债务危机进行了解释,并认为一体化是资本主义为了解决自身矛盾所必然采取的手段,欧债危机和次贷危机一样,都是新的发展阶段下资本主义固有矛盾的集中表现。尽管他们都肯定了欧洲债务危机是资本主义基本矛盾的表现形式,但并未就此展开系统的论述,只是在资本主义制度异化的基础上重点强调了危机的转嫁过程。可见,国内外从资本主义基本矛盾方面来对此次欧债危机进行研究的成果相对比较薄弱。

三、本书的研究意义

近年来,学术界并未对欧债危机爆发的原因达成一致,绝大多数也只是停留在危机的表面,未触及根源。同时,2008 年全球金融危机后,在新型金融业态的大环境下,欧元区作为全球最大的贸易区,一直以来深受欧债危机的困扰,并长期处于经济低迷期。如今,英国正式宣布脱离欧盟,欧盟面临着前所未有的贸易谈判,欧洲经济如何实现全面恢复是当下欧元区各国最关注的话题。同时,中国是一个国民储蓄率很高的国家,政府债务水平一直处于稳定和安全的范围之内,尤其是政府对外债务规模很小。中国虽然没有发生严重的主权债务危机,但在如今新金融环境下,地方性政府债务问题越发严重,产业结构失衡尚未解决,社会保障体系未全面完善。因此,对欧债危机进行反思仍然具有深刻的理论和现实意义。

(一) 理论意义

马克思在解释资本主义基本矛盾的基础上,对资本的本性及其积累的研究为我们探寻资本主义社会的各类型危机的根源提供了线索。然而,马克思在其著作中并未集中地对经济危机理论进行系统的论述,较多的是对危机问题进行片段性的论证,引发了后续学者们从不同的角度对马克思关于经济危机的论断进行解读。比如:第二国际理论家卡尔·考茨基(Karl Kautsky)的长期生产长期过剩趋势理论;罗莎·卢森堡和鲁道夫·希法亭的"消费不足论"和"比例失调论";保罗·斯威齐(Paul Sweezy)的停滞理论等。国内学者对经济危机原因的解读,主要有如下几个观点:(1)资本主义的基本矛盾——资本主义生产社会化与生产资料的资本主义占有形式之间的矛盾是经济危机的根本原因;(2)经济危机是资本主义制度的必然产物;(3)资本家对利润的无止境追求带来的生产无限扩大趋势和人民群众有限购买力的矛盾;(4)个别企业生产的组织性和整个社会生产的无政府状态之间的矛盾。

因此,一直以来,学界对于何为"正统的"马克思主义经济危机理论仍存在分歧,甚至一些西方学者对马克思的经济危机理论的存在性提出了质疑。正如英国学者西蒙·克拉克(Simon Clarke)所言:"尽管危机理论处于马克思主义的核心,但在马克思本人的著作中,并没有对危机理论发展的专门研究。一般认为马克思从未提出过系统的危机理论,这就让他的后继者们可以从零散而且前后不太一致的论述片段出发,随意对马克思的危机理论提出不同的解说。"①当然,马克思的经济危机理论的存在性是毋庸置疑的。但是,如何从马克思的片段性的论述中全面而又深刻地把握马克思的经济危机理论仍是一个重大课题。克拉克认为现阶段对马克思的经济危机理论的阐述面临着诸多困难:"第一个困难是马克思并没有给我们提出一个完整的危机理论。……因为在马克思看来,危机趋势既是资本主义生产方式历史趋势的高潮,在某种意义上又是其最浅显的表现。第二个困难是如何确定马克思理论中不同成分的重要性。第三个困难是马克思几乎所有关于危机的讨论都深深根植于他对政治经济学的批判之中。……上述困难决定了对马克思危机理论的任何探索必然要兼顾表述、解读和语境化三者之间的平衡。"②可以说,对马克思经济危机理论的研究仍旧是一项十分艰巨的任务。因此,本书力图对马克思的经济危机理论进行梳理,以期在探究欧债危机或其他形式的经济危机的深层原因研究方面具有一定的理论意义。

(二) 现实意义

回顾欧债危机的整个过程,希腊债务危机具有很鲜明的代表性。例如,2015 年 6 月 30 日,希腊对国际货币基金组织(IMF)一笔救助贷款到期,但希腊未能按时偿还这笔贷款,因而成为 IMF 历史上第一个出现债务违约的发达经济体。希腊在欧元区的地位岌岌可危,就算后期得到各方援助,经济危机仍然会如幽灵般周期性显现。经济危机的根本原因在于资本主义的基本矛盾以新的形式

---

①　[英]克拉克,2011:《经济危机理论:马克思的视角》,杨健生译,北京师范大学出版社,第 9—10 页。

②　[英]克拉克,2011:《经济危机理论:马克思的视角》,杨健生译,北京师范大学出版社,第 11—13 页。

出现,并由此引发了一系列新的问题和危机。在欧债危机发生的源头上,资本主义的基本矛盾的新形式主要表现为虚拟经济与实体经济的矛盾、资本扩张空间与经济结构空心化的矛盾、资本主义的福利化与资本追逐利润最大化的矛盾。根据欧洲危机国的实际表现,矛盾的三位一体激化出如今仍然还在持续的欧债危机。因此,通过对欧债危机与资本主义的基本矛盾的研究,对解决未来的主权债务危机具有深远的现实意义。

中国是一个国民储蓄率很高的国家,政府债务水平一直处于稳定和安全的范围之内,尤其是政府对外债务规模很小,理论上,中国政府的信誉和安全度比较高。中国虽然没有发生严重的主权债务危机,但地方性政府债务问题近几年来逐渐增多。中国地方债务问题仅仅是中国财政金融风险的一个缩影,其背后蕴藏的影子银行、房地产等领域的风险可能给未来中国经济带来巨大伤害。中国地方债务危机一旦爆发,势必给整个中国金融体系带来不可估量的后果。如何通过分析欧债危机爆发的原因以及治理措施,从债务危机中汲取教训,健全中国财政金融体系结构,增强防范金融风险和债务危机冲击的能力,是宏观经济管理决策当局迫切需要解决的问题。

如今,中国正处在经济转型关键时期,虚拟经济在我国经济发展中占据了越来越重要的地位。然而,由欧债危机爆发的经验可知,如何处理好虚拟经济与实体经济的矛盾,推动我国产业结构全面升级,为实体经济发展打下坚实基础,是关系到我国未来经济转型以及经济长远发展的重要课题。同时,我国尚未建成全面合理的社会福利保障体系,借鉴西方福利国家的经验为建立中国特色的福利体系也具有一定的现实意义。

四、本书的结构

本书基于辩证唯物主义和历史唯物主义,运用马克思经济学危机理论、西方经济学理论以及实证分析等对欧债危机的根源进行全方位的解析。基本结构如下:首先,在对欧债危机的发生、演变、传导和影响等方面进行全新回顾的基础上,就此次主权债务危机形成的内在机理进行了全方位分析,即对欧债危机爆发的内在原因(欧元区统一的货币政策与财政政策的矛盾、高福利制度以及南北欧国家的经济结构失衡等)进行深入的研究。其次,从分析资本原生态危机——生产过剩危机的深层本质出发,即在经济危机理论的古典形式的基础上,对马克思关于经济危机的具体原因(比例失调论、消费不足论和利润率下降论)和深层原因(资本的本性、资本主义生产方式的固有矛盾以及由此产生的过度积累——资本积累和贫困积累等)的分析进行了系统的梳理和概括,并通过对资本主义统治阶级如何应对资本主义生产方式固有矛盾的研究,进一步说明在资本主义应对生产过剩危机的过程中资本主义的基本矛盾发生了一些新的变化,以及由此产生的一系列新的问题和危机。最后,在对高福利国家的矛盾和危机以及资本主义制度异化进行分析的基础上,重点突出了本次欧债危机是资本主义基本矛盾在欧洲高福利体系以及经济结构失衡等条件下的当代表现形式,即:虚拟经济与实体经济的矛盾、资本扩张空间与经济结构空心化的矛盾以及资本主义的福利化与资本利润最大化的矛盾在欧元区内部的积累和集中爆发,是欧债危机爆发的根源,由此对前文中欧债危机形成的内在机理做出由深层本质到表层现象的解释。

第一章　回顾欧债危机的
发生及演变

在 2008 年国际金融危机爆发之前,欧元区整体的政府债务负担并不严重。但是,欧元区内部单个国家的公共债务占 GDP 的比重数据却存在着显著的差异,并发生着剧烈的变化。具体来看(如图 1.1):自 20 世纪 90 年代初开始,希腊和意大利的公共债务占 GDP 的比重就一直保持在 90% 以上,从来没有达到过欧盟规定的低于 60% 的标准;爱尔兰、西班牙的公共债务占 GDP 的比重却在 90 年代后半段有所下滑,甚至一度低于德国和法国。所以,当希腊、意大利和葡萄牙的主权债务水平出现明显的恶化趋势的时候,爱尔兰和西班牙的财政状况似乎相对比较健康。而且,该阶段比较低的利差水平也表明市场并不认为会出现大规模的违约风险和可以吞噬整个欧元系统的财政危机。然而,现在看来,1999—2007 年这段时间,快速的经济增长表现和优良的金融环境掩盖了积聚已久的一连串的宏观经济、金融和财政等方面的问题。

因此,本章主要就欧债危机的发生和演变过程做一个简要的回顾:首先从 2008 年国际金融危机对欧洲的冲击开始说起,其次对希腊债务危机进行全面的分析,随后对"欧洲五国"①的债务问题做出了说明,最后就欧盟以及国际货币组织等的救援措施进行了述评。

---

① "欧洲五国",特指欧洲五个主权债务信用评级较低的经济体。包括葡萄牙(Portugal)、意大利(Italy)、爱尔兰(Ireland)、希腊(Greece)和西班牙(Spain)。

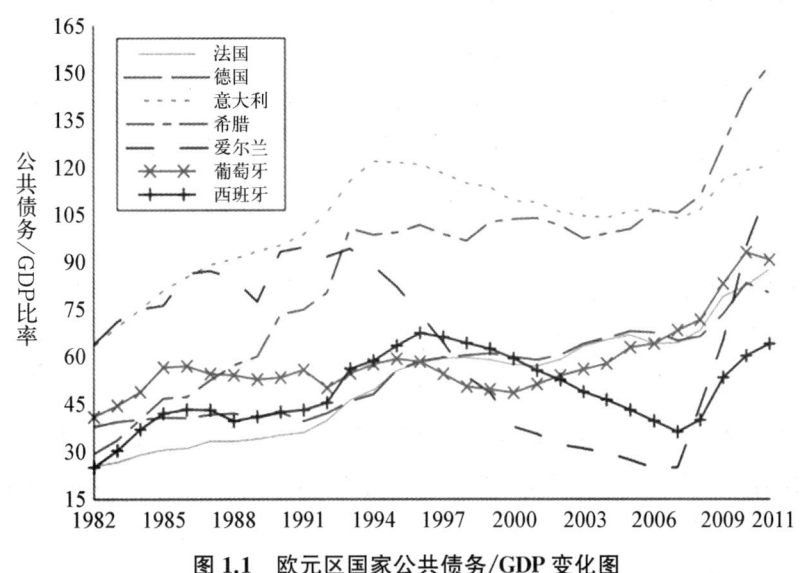

图 1.1 欧元区国家公共债务/GDP 变化图

资料来源：Philip R. Lane，2012，The European Sovereign Debt Crisis，*Journal of Economic Perceptives*，Vol.26，pp.49 - 68。

第一节 欧债危机的发生：国际 金融危机的冲击

从某种程度上讲，美国次贷危机引发的国际金融危机给欧洲经济带来了破坏性的伤害，这给原本就处于低潮期的欧洲经济雪上加霜。为了应对国际金融危机带来的经济衰退和失业增加，欧元区各成员国都采取了积极的经济刺激政策。但是，由于自主性货币政策的权力被剥离，各成员国最主要的还是采取扩张性的财政政策，即通过扩大债务规模来增加财政支出。当经济衰退的势头已无法阻挡，而此时政府积累的债务却无法及时偿还时，就引发了危机。可以说，2008 年国际金融危机的冲击是导致欧债危机发生的直接原因。

一、2008 年国际金融危机对欧洲经济的破坏

从 2007 年下半年开始，欧洲经济逐渐下滑，由此进入经济周期的低潮期。而随后国际金融危机的冲击导致欧洲经济自 2008 年第二季度起出现了连续

的负增长,增长率分别为:-0.1%、-0.4%和-1.7%。这是自1995年以来欧洲经济首次出现负增长。随后,根据世界银行公布的数据,国际金融危机使欧元区经济增长率从2007年的2.8%急剧下降到2009年的-4.1%,失业率上升至9.4%,经济衰退幅度超过了引发金融危机的初始国——美国(如图1.2)。主要原因在于国际金融危机的爆发造成了国际金融环境恶化以及市场的混乱,金融危机如幽灵般迅速席卷全球,欧元区作为全球最大的贸易区出现了信贷紧缩、房地产崩溃、股市震荡等严重的情况,欧盟2008年出口增长率降至1.6%,欧元区降至1.2%。而2008年欧盟第三季度的通货膨胀率也达到了创纪录的4.3%,为了稳定物价,欧洲中央银行又不得不维持4.25%的高利率水平不变,这样使得欧盟经济陷入了通货膨胀和经济衰退两难的经济泥潭。同时,国际金融危机对实体经济的冲击,造成了欧洲企业大量裁员甚至倒闭,失业率大幅上升,欧盟整体失业率达到了7%,欧元区为7.5%。经济衰退也给欧盟各成员国财政收入带来沉重打击,各国的财政赤字持续恶化,欧盟政府财政赤字占GDP比重达到2.3%,平均公共债务占GDP比重达到69.3%。在欧盟27国中,经济增长率位于前三位的是罗马尼亚(7.1%)、斯洛伐克(6.4%)、保加利亚(6%);倒数三位的国家是拉脱维亚(-4.6%)、爱沙尼亚(-3.6%)和爱尔兰

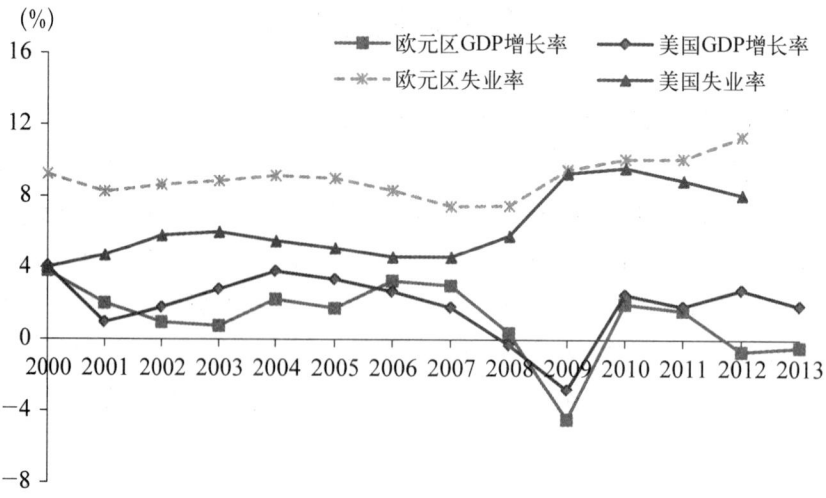

图1.2 欧元区经济增长和失业率与美国对比图

资料来源:世界银行(The World Bank)数据库,http://data.worldbank.org/indicator/NY. GDP.MKTP.KD.ZG (GDP增长率),http://data.worldbank.org/indicator/SL.UEM.TOTL.ZS (失业率)。

(—2.3%),在欧元区中,经济增长率位于前三位的是斯洛伐克、塞浦路斯(3.7%)、斯洛文尼亚(3.5%);倒数三位的国家是爱尔兰、意大利(—1%)、卢森堡(—0.9%)。[①]

受2008年全球金融危机冲击,欧洲经济在2009年陷入了深度衰退,几乎所有国家都是负增长。世界经济史表明,由金融危机引发的经济衰退往往下降程度更深,持续时间更长,其后还会因为生产率的低增长,使恢复到危机前经济增长率水平的过程也比较缓慢。就这次国家金融危机的影响而言,由于对再度发生贷款风险或者杠杆化的担心,使金融条件持续恶化,融资更为困难,因此,在短期内,经济增长不可能恢复到危机前的水平。而资本积累的缓慢增长会使资源被锁定在生产率相对较低的部门,加之较低的就业水平和研发投资的停滞,影响了全部生产要素生产率的增长。

二、国际金融危机对欧洲四国经济的冲击

(一)希腊

相对于其他北欧核心国来说,希腊的工业发展水平并不高,且工业基础薄弱,技术也比较落后,工业总产值也比较低。受2008年金融危机的影响,2009年希腊工业产值约为500亿欧元,同比下降了12.29%,占GDP的20.8%。而其工业主要集中在造船、建筑、纺织、冶金等行业。希腊的服务业占国民经济的主导地位,2009年总产值达到了近2 000亿欧元,超过了GDP的四分之三。[②]其中最主要的是航运业和旅游业。

希腊是世界上的海运强国,经过长年的发展,希腊的船队规模不断扩大。希腊航运业是最具国际竞争能力的产业,也是希腊经济的支柱产业。按照船舶载重吨位计算,希腊是世界第一航运大国(日本、挪威、中国分列第二、第三、第四位),占世界总吨位的19%,占欧洲总吨位的55%。按拥有船舶数量计算,希腊排名世界第二(日本第一)。希腊船东占世界油轮市场份额的25%,美国20%的对外贸易是由希腊商船运输的。希腊每年订造船舶占世界造船业产值的18.13%。受2008年全球金融危机的冲击,希腊航运业2009年的收入下降了27.6%,航运业对经济的贡献度由原来的7%下降到2009年的1.2%,航运业的萎缩直接导致希腊的财政收入的大幅减少。同时,希腊的

---

① 沈君克等,2013:《欧洲主权债务危机研究》,山东人民出版社,第37—38页。
② 沈君克等,2013:《欧洲主权债务危机研究》,山东人民出版社,第43页。

另一支柱产业——旅游业也受到了冲击。在危机爆发之前,希腊旅游收入占希腊 GDP 的比例基本上在 18% 左右,旅游业从业人数超过了 60 万人,占总就业人数的 9% 以上。而 2008 年金融危机爆发后,赴希腊旅游的美国游客减少了 24.2%,来自欧盟成员国的旅客减少了 19.3%,旅游收入分别下降了 16.2% 和 14%。[①]

(二) 意大利

意大利作为欧洲工业最发达的国家之一,受金融危机的冲击,其工业经济出现了整体下滑。

汽车产业作为意大利经济的支柱产业之一,是意大利上缴税收最多的行业,也是意大利提供就业的最主要的行业。根据意大利汽车工业协会统计,意大利的汽车产业在国内生产总值中占比 6.2%,远超于欧洲的平均水平 3.5%。受金融危机影响,2008 年意大利汽车行业比上年同期下降了 12.3%,其中占比最高的乘用车出口下降了 24.9%,由此陷入低迷。

意大利的传统行业也受到了严重打击,比如:纺织业、机械制造业、化工等。由于意大利的纺织服装和制鞋行业的主要出口市场在欧盟和美国,随着外部环境的恶化以及国内需求也出现了明显下降,其产值等指标逐渐跌落谷底。金融危机的蔓延,使得企业投资信心下降,市场悲观情绪浓厚,对意大利的传统制造业带来明显的负面影响,实体经济由此进入深度衰退期。

(三) 西班牙

西班牙是"欧洲五国"中仅次于意大利的工业国,但随着服务业的发展,其早已成为西班牙国民经济的支柱性产业,包括文教、卫生、商业、旅游、社会保险、金融业等,其产值占 GDP 的比重约为 70%。

国际金融危机的爆发加速了西班牙房地产泡沫的破裂,导致房价大幅下跌,建筑业迅速下滑,失业人口激增。失业人口高峰期超过了 300 万,相当于总人口 4 600 万的 7% 左右。严重的失业问题,给政府带来沉重的压力,一方面要大幅支付失业救济金,另一方面要增加财政支出刺激经济。同时,支柱行业旅游业的衰退使西班牙政府的收入大幅减少,金融危机又使西班牙政府不得不实施积极的财政政策,财政支出的激增使得政府入不敷出,

---

① 沈君克等,2013:《欧洲主权债务危机研究》,山东人民出版社,第 46—47 页。

最终引发危机。

(四) 爱尔兰

一直以来,爱尔兰实行的是外向型经济发展战略,其经济对外依赖性比较强。受金融危机的影响,爱尔兰的主要贸易伙伴如欧元区、美国和英国的经济发展前景黯淡,拖累了其国内需求,造成了爱尔兰出口贸易的萎缩,拖累其经济发展。同时,房地产业泡沫的破灭给爱尔兰经济以致命的打击。内外交困的爱尔兰成为危机中受创最重的欧盟国家之一。

加入欧元区以后,爱尔兰的房地产业迅猛发展,并成为其核心产业。2006年爱尔兰的房地产业占GDP的10%左右,从业人员占比达到13.3%。但是,到了2007年,爱尔兰房地产业开始转冷,随后2008年的国际金融危机直接导致了爱尔兰房地产业的崩溃。2008—2009年,爱尔兰的房价在这一年里直接下跌了50%~60%。同时,在2010年的第3—4季度,在金融危机和债务危机的双重夹击下,爱尔兰房地产业的交易量、交易价格的下降幅度超过了20%。房地产泡沫的破灭导致爱尔兰的银行业也面临崩溃。根据爱尔兰央行统计的数据,2009年爱尔兰银行贷款损失超过85亿欧元,占GDP的5%。

第二节 欧债危机的导火索:
负债累累的希腊

2001年,希腊加入欧元区,成为欧元区第12个成员国。随后,希腊经济飞速发展,其经济增速连年超出欧盟平均水平。在全球金融危机爆发之前,希腊2000—2008年年均GDP增速在4%左右,高出欧元区平均水平约1个百分点(如图1.3)。但是,受美国次贷危机的冲击,希腊内部的经济结构失衡、财政赤字高企、公共债务水平严重超标以及外资依赖度高等问题显露出来。2009年,在希腊新政府公布最新的财政赤字与公共债务数据后,欧盟并未采取及时有效的措施来抑制事态的发展。然而,在国际信用评级机构的攻击下,负债累累的希腊政府陷入了严重的财政危机之中。至此,希腊主权债务危机爆发,并迅速席卷了整个欧洲,成为欧债危机的导火索。

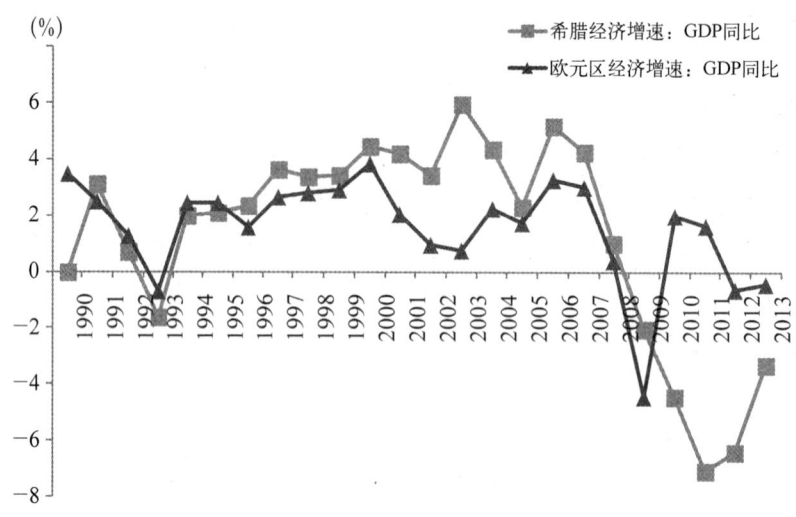

图 1.3　希腊与欧元区经济增速对比图（1990—2013 年）

资料来源：世界银行（The World Bank）数据库，http：//data. worldbank. org/ indicator/NY.GDP.MKTP.KD.ZG。

一、希腊主权债务危机事件的进展

2009 年 10 月 4 日，希腊新任总理帕潘德里欧就职，随后不久突然宣布了前政府掩盖的政府财政赤字与债务的真相：2009 年财政赤字占国内生产总值（GDP）的比例升至 12.7％，公共债务占比升至 113％，两项指标远超欧盟的财政约束规定的上限——3％ 和 60％。欧盟统计局公布的数据显示的状况则更为严峻，希腊财政赤字占 GDP 的比重实际达到 15.6％（如表 1.1），高于希腊政府宣布的 12.7％。由此引发了资本市场对希腊财政状况的担忧，各国股市相继遭遇重挫。希腊最大的银行——希腊国家银行股价大跌 10％，第三大银行阿尔法银行也重创 7.8％，第四大银行比雷埃夫斯银行大跌 8.1％。英国 FTSE－100 下跌 1.7％，德国 DAX－30 指数下跌 1.7％，法国 CAC－40 指数下跌 1.4％。[1] 其实，希腊的债务问题一直受到欧盟的关注，而且在 1999 年因为其债务指标未达到欧盟《稳定与增长公约》的要求，成为第一批被拒绝加入欧元区的国家。

---

[1]　张志前、喇绍华，2012：《欧债危机》，社会科学文献出版社，第 16 页。

表 1.1　2000—2014 年希腊政府财政赤字与公共债务

指标 时间	政府财政赤字（百万欧元）	赤字/GDP占比（%）	公共债务总额（百万欧元）	占 GDP 的比重（%）
2000	−5 092.6	−3.7	140 971	103.4
2001	−6 542	−4.5	151 869	103.7
2002	−7 465	−4.8	159 214	101.7
2003	−9 738	−5.6	168 025	97.4
2004	−13 940	−7.5	183 157	98.6
2005	−10 068	−5.2	195 421	100
2006	−12 109	−5.7	224 204	106.1
2007	−14 475	−6.5	239 300	107.4
2008	−22 866	−9.8	263 284	113
2009	−36 103	−15.6	299 685	129.4
2010	−23 521	−10.3	329 535	145
2011	−19 565	−9.1	355 617	165.3
2012	−17 414	−9	303 928	156.9
2013	−22 498	−12.3	319 178	175
2014	−6 356	−3.5	317 094	177.1

资料来源：欧盟统计局（Eurostat）数据库 http://ec.europa.eu/eurostat/web/government-finance-statistics/statistics-illustrated。

　　然而，由于在 2009 年 11 月迪拜爆发主权债务危机后，惠誉国际、标准普尔和穆迪三大信用评级机构[1]因未及时预料到此次危机而饱受指责，三大评级机构为了挽回颜面，开始对希腊"下手"：2009 年 12 月 8 日，惠誉国际 10 年来第一次将希腊的信贷评级由"A−"下降到"BBB＋"，随后，标准普尔和穆迪也相继降低了希腊评级。由此引发了市场的恐慌情绪，希腊政府借贷成本上涨，甚至无法在市场上进行"借旧债还新债"的操作。而且，欧洲央行也规定评级在"A−"以

---

[1]　1975 年，美国证券交易委员会认可标准普尔、惠誉国际和穆迪公司为"全国认定的评级组织"。评级分类：标准普尔和惠誉国际的评级分类方式相似，将长期主权信用评级主要分为投资级和投机级，信用级别由高到低表示为：AAA、AA、A 和 BBB（投资级）；BB、B、CCC、CC、C 和 D（投机级），从 AA 级到 CCC 级加上"＋"或"−"号，表示强弱程度。穆迪公司将信用等级由高到底分为：Aaa、Aa、A、Baa、Ba、B、Caa、Ca、C，再从 Aa 到 Caa 的各个基本等级后面加上 1、2 和 3 来进一步区分。

下的国家不能将其国债作为质押进行贷款。所以,当2010年希腊政府债务将要集中到期时,希腊债务危机开始发酵并最终全面爆发。希腊债务危机的具体事件及进展情况参照下表:

表 1.2　希腊主权债务危机的具体事件及进展
（2009 年 12 月—2015 年 6 月）

时　间	希腊债务危机具体事件及进展情况
2009 年 12 月	12 月 8 日,惠誉将希腊信贷评级由"A−"下调至"BBB＋";12 月 16 日标准普尔将希腊的长期主权信用评级由"A−"下调为"BBB＋";12 月 22 日穆迪将希腊主权评级从 A1 下调到 A2,前景展望为负面
	希腊负债达到 3 000 亿欧元,创历史新高。12 月 23 日,通过危机预算案
2010 年	1 月 14 日,希腊承诺将 2010 年财政赤字减少 145 亿美元,宣称不会退出欧元区或寻求 IMF 援助。随后,调低遗产税税率,发售五年期国债筹资 113 亿美元。欧元兑美元汇率屡创新低
	2 月 2 日,希腊总理帕潘德里欧公布一系列应对财务危机的措施,随后,欧盟表示支持,但暂时不提供援助。3 月 25 日,IMF 参与"双边贷款救助计划"
	4 月 9 日,惠誉将希腊政府债务信用评级下调两级,由"BBB＋"下调至"BBB−",仅略高于"垃圾级";22 日,穆迪将希腊主权评级从 A2 下调到 A3;23 日,希腊正式向欧盟提出申请援助;27 日标普下调希腊评级至"垃圾级"
	5 月 2 日,欧元区国家向希腊实施 1 100 亿欧元的救助计划;7 日,欧盟和 IMF 通过了 7 500 亿欧元的救助方案。为了获得救助,希腊议会通过了紧缩计划,随后希腊国内多次发生全国性大罢工事件
	6 月 14 日,穆迪将希腊主权评级连降 4 级至"Ba1"。9 月,由于严格的节约措施,希腊经济进一步衰退
	11 月 11 日,希腊宣布未完成既定的紧缩目标;18 日,公布了更加严厉的紧缩政策
2011 年	3 月 7 日,标准普尔再次下调希腊主权评级;4 月 15 日,希腊宣布实现几十亿欧元的节约计划,随后不久承认 2010 年的财政赤字要高于预期
	5 月 6 日,欧元区国家排除了希腊退出欧元区的可能性;5 月 7 日,标准普尔再次下调希腊主权评级两个等级。6 月 1 日,穆迪将希腊信贷等级从"B1"下降到"Caa1",评级展望为负面。13 日,标准普尔价格希腊主权信用评级从 B 下降三级至 CCC,为全球最低水平。15 日,希腊上万民众举行游行,反对新的节约计划。17 日,帕潘德里欧组建新的内阁,私人债权人可以自愿参与新一轮的一揽子救援计划。20 日,希腊没有获得新的援助,随后通过了新的 780 亿节约方案

（续　表）

时　间	希腊债务危机具体事件及进展情况
2011 年	7 月 2 日、8 日,欧元区财政会议和 IMF 分别同意给予希腊第二笔援助。21 日,欧元区国家再次为希腊提供金额高达 1 090 亿欧元的援助。 　　9 月 1 日,希腊宣布不能完成节约目标。三驾马车①(欧盟、欧洲央行和 IMF)要求希腊修改 2012 年财政预算,并中断其对希腊经济整改进程。希腊宣布对国企进行大规模的裁员来降低财政赤字,并随后实现一系列的节约方案。 　　10 月,估计希腊还需要金额高达 4 440 亿欧元的援助,欧元区财政会议批准了提高希腊新一笔援助金的决议。31 日,希腊总理帕潘德里欧宣布对欧盟救助方案进行公投
	11 月 3 日,欧元区成员国停止向希腊贷款,遭欧盟反对,希腊宣布放弃公投计划。9 日,希腊总理帕潘德里欧宣布辞职。新希腊政府制定在第二年降低财政赤字占比至 5.4% 的目标。 　　12 月 6 日,希腊议会通过急速紧缩方案
2012 年	2 月 21 日,欧元区财长会议通过了 1 300 亿欧元的第二批一揽子援助计划。希腊政府宣布,2012 年国际财政赤字/GDP 占比预计为 6.7%。22 日,惠誉再一次下降了希腊主权评级。24 日,标准普尔宣布希腊债务部分无清偿能力。 　　3 月,欧元集团同意提供 10 亿欧元的援助,为免除希腊债务铺平道路,随后希腊获得债务减免。20 日,希腊批准了第二轮一揽子援助计划。 　　5 月 29 日,希腊最大的四家银行获得 EFSF②180 亿欧元的注资
	7 月 20 日,欧洲央行将不再接受希腊国债作为抵押。 　　9 月 25 日,希腊估计到 2014 年,财政缺口将达到 135 亿欧元,两年内财政收入达到 150 亿欧元才能完成改革。 　　欧洲"三驾马车"再次发力:IMF 愿意给希腊更多的时间来克服危机;同意对希腊债务进一步减免;欧元集团和 IMF 就希腊新的援助计划达成一致。 　　12 月 8 日,希腊宣布成功回购其国债,由此减少了 200 亿欧元的债务
2013 年	2 月 4 日,希腊宣布 2012 年财政赤字占比为 6.6%,收入首次超过支出。 　　3 月 8 日,透明国际指出希腊存在严重的腐败问题。 　　4 月 9 日,几十年来,希腊可能第一次面对通货紧缩的问题;13 日,希腊同意按"三驾马车"的条件进行经济改革,从而获得下一批援助资金。28 日,希腊议会批准了一个计划,其中包括裁员 15 000 人的规定。 　　5 月 13 日,欧元区财政部长给希腊总额为 75 亿欧元的贷款。6 月,IMF 承认 2010 年第一次对希腊救助方案的错误在于低估了此次危机给经济带来的风险

---

　　①　欧洲"三驾马车"(the Troika)是应对欧债危机三方委员会(The tripartite committee)的代名词,成员包括欧盟委员会、欧洲央行和国际货币基金组织(IMF),其职能是监控欧债危机,对解决危机提出政策建议,同时负责筹集解决危机所需的资金。

　　②　欧洲金融稳定机构(European Financial Stability Facility, EFSF),又称欧洲金融稳定基金。2010 年 5 月 9 日由欧元区 17 个成员国共同决定,并在欧盟经济财政部长理事会的框架下创立。向申请援助并得到批准的欧元区成员国提供紧急贷款。以欧元区成员国的信用作为抵押发行债券融资。

（续　表）

时　间	希腊债务危机具体事件及进展情况
2013 年	7 月 8 日,欧元区财政部长再次给希腊总额为 70 亿欧元的贷款。16 日,希腊爆发 2013 年以来的第四次全国性大罢工。17 日,希腊政府宣布解雇 15 000 名公务员。18 日,希腊政府通过新紧缩法案,决定在年内裁减 2.5 万名公务员,以达到获得 68 亿欧元援助的先决条件。26 日,欧元集团批准了一项约 40 亿欧元的资金用于援助希腊。 8 月 1 日,自危机爆发以来,希腊政府首次降低税率,增值税大幅降低。8 日,希腊失业率上升至 27.6%。13 日,希腊的贸易顺差达到 26 亿欧元。 9 月 24 日,希腊公务员抗拒裁员计划,进行了 48 小时的大罢工。 10 月 7 日,希腊政府发布 2014 年预算法案,希腊经济有望在连续 6 年下滑后恢复增长——2014 年 GDP 有望增长 0.6%。 11 月 6 日希腊工人举行 24 小时大罢工抗议政府继续实行紧缩政策
2014 年	1 月 23 日,希腊财长表示,在重返希腊之前,"三驾马车"需要得到更多数据。 2 月 26 日,欧盟委员会的数据显示,希腊在 2013 年实现了 1948 年以来的首次经常账户盈余,显示这个经济上举步维艰的国家正在重返增长路径。 10 月 6 日,希腊财政部宣称,预计 2015 年希腊经济增长强劲——GDP 增速为 2.9%。 12 月 29 日,希腊议会在最后一轮总统选举投票中仍然未能选出新总统,国际上越来越多的人担心这个国家的改革可能会偏离
2015 年	1 月 25 日,激进左翼联盟与右翼政党独立希腊人党联合组阁,成立了欧洲"重债"国家中第一个反对欧盟紧缩政策的政府。28 日,希腊新总理齐普拉斯(Alexis Tsipras)宣布中止依据救助协议制定的各项私有化计划,新政府迅速发出一连串公告,显示其将坚持反紧缩的承诺,使其与以德国为首的欧洲伙伴国家陷入冲突。31 日,希腊财政部长宣布:希腊政府不会与欧盟委员会、欧洲央行以及国际货币基金组织这所谓三驾马车的代表团进行合作,该国也不会寻求援助项目的延期。 2 月 2 日,希腊财长表示,希望能在 5 月底与国际债权人就希腊的负债达成新的协议。次日,希腊财长希望重组欧盟贷款,维持所欠 IMF 和民间部门的债务不变。4 日,欧洲央行管理委员会决定取消对希腊共和国政府发行或完全担保有价债务工具的豁免。7 日,标准普尔将希腊的主权评级从 B 降低至 B—。11 日,希腊正式向欧元集团递交债务重组等问题的提案,不过双方当天并未就解决方案达成协议。16 日是希腊申请延长国际救助协议的最后期限。要保证欧元区继续给予金融支持,希腊新政府就要同意履行以改革换贷款的既定协议。24 日,欧元集团同意希腊提交的改革计划,对希腊的金融援助计划得以延长四个月。27 日,德国联邦议院的多数同意延长希腊的援助计划。 6 月 28 日,希腊决定把解决债务问题协议草案交全民公决。6 月 29 日,标准普尔将希腊信用评级从"CCC"下调至"CCC—",这是"垃圾级"中最低的主权信用评级,并认为希腊可能退出欧元区。6 月 30 日,希腊未能按时偿还 IMF 的贷款,从而成为 IMF 历史上第一个出现债务违约的发达经济体。由此,希腊债务危机又一次受到了国际社会的关注和担忧

资料来源:Chronik,2015-03-02,Griechenlands Weg in die Krise:http://www.tagesschau.de/wirtschaft/griechenland640.html。

综上所述,可以将希腊债务危机分为三个阶段:(1)希腊债务危机爆发升级期(2009 年 12 月至 2011 年 10 月)。在此期间,希腊危机不断升级,并向欧洲其他国家蔓延,最主要的事件包括:2010 年初,希腊开始向欧盟寻求援助,至此,债务危机全面爆发。2011 年 10 月,希腊再次遭遇债务违约风险,对于是否接受欧盟的援助,希腊总理宣布进行全面公投,这样让债务危机进一步升级。(2)希腊债务危机深化期(2011 年 11 月至 2012 年 12 月)。在此期间,希腊债务危机不断深化。其中主要事件有:2012 年 5 月,在希腊议会选举中,由于各政党领导人关于组建联合政府的谈判破裂,引发了市场对希腊是否还会继续执行紧缩计划的担忧。同时,民众反对紧缩计划的情绪依旧高涨,反对财政紧缩的左翼政党联盟的力量不断扩大。(3)希腊债务危机震荡期(2013 年 1 月至 2015 年 8 月)。随着欧洲“三驾马车”的救援,希腊债务危机似乎平息下来,但是 2015 年 6 月,希腊未能按时偿还 IMF 的贷款,从而成为 IMF 历史上第一个出现债务违约的发达经济体。由此,希腊债务危机又一次受到了国际社会的关注和担忧。

二、希腊主权债务危机爆发的原因

希腊之所以爆发主权债务危机,外部原因主要是受 2008 年全球金融危机冲击以及国际三大信用评级机构的“围剿”。但其主要原因在于:不管是在加入欧元区之前还是之后,希腊的公共债务占比都超过了欧盟所规定的要求,再加上货币权的让渡、自身经济结构单一以及高福利制度和腐败问题等,使得希腊无法通过自身的力量处理债务问题。然而,欧盟受“不救援条款”的束缚,迟迟未给希腊提供有效而全面的救援计划,使得危机一再恶化,最后成为欧债危机全面爆发的导火索。接下来,就希腊主权债务危机爆发的几个主要原因进行进一步的分析和探讨。

(一) 从未达标的希腊财政

希腊在 1980—2009 年均处于负债投资状态,其经济增长一直都是依靠“借新债还旧债”来维持,财政状况也从未达到过欧元区成员国的财政约束要求。从图 1.4 可以清晰地看出,希腊政府的财政赤字和公共债务占 GDP 比重都超过了欧盟所规定的 3% 和 60% 的上限。其中,2009 年财政赤字占比 15.6%,而欧盟统计局预计,希腊公共债务在接下来的十几年里将继续增长,长期维持在 150% 上下。所以,希腊无论在 2001 年加入欧元区之前还是之后,其财政状况一直处于高危状态。市场普遍认为,希腊之所以能够顺利加入欧元区,是因为美国高盛银行为希腊设计了一套"货币互换"①交易,掩盖了希腊一直以来十分虚弱的财政状况。

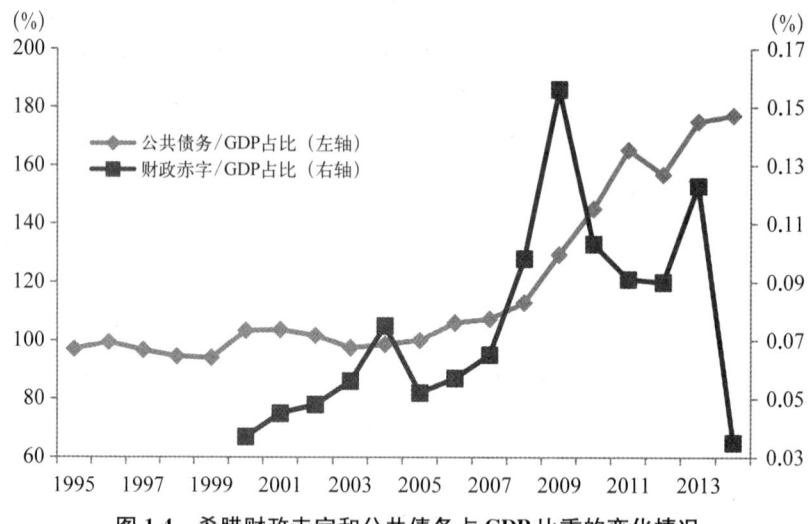

图 1.4　希腊财政赤字和公共债务占 GDP 比重的变化情况

资料来源:欧盟统计局(Eurostat)数据库 http://ec.europa.eu/eurostat/web/government-finance-statistics/statistics-illustrated。

加入欧元区后,希腊逐步放松了对财政的控制,使得财政赤字进一步恶化。从 2001 年加入欧元区到 2008 年爆发危机,希腊年均债务赤字达到了 5%,而同期欧元区的数据仅为 2%;希腊经常项目赤字年均 9%,同期欧元区的数据仅为 1%。② 在此期间,虚假的财政数据报道让希腊政府的信誉受损。所以,当新政府上台后,公布的财政数据让市场大跌眼镜的同时,也给希腊政府本身信誉带来了巨大的伤害。

(二)国家信用评级被下调,希腊融资成本剧增,市场流动性枯竭

据不完全统计,在希腊新政府宣布的财政数据严重超标后,自 2009 年 12 月起,国际三大信用评级机构——惠誉国际、标准普尔和穆勒公司一共对希腊的主

---

　　① 货币互换又称货币掉期,是指两笔金额相同、期限相同、计算利率方法相同,但货币不同的债务资金之间的调换,同时也进行不同利息额的货币调换。货币互换就是不同货币债务间的调换,货币互换双方互换的是货币,但各自的债券债务关系并没有改变。

　　② 中国国际经济交流中心课题组,2014:《欧债危机评估及中国对策》,社会科学文献出版社,第16 页。

权信用评级进行了近 20 次的下调。希腊的国家信用曾一度低于牙买加、巴基斯坦，也低于曾经发生债务违约的阿根廷和厄瓜多尔。可以说，希腊债务危机的全面爆发离不开国际信用评级机构的推波助澜和国际投机机构的投机炒作。

在欧盟成立之初，迫于德国的压力，欧盟规定了"不救助条款"并强调评级在"A—"以下的国家不可以将国债作为抵押向欧洲中央银行进行贷款。希腊国家信用评级被下调后，融资成本急剧上涨。2010 至 2019 年是希腊的主权债务的偿付高峰期，在此期间，希腊能否对它的债务进行展期存在很大问题，希腊很有可能出现违约。因此，投资者要求越来越高的国债收益率，希腊与德国的国债利差也越来越大。2008 年初，希腊 10 年国债与德国的利差只有 25～65 个基点，2009 年 3 月为 285 个基点，随着信用评级的下调，2010 年 4 月利差扩大到 586 个基点。[①] 随着危机的发酵，希腊短期内陷入了流动性枯竭的境地，最终退出了国际债券市场，不得不接受欧盟和 IMF 的援助。

然而，为了获得欧洲"三驾马车"的救援，希腊必须采取财政紧缩政策，使得希腊经济陷入了极度低迷之中。而长期以来希腊政府通过现存脆弱的财政系统发行国债来实现经济目标，使得希腊政府必须在考虑短期解决国内流动性问题的同时，必须调整它的长期经济与财政政策。

(三) 希腊的经济增长方式及经济结构不合理

加入欧元区之前，希腊是欧盟中经济比较落后的国家，产业结构比较单一，航运和旅游业是希腊国民经济的支柱产业。加入欧元区之后，希腊经济取得较快发展的原因在于：(1) 欧元区实行统一的低利率和宽松的货币政策，降低了希腊的融资成本，拉动了国内需求，其中消费和房地产投资对经济增长贡献度最大。(2) 希腊经济还得到了欧盟援助基金的支持。作为欧盟经济发展相对落后的国家，欧盟对希腊的经济建设以及处理失业等社会问题给予了极大的支持。(3) 经济的高速发展，促使希腊政府更加有信心实行"顺周期"的财政政策，继而维持了较高的财政支出。

在经济高速发展的同时，希腊政府有资本仿效欧元区其他发达国家实施高税收和高福利政策，建立了十分完善的社会保障制度和体系，其范围几乎涵盖了国民生活的方方面面，包括失业救济、养老保险、医疗保险和教育补贴等。在希

---

① Georgios P. Kouretas，2010，The Greek Crisis: Causes and Implications，*PANOECONOMICUS*，No.4.

腊,公务员是最好的职业,约占希腊就业人口总数的 1/4,而每年希腊要向这些雇员支付巨额的福利费用。据统计,希腊每年要将近 26% 的国民收入都用于社会福利。然而,在财政收入方面,希腊存在十分严重的偷税漏税以及腐败问题。根据希腊政府 2013 年 1 月制定的名为《透明》的国家反腐败行动计划文件,在经济领域,腐败助长垄断、妨碍健康竞争、纵容逃税、挫伤投资者积极性、损害就业机会并加重纳税人的负担……这些因素合在一起,每年给希腊经济造成的损失高达 200 亿欧元,约占国内生产总值的 8%。[①]

所以,2008 年金融危机爆发后,由于 2009 年两大支柱产业的收入严重缩水,经济增速回落,并陷入低迷,严重侵蚀了希腊财政收入的来源。与此同时,失业率的上升,要求政府给予更多的失业者相应的补贴,从而又增加了财政支出。如此的一增一减,加剧了希腊财政危机。

(四)欧元区危机防范和救援机制的缺失,未能阻止希腊债务危机进一步蔓延

为了防止欧元区成员国进行盲目举债和过度举债,欧盟在成立之初就制定了具体的财政约束以及"不救助条款"——禁止成员国政府公共机构的货币融资,并规定了具体的惩罚措施。但是,欧盟并没有设立专门的监管机构对成员国的财政状况进行实时监管以及对违约的成员国进行实际的惩罚,所以说,这种约束机制形同虚设。与此同时,欧元区也没有建立有效的危机预警机制以及应对危机的救援机制。

可以说,希腊债务危机的爆发充分暴露了欧元区的内在运行机制的"先天不足"。首先,欧盟对希腊财政状况缺乏有效的监管和预警机制,欧盟欠缺对希腊债务问题危害性的正确认识,甚至认为希腊始终只是个占欧盟经济总量不到 2% 的小国,不会对欧盟整体经济造成较大影响。其次,在希腊债务危机爆发后,欧盟未及时地对希腊进行援助,反而希望负债累累的希腊通过自身的紧缩政策以及增发国债的方式来进行自我救赎。最后,欧盟作为一个拥有众多成员的超国家机构,其在决策的制定和执行上存在严重的滞后,在处理紧急状况时效率非常低,在危机爆发后很长一段时间内欧盟都没能就援助措施达成一致,导致希腊债务危机进一步发酵,并开始向欧元区其他国家扩散,成为引爆欧债危机的导火索。

---

① 新华国际,2014 年 5 月 2 日:《西方腐败启示录 希腊腐败痼疾加深债务危机》,http://news.xinhuanet.com/world/2014 - 05/23/c_126538719.htm

第三节　欧债危机的全面升级：
"欧洲五国"评级下调

希腊爆发债务危机后,欧盟并未采取积极的态度和及时有效的措施,而选择静观事态的变化;但此时国际评级机构为了挽回前期对希腊债务风险评级的错判而失去的颜面,便开始兴风作浪大举对"欧洲五国"其他成员进行"攻击",相继下调这些国家的信用评级。与此同时,在国际资本炒作的推动下,欧债危机全面爆发。

一、"欧洲五国"的债务危机全面爆发

尽管爱尔兰、西班牙、葡萄牙以及意大利都相继爆发了债务危机,但其原因、相关背景以及影响力等方面都有着各自的特点。接下来着重对这些国家经济发展以及危机爆发的全过程进行一一说明,并力图通过实证数据分析对"欧洲五国"爆发主权债务危机的原因进行详尽的评述。

(一)爱尔兰债务危机

在爆发债务危机之前,爱尔兰是欧洲经济发展最快的国家之一,并有"凯尔特虎"奇迹的美誉。但随着房地产业在其国内的无限扩张,2008 年房地产泡沫的破裂给爱尔兰经济带来了沉重打击,随之而来的银行业危机更是让爱尔兰经济深陷泥潭。因此,为了摆脱危机,爱尔兰不得不向 IMF 申请援助,由此也成了又一个希腊。

1."凯尔特虎"奇迹

从 20 世纪 60 年代开始,爱尔兰告别贸易保护主义政策开始对外开放,大幅度降低贸易壁垒,1965 年与英国达成自由贸易协定,1967 年加入关税与贸易总协定(GATT),1973 年加入欧盟。除了加大对外开放力度,爱尔兰政府实行了大规模提高劳动生产率的政策。在此阶段,爱尔兰的产业结构进行了非常正确的调整——主要集中发展计算机、制药、医药科技和金融服务产业等。为了引进外资并营造良好的投资环境,爱尔兰为新兴产业提供非常低的税率等优惠,并利用母语为英语的优势,努力提高劳动力素质。20 世纪 60 年代开始,普及的高中教育政策的实施使得爱尔兰的教育事业得到了充分的发展。进入 70 年代后,爱尔兰的劳动生产率得到了迅速提高。

然而,在 20 世纪 80 年代初期,爱尔兰的整体宏观经济政策并不是十分稳定。由于全球经济的下滑,爱尔兰实行了大幅度的赤字财政政策。1979 年爱尔兰加入欧洲货币体系,放弃了传统的盯住英镑的汇率政策,造成了不稳定的经济与货币环境。由此,爱尔兰发生了债务危机。数据显示,80 年代中期,爱尔兰的债务/GDP 占比超过了 110%,每年需要支付的利息占到了 GDP 的 10%。[①] 但是,正当爱尔兰深陷此次危机的时候,"凯尔特虎"奇迹却正式开始了。为了应对此次债务危机,爱尔兰政府通过一系列紧缩财政政策,并开始维持良好的债务结构。同时,欧洲货币体系终于进入了货币稳定时期。随着稳定的宏观经济环境以及良好的经济政策,爱尔兰经济开始进入高速发展期。

爱尔兰的人口结构为这次经济的飞跃也起到了很好的促进作用。爱尔兰的"婴儿潮"开始于 70 年代并于 1980 年达到顶点,因此,80 年代的爱尔兰大部分人口都低于就业年龄。在 80 年代末,爱尔兰劳动参与率仍然比较低。同时,爱尔兰的女性劳动力的参与率相对于其他国家也很低。但是,当经济复苏时,一大批女性劳动力供给进入了劳动力市场。具体数据显示:就业人口从 80 年代末的 110 万人上升到 2007 年的 210 万人左右。随着劳动生产率的改善,爱尔兰经济进入了超快速发展时期:1987 至 2007 年,经济增长率达到了平均每年6.3%。[②](如图 1.5)

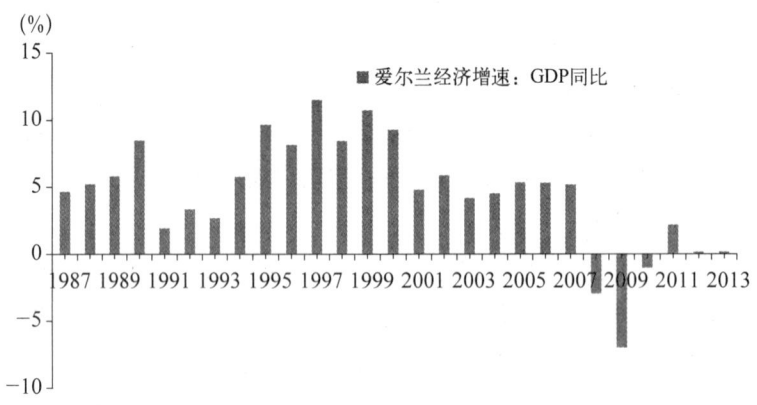

图 1.5　爱尔兰经济增长率变化图

资料来源:世界银行(The World Bank)数据库,http://data.worldbank.org/indicator/NY.GDP.MKTP.KD.ZG。

---

① Karl Whelan, 2014, Ireland's Economic Crisis: The Good, the Bad and the Ugly, *Journal of Macroeconomics*.

② Karl Whelan, 2014, Ireland's Economic Crisis: The Good, the Bad and the Ugly, *Journal of Macroeconomics*.

2. 房地产泡沫

然而,"凯尔特虎"奇迹的背后存在着比较严重的经济结构失衡,这也让爱尔兰面临经济"硬着陆"的风险。其中核心的问题就在房地产业。爱尔兰经济与房地产相辅相成,经济的快速增长为房地产业的发展提供了基础,房地产业的发展也推动了其经济的增长。进入 21 世纪后,20 世纪 80 年代带来的人口红利为房地产业的发展提供了有利的条件。此时,爱尔兰的人均收入早已达到了欧元区的平均水平。在加入欧元区后,欧盟的低利率政策使得爱尔兰本国的实际利率很低,有时甚至为负利率。因此,人口的增长、人均收入的快速上涨以及长期的低利率政策等提高了爱尔兰人对房屋的需求以及购房能力,由此大大地提高了房地产价格,房屋价格在 1996—2007 年间上涨了四倍,是同时期美国的 2倍。[①] 而在所用时间方面,美国的房地产价格用了 11 年(1996 年 5 月至 2007 年5 月)增长了一倍。而在爱尔兰,增长一倍仅用了 4 年的时间(即 1996 年 5 月至2000 年 5 月)。

房地产业的迅猛发展也促进了建筑业的繁荣。90 年代,爱尔兰 4%～6%的国民收入来自于房屋的建设,而到了 2007 年,这一数据上涨到了 15%,并有另外的 6%来自于其他建筑业。住房的总存量从 1991 年的 120 万套到 2000 年的140 万套,2008 年更是达到了 190 万套。而 2002 年后,爱尔兰的人均房屋完工量是美国当时的 4 倍。建筑业的繁荣也促进了劳动力市场的繁荣,工资率的上涨速度超过了整个经济的生产率的增长,由此降低了爱尔兰的劳动力的国际竞争力。与此同时,建筑业产生的税收也进一步使得政府的收入增加,从而使政府的预算开支加大。2007 年,建筑业提供的就业机会占就业总人数的比重高达13.3%,所占比例是所有经济合作与发展组织(OECD)成员国中最高的。除了葡萄牙与西班牙以外,爱尔兰建筑业提供的就业机会的比重比其他 OECD 成员国要高出 5 个百分点。

2007 年初,在美国次贷危机爆发之前,爱尔兰房价就有了开始下降的趋势。随着房价的下跌,新屋需求开始崩盘,大量的新建住房被闲置,房地产泡沫开始出现破裂的现象。在此之前,大批外资的进入让爱尔兰银行对外资的依赖越来越严重。1999 年,在爱尔兰银行的负债总额中,本国储蓄存款占 53%,外国信贷机构仅为 19.8%;而在 2008 年,前者下降到 22.2%,后者则上升到 29.1%。2008

---

① Karl Whelan, 2014, Ireland's Economic Crisis: The Good, the Bad and the Ugly, *Journal of Macroeconomics*.

年爆发的全球金融危机加快了爱尔兰房地产泡沫的破裂,全球金融危机对爱尔兰房地产业产生了非常大的负面影响。这与以下两个因素有关:一是国际金融危机减少了国际金融市场的流动性,爱尔兰银行难以获得足够的外部资金,资金周转失灵;二是国际金融危机沉重地打击了爱尔兰房地产开发商和购房者的信心。[①] 资料表明,从 2008—2009 年,仅一年的时间里,爱尔兰国内房产价格巨挫50%至60%。[②]

3. 危机如期而至

爱尔兰债务危机可以说是由房地产泡沫破裂后的银行危机所引起的政府一系列的反应而造成的。全球经济衰退以及房地产泡沫的破裂给爱尔兰银行业带来了毁灭性的打击,爱尔兰银行业不良贷款比率从 2007 年的 0.8% 飙升到 2009 年 9.0%。坏账的增加使得爱尔兰商业银行贷款进一步减少,银行紧缩贷款加速了房地产价格的下跌。与此同时,国内需求的降低同样也促使资产价格的下降,而通缩政策的实施又使得税收收入下降,增加了政府的债务负担。此时的"顺周期"财政紧缩政策加深了爱尔兰经济衰退的程度。相关经济数据指标参见表1.3。

表 1.3　1995—2013 年爱尔兰主要经济指标变化

时间 \ 指标	GDP 年增长率(%)	经常账户差额/GDP	财政赤字/GDP	政府债务/GDP	失业率(%)
1995	9.63	2.96	−2	81.2	12.2
1996	8.14	3.45	−0.1	72.7	11.9
1997	11.5	3.25	1.1	63.7	10.3
1998	8.43	0.8	2.4	53	7.59
1999	10.72	0.25	2.7	48	5.56
2000	9.24	−0.36	4.7	37.5	4.26
2001	4.79	−0.65	0.9	35.2	3.86
2002	5.87	−1	−0.4	31.9	4.4
2003	4.16	0	0.4	30.7	4.65
2004	4.51	−0.58	1.4	29.4	4.46

① 江时学,2011:《爱尔兰房地产泡沫解析》,《欧洲研究》第 3 期。
② 张锐,2011:《爱尔兰债务危机的近距离观察》,《财经科学》第 1 期。

（续　表）

时间＼指标	GDP 年增长率（%）	经常账户差额/GDP	财政赤字/GDP	政府债务/GDP	失业率（%）
2005	5.34	−3.51	1.7	27.2	4.39
2006	5.31	−3.54	2.9	24.7	4.42
2007	5.18	−5.33	0.1	24.8	4.58
2008	−2.97	−5.65	−7.3	44.2	6.32
2009	−7	−2.92	−14	65.1	11.82
2010	−1.06	0.49	−31.2	92.5	13.63
2011	2.17	0.08	−13.1	108.2	14.39
2012	0.16	0.95	−8.2	117.4	14.45
2013	0.17	1.73	−5.8	123.2	13.85

资料来源：作者经 IMF、世界银行以及欧盟统计局数据库整理而得。

为了救助几近崩溃的银行体系，爱尔兰政府向深陷泥潭的商业银行进行注资，并对一些小规模的银行（如：盎格鲁-爱尔兰银行）实施了国有化改造。尽管在市场看来，这种国有化操作相当于一种金融投资，但后来这种投资成了笔血本无归的买卖。2010 年 9 月，爱尔兰政府宣布，投入到本国五大银行的资金直接将 2009 年的财政赤字推高到 GDP 的 14%，2010 年更是高达 31.2%，公共债务可能达到 GDP 的 113%。2010 年 11 月，爱尔兰公开向欧盟和 IMF 提出援助申请，成为又一个希腊。

（二）葡萄牙债务危机

长期以来，随着欧元区经济与金融一体化的发展，欧洲银行与欧元区国家之间的风险捆绑在一起，形成了"一荣俱荣、一损俱损"的局面。其中，葡萄牙银行业与希腊债务关系密切，持有了大量的希腊债务——相当于其核心资本的 36%。一旦希腊宣布违约，葡萄牙银行业将受到严重打击，其偿债能力将迅速恶化，引发债务危机。所以，在希腊的债务问题暴露及其评级被调低后，危机迅速蔓延至葡萄牙，使其也未能逃脱接受援助的命运。接下来，就葡萄牙的经济情况以及危机的原因和特征做一个简要的分析。

1. 葡萄牙的经济发展模式分析

葡萄牙是欧元区发达国家中比较落后的国家之一，工业基础比较薄弱，支柱产业包括纺织、制鞋、旅游以及酿酒业等。20 世纪 80 年代开始,葡萄牙第三产业逐步占据主导地位,其中服务业对经济增长贡献度最高。2000 年以来,服务业增加值/GDP 占比每年都保持在 70% 以上。

1986 年,葡萄牙加入欧共体,随后经济得到了迅速的发展。由表 1.4 可以发现,葡萄牙经济增长率在 90 年代中期后保持着年均 4% 以上的经济增长。由此,葡萄牙在 1999 年成为首批加入欧元区的国家之一,但随后葡萄牙经济增速开始回落,进入了平稳缓慢的发展阶段,2008 年之前年均经济增长率保持在 2% 左右。葡萄牙经济发展缓慢的主要原因在于:(1)葡萄牙经济基础比较薄弱,产业结构单一,优势产业多集中在劳动密集型或资源密集型行业,技术创新水平低,导致竞争力偏弱。(2)葡萄牙国际贸易结构失衡,常年处于贸易逆差状态。根据欧盟统计局数据显示(如图 1.6):1999 至 2008 年期间,葡萄牙贸易逆差占贸易总量比重年平均在 23% 左右。2008 年,贸易逆差总额达到了 253.47 亿欧元,占贸易总量的 24.6%。(3)葡萄牙经济对外依存度高,尤其是对于美国和欧盟其他国家的经济依赖性比较强。这种外向型的经济增长模式,很容易受到外部环境的影响,一旦受到冲击,经济增长将会出现明显的下滑。

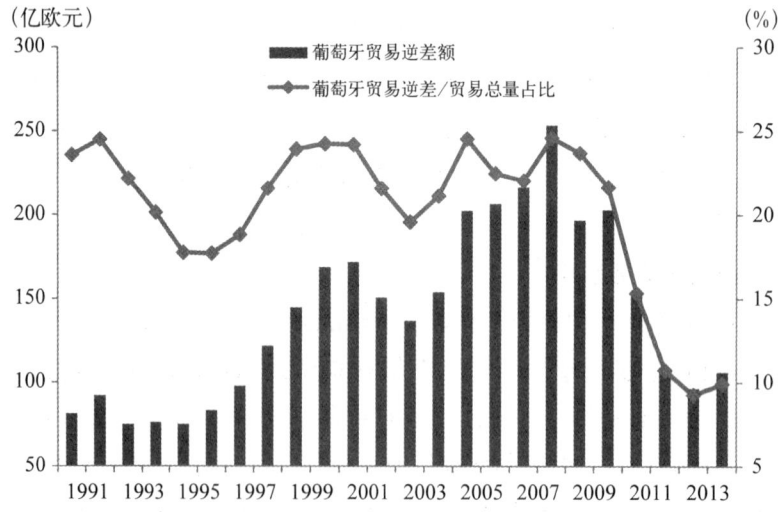

图 1.6　葡萄牙国际贸易逆差与贸易总量变化情况(1991—2014 年)

资料来源:作者经东方财富 Choice 金融终端(全球宏观数据库)提供的数据计算整理而得。

2. 葡萄牙债务危机形成的特点——"全球金融危机为主、政治危机为辅"

由于葡萄牙经济过分依赖于房地产和旅游业,2008 年爆发的全球金融危机给葡萄牙经济带来了巨大的打击,严重影响了政府税收收入,导致葡萄牙财政赤字不断攀升。在金融危机爆发之前,葡萄牙经济增长的过程也是葡萄牙社会福利制度不断深化的过程。然而,一旦经济面临衰退,这种福利刚性的弊端就会显现出来。政府为了维持民众的正常生活和以往的高福利政策,势必进一步加大财政支出。如此一来,葡萄牙政府不可避免地出现巨额的财政赤字。据欧盟统计局公布的数据(如表1.4)显示:2009年葡萄牙财政赤字/GPD占比超过了10%,政府债务/GDP占比超过了80%,并逐年攀升。

表 1.4　1995—2013 年葡萄牙主要经济指标变化

时间 \ 指标	GDP 年增长率(%)	经常账户差额/GDP	财政赤字/GDP	政府债务/GDP	失业率(%)
1995	4.28	−0.12	−5	59.2	7.16
1996	3.69	−3.48	−4.5	58.3	7.26
1997	4.41	−5.83	−3.4	54.4	6.74
1998	5.14	−7.05	−3.5	50.4	4.71
1999	4.07	−8.46	−2.7	49.6	4.15
2000	3.92	−10.24	−2.9	48.5	4
2001	1.98	−9.9	−4.3	51.2	4.01
2002	0.76	−8.09	−2.9	53.8	5
2003	−0.91	−6.1	−3	55.9	6.27
2004	1.56	−7.58	−3.4	57.6	6.65
2005	0.78	−9.48	−5.9	62.8	7.62
2006	1.45	−10.68	−4.1	63.9	7.65
2007	2.37	−10.1	−3.1	68.3	8
2008	−0.01	−12.64	−3.6	71.6	7.6
2009	−2.91	−10.92	−10.2	83.1	9.48
2010	1.94	−9.98	−9.8	93.3	10.8
2011	−1.25	−6.42	−4.2	107.8	12.74
2012	−3.23	−4.16	−6.4	124.1	14.43
2013	−1.36	−3.54	−4.8	129.7	13.96

资料来源:作者据 IMF、世界银行以及欧盟统计局数据库整理而得。

尽管葡萄牙政府在处理财政赤字方面有着丰富的经验和良好的记录,但金融危机的爆发使得葡萄牙政府的努力前功尽弃。2010 年 4 月 27 日,标准普尔将葡萄牙主权信用评级由 A＋下调至 A－,大幅提高了葡萄牙的国债利率,使得债务负担急剧加重,融资成本快速上涨。随后,葡萄牙爆发的政治危机将葡萄牙推进了债务危机的深渊。葡萄牙总理何塞·苏格拉底(José Sócrates)属于社会党派,但其党派的议员人数在议会的席位却远远少于反对党,因此,作为执政党的社会党丧失了议会的大部分优势,造成了在制度紧缩计划方面没有多少与反对党谈判的余地。2011 年 3 月上旬,葡萄牙政府提出的新一轮财政紧缩计划遭到了反对党的抵制而未获得通过,此举迫使苏格拉底于 3 月 23 日宣布辞职。由此市场对葡萄牙最终申请欧盟援助的预期日益强烈。按照葡萄牙宪法规定,在总理请辞后,总统将在 55 天内组织大选,重组政府。在此期间,苏格拉底将受命组建看守政府,行使有限权力。

葡萄牙的政治危机加剧了该国的债务危机,严重打击了金融市场对葡萄牙的信心。随后,惠誉、穆迪和标准普尔对其长期债务的评级分别降至 BBB－、Baa1、BBB－,距离"垃圾级"仅一步之遥。由于遭受经济与政治危机的双重打击,2011 年 4 月 6 日葡萄牙看守政府总理苏格拉底正式向欧盟提出救助申请。葡萄牙也成为继希腊和爱尔兰之后第三个寻求援助的欧元区国家。

(三) 西班牙债务危机

西班牙是欧洲第四大经济体,仅次于德国、法国和意大利,其国民生产总值比希腊、爱尔兰和葡萄牙的总和的两倍还要多。西班牙是葡萄牙的最大债权国,葡萄牙发生债务危机后,投资者开始担心西班牙的债务状况。从表面上来看(如表 1.5),西班牙的经济指标数据在一定程度上要比希腊、爱尔兰、葡萄牙好一些,尤其是它的公共债务/GDP 占比不到 60%,低于欧盟的平均水平,甚至低于德国。但是,西班牙经济的发展对外依赖度高,巨大的经常项目赤字是其经济快速发展时期的主要特征之一。房地产业和旅游业是推动西班牙发展两大支柱产业,在加入欧元区后,由于利率的降低带来了信贷规模的扩张,大量资金流入了房地产市场。然而,2008 年的金融危机给西班牙房地产和旅游业造成了巨大的打击,房地产泡沫的破裂也直接导致了西班牙银行危机的爆发。短期内,西班牙失去了推动经济增长的支柱产业,政府的财政压力剧增。2009 年,西班牙的财政赤字/GDP 占比达到了 11.2%。2010 年 4 月,标准普尔将西班牙的主权信用评级由 AA+下降到 AA,西班牙也成为继希腊和葡萄牙之后第三个被标准普尔下调评级的欧元区国家。接下来,对危机前西班牙经济发展的原因、西班牙经济结构特征以及西班牙的房地产泡沫和银行危机进行简要的分析,以此进一步了解西班牙债务危机。

表 1.5　1995—2013 年西班牙主要经济指标变化

指标 时间	GDP 年增长率(%)	经常账户差额/GDP	财政赤字/GDP	政府债务/GDP	失业率(%)
1995	2.76	−0.31	−7.2	63.3	22.9
1996	2.42	−0.23	−5.5	67.4	22.08
1997	3.87	−0.09	−4	66.1	20.61
1998	4.47	−1.18	−3	64.1	18.6
1999	4.75	−2.93	−1.2	62.4	15.64
2000	5.05	−3.96	−0.9	59.4	13.87
2001	3.65	−3.94	−0.5	55.6	10.55
2002	2.7	−3.26	−0.2	52.6	11.48
2003	3.1	−3.51	−0.3	48.8	11.48
2004	3.27	−5.25	−0.1	46.3	10.97
2005	3.61	−7.36	1.3	43.1	9.16
2006	4.02	−8.96	2.4	39.6	8.51
2007	3.57	−9.99	1.9	36.2	8.26
2008	0.86	−9.62	−4.5	40.2	11.33
2009	−3.72	−5.2	−11.2	53.9	18.01
2010	−0.2	−4.6	−9.3	61.2	20.07
2011	0.05	−3.71	−8.5	68.5	21.64
2012	−1.64	−2.14	−10.6	86	24.2
2013	−1.23	−1.72	−6.8	92.1	23.9

资料来源:作者经 IMF、世界银行以及欧盟统计局数据库整理而得。

1. 危机前西班牙经济发展的原因及结构

加入欧元区后,西班牙经济进入了经济发展的繁荣时期,1999—2007 年期间,西班牙年均 GDP 增长超过了 3.5%(如表 1.5),远远超过了欧盟的平均增速。其主要原因在于[①]：(1) 由于欧元区实行统一宽松的货币政策，利率的下降促使西班牙国内信贷规模不断扩大。在 1995—2005 年期间，长期(短期)利率下降了大概六七个百分点。自 2000 年初欧洲货币联盟成立以来，一直实行较为宽松的货币政策，西班牙固定的通胀预期的形成和正的通胀差异都可以用利率下降来解释。(2) 得益于大批移民的融入，这一时期西班牙的人口结构得到改善，促进了经济的进一步发展。在欧盟成立之初，西班牙迎来了一波向内移民潮。在西班牙居住的外国人从 1995 年的 35 万(占当时人口的 1%)，增加到 2008 年的 522 万(占总人口的 11%)。由于融入西班牙的移民的年龄结构相对本地人口年龄结构要更加年轻，因此改变了西班牙原有的人口结构，降低了人口老龄化的程度。

然而，西班牙经济结构也存在着严重的外部不平衡问题，经常账户余额一直处于逆差的状态，西班牙经济对外部融资的依赖性非常强。在 1995—2008 年期间西班牙经常账户差额/GDP 占比呈明显的下降趋势，由 1995 年的 -0.31% 下降到 2008 年的 -9.62%。其中，私人部门负债的上升是造成外部不平衡的主要因素。

2. 西班牙房地产泡沫与银行业危机

欧元区"整齐划一"的利率政策让西班牙也享受到了低利率政策带来的经济高速发展。利率的降低也带来了信贷规模的不断扩张，大量资金流入了房地产市场，使得房地产业成为西班牙主要的经济增长点。西班牙用在房地产投资的资金约占其 GDP 的 7%，而法国仅为 2%。2007 年，房地产提供的岗位占整个西班牙劳动力市场的 13%，而这一数据在德国仅为 6.7%，在英国仅为 8.5%，中国约为 6%。1999—2007 年，西班牙地价上涨了 500%，同期欧洲新增房产数量中的 60% 都在西班牙。[②] 与此同时，西班牙政府实行购买房屋首付可豁免收入税的政策，以及一些地方政府在此基础的附加优惠政策，进一步促进了房地产业的迅猛发展。建筑业及相关产业对西班牙国内生产总值增长贡献率达到 18%，对地方政府的财政收入贡献更是达到了 50% 以上。然而，西班牙空置房数量在欧元区国家中最多，空置率达 15%，是欧盟平均水平的 3 倍，即在所建的 2 100 万套住房中有 300 万套为空置住房。西班牙成为自欧元区成立以来房地产泡沫最严重的国家。

在全球金融危机的席卷下，房地产泡沫的破灭导致西班牙银行危机的爆发。

---

① 米罗斯拉夫·贝拉米、大卫·科巴姆、卢多维特·奥多，2013：《欧元区与金融危机》，张红地译，中国金融出版社，第 78 页。

② 余治国、叶楚华，2012：《欧元必死 揭开欧债危机的真相》，中国经济出版社，第 149—150 页。

西班牙储蓄机构在房地产泡沫中存在大量的贷款,这些贷款形成了巨大的不良资产。2011年底,西班牙不良贷款总额约为1 440亿欧元(约合1 785亿美元),不良贷款率超过6%(如图1.7);西班牙银行业与房地产业相关资产高达3 200亿欧元(约合3 966亿美元)。然而,造成西班牙银行业危机的另一原因在政府债务。2011年10月,标准普尔再次将西班牙主权信用评级由AA下降至AA—,前景展望为负面。随着西班牙主权信用评级的下调,银行的问题资产增加。与此同时,随着西班牙国债收益率的上升,银行融资成本也相应攀升,这样又会削弱银行的盈利能力,使得西班牙银行危机进一步恶化。2011年11月,西班牙中央银行向巴伦西亚银行注资10亿欧元(约合12亿美元)。这是自2008年金融危机以来西班牙央行首次出手对一家银行进行干预,同时巴伦西亚银行也成为继卡斯蒂利亚-拉曼查储蓄所、南方储蓄所和地中海储蓄所之后第四家接受西班牙央行救助的金融机构。①

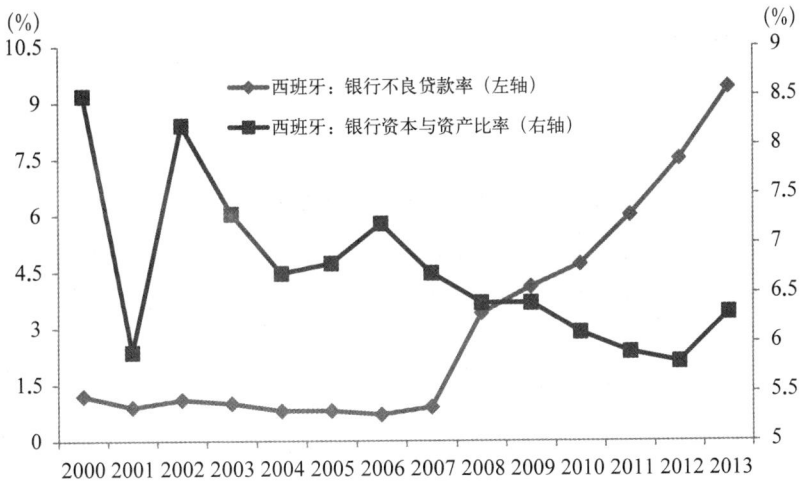

图1.7　西班牙银行不良贷款率和银行资本/资产比率变化图

资料来源:东方财富Choice金融终端全球宏观数据库。

　　房地产泡沫的破裂使得西班牙失业率激增,由表1.5所示,2010年以后西班牙失业率都维持在20%以上,年轻人(16~24岁)失业率更是超过了50%,西班牙成为欧元区国家中失业率最高的国家。高失业率增加了西班牙社会的不安定

　　① 中国国际经济交流中心课题组,2014:《欧债危机评估及中国对策》,社会科学文献出版社,第9—10页。

情绪,为西班牙紧缩政策的实施制造了障碍,同时,西班牙政府需要支付巨额的失业保证金,加剧了自身的财政赤字问题,西班牙债务危机进一步恶化。

(四) 意大利债务危机

意大利是欧洲第三大经济体,也是全球七大工业国(G7)[①]之一。但是,意大利政府长期债台高筑,且规模巨大。据国际货币基金组织统计,2010 年意大利政府债务总额占 GDP 比重超过了 118%,仅次于日本的 225%。意大利公共债务结构中,爱尔兰银行持有的"欧洲五国"债务中一半是意大利国债,法国和德国也持有大量意大利国债。也就是说,如果意大利公共债务问题失控,将让整个欧元区彻底陷入危机之中。其实,从 20 世纪 90 年代开始,意大利政府债务总额就一直高于国内生产总值,即政府债务/GDP 占比大于 100%(如表 1.6)。因此,随着"欧洲五国"债务危机的持续发酵,市场投资者开始担心意大利公共债务问题。2011 年 11 月,意大利 10 年期国债收益率曾一度突破 7%(如图 1.8)。而根据希腊、爱尔兰和葡萄牙的经验来看,一旦长期债务利息率超过 7%,债务危机便面临失控的境地。接下来,从意大利的公共债务问题、意大利经济结构以及加深意大利债务危机的原因等角度对意大利债务危机进行进一步的探讨。

表 1.6 1995—2013 年意大利主要经济指标变化

指标 时间	GDP 年增长率(%)	经常账户差额/GDP	财政赤字/GDP	政府债务/GDP	失业率(%)
1995	3.2	2.06	—7.4	120.9	11.16
1996	0.7	3.19	—7	120.2	11.16
1997	1.5	2.83	—2.7	117.4	11.24
1998	1.5	1.62	—2.7	114.2	11.38
1999	1.6	0.68	—1.9	113	11
2000	2.9	—0.53	—0.8	108.5	10.15
2001	1.8	—0.06	—3.1	108.2	9.12
2002	0.3	—0.78	—3.1	105.1	8.65
2003	0.1	—1.3	—3.6	103.9	8.48

① 20 世纪 70 年代初,在第一次石油危机重创西方国家经济后,在法国倡议下,1975 年 11 月,美、日、英、法、德、意六大工业国成立了六国集团,加拿大在次年加入,七国集团(简称 G7)就此诞生。

（续　表）

指标 时间	GDP 年增长率（%）	经常账户差额/GDP	财政赤字/GDP	政府债务/GDP	失业率（%）
2004	0.9	−0.94	−3.5	103.4	8.07
2005	0.1	−1.64	−4.4	105.4	7.7
2006	2.2	−1.49	−3.4	106.1	6.78
2007	1.68	−1.24	−1.6	103.1	6.12
2008	−1.16	−2.92	−2.7	105.7	6.79
2009	−5.49	−2.08	−5.4	116	7.79
2010	1.8	−3.52	−4.6	118.6	8.38
2011	0.43	−3.19	−3.9	120.1	8.37
2012	−1.91	−2.22	−3	122.2	9.5
2013	−0.29	−1.53	−2.8	127.9	9.72

资料来源：作者据 IMF、世界银行以及欧盟统计局数据库整理而得。

图 1.8　意大利 10 年期国债日收益率变化图（2008—2015 年）

资料来源：东方财富 Choice 金融终端全球宏观数据库。

1. 意大利公共债务问题的历史背景

受 2008 年金融危机的冲击，意大利经济也陷入了衰退之中。但是，在此之前，意大利经济内部的"虚弱"就已经表现出来。加入欧元区后，意大利是"欧洲五国"中经济增长最慢的国家，在 1999—2007 年期间平均 GDP 增长率不足

1.2％,2005 年 GDP 只同比增长了 0.1％(如表 1.6)。在意大利经济结构问题中,公共债务长期居高不下成为其中最突出的问题。

"二战"后,受美国资金的支持以及新自由经济体制的确立,意大利政府一方面放宽外贸管制,另一方面积极参与区域经济整合。在积极的对外经济政策下,意大利经济经历了长达 20 年左右的高速发展。这一时期,无论就自身情况而言,还是与其他欧洲大国相比,意大利的公共财政状况都处在相对健康的状态。

然而,进入 70 年代后,受石油危机以及布雷顿森林体系瓦解的冲击,意大利发生了战后第一次经济衰退。为了刺激经济,意大利政府采取了扩张的财政政策,公共财政支出明显增加。与此同时,为了应对危机带来的日益尖锐的社会矛盾以及失业问题,意大利追随欧洲其他国家,加快了社会福利体系的建设,提高了各类社会保障支出。另外,伴随政府机构的快速扩张,大量雇员的出现导致公共部门工资和津贴的快速增长。因此,从 20 世纪 70 年代开始,意大利政府的财政赤字趋于常态化,甚至逐渐成为意大利政治经济文化的一部分。

进入 80 年代,公共机构继续扩大、社会支出持续扩张以及债务利息支出的增加,导致意大利政府继续大幅增加公共支出。同时,意大利政府实施"顺周期"的财政政策,并未能在经济繁荣期对其财政状况进行改善,反而与欧洲其他国家开始背道而驰,造成了随后经济竞争力的衰落。

90 年代初,由于意大利公共财政的持续恶化,意大利不得不退出欧洲货币体系,并陷入"货币危机"。为了应对此次危机以及加入即将成立的欧元区,意大利开始了对本国公共债务问题的整顿。通过增加税收和消减公共开支,意大利公共财政得到改善,并于 1996 年回归欧洲货币体系,1999 年成为第一批加入欧元区的国家。但是,意大利公共债务问题并没有得到本质上的解决,其政府债务/GPD 比重一直高于欧盟对财政约束的上限——60％(如表 1.6),可以说,这为后来的债务危机埋下了隐患。

2. 意大利债务问题的深化

加入欧元区后,贝卢斯科尼政府的上台推翻了此前执行的紧缩的财政政策,开始推行积极的财政政策的道路,不再将改善公共债务结构作为首要目标,反而放宽了此前对公共支出的诸多限制,使得公共财政状况持续恶化。然而,扩张的财政支出并未给意大利经济带来预期的增长,由于缺乏有助于提升全面要素生产率的结构性改革,加之"9·11"事件对发达经济体的冲击,意大利的经济不仅未得到提振,反而陷入了新一轮的低迷期。[①] 在 2002—2005 年期间 GDP 平均增长率不足 0.4%,而财政赤字/GDP 占比一直维持在 3% 以上(如表 1.6)。低税收政策以及公共支出和政府机构的再度扩张,使得公共债务比重再度攀升。2006 年 5 月,新政府上台重新确立改善公共财政的首要目标,并取得了一定的成效,连续两年政府财政赤字占比都低于 3%(2007 年:1.6%,2008 年:2.7%)。但是,新政府只是通过增加税收和减少公共支出来改善政府债务问题,并未进行经济结构性改革,意大利经济并未取得实质性的增长。

因此,受 2008 年全球金融危机的冲击,意大利经济再次陷入衰退,GDP 增长率连续两年出现负增长。为了挽救意大利深度低迷的经济,意大利政府开始再次积极推行扩张性的财政支出刺激政策。基于此,2009 年意大利财政赤字占比由 2008 年的 2.7% 回升至 5.4%,政府债务占比上升至 116%(如表 1.6)。随着意大利公共财政问题的恶化,2011 年 9 月起,三大国际评级公司相继下调了意大利主权信用评级,导致意大利 10 年期国债收益率多次冲击 7% 的高度(如图 1.8),意大利长期融资风险进一步加剧。至此,意大利追随"欧洲五国"中的其他国家陷入了债务危机漩涡之中。

3. 加深意大利债务危机的原因

从以上意大利公共债务问题演变过程,可以看出意大利债务危机加剧的原因可以归结为以下几点:(1) 意大利经济发展不平衡,产业结构单一。意大利是典型的出口导向型国家,出口对 GDP 的贡献占到了 30% 以上,其经济发展主要依赖于传统制造业的出口和旅游业。加入欧元区以后,由于意大利劳动力市场僵化问题日益突出,意大利的传统制造业遭遇新兴国家竞争的同时,其单位劳动力成本也高于欧元区的平均水平,企业产品成本增加,出口价格竞争力丧失,由此意大利经常项目逆差日益恶化,意大利经常项目差额/GDP 占比由 1999 年的 0.68% 下降到 −2.92%(如表 1.6),意大利经济的外部依赖性也越来越严重。(2) 高福利政策使意大利经济遭遇重创。意大利是欧元区福利最好的国家之一,号称拥有最发达的社会保障体系。然而,每年投入的巨额社会福利保障金让经济一直处于低迷期的意大利背上了沉重的债务负担,政府支出常年处于超支状态,债台高筑对于意大利来说已经是常态。如表 1.6 所示,1995 年意大利政府债务/GDP 达到了 120.9%,随后一直没有下降到 100% 以下。(3) 人口结构老龄化问题严重。随着人口老龄化

[①] 孙彦红,2015:《意大利公共债务问题评析》,《欧洲研究》第 2 期。

问题日益严重,意大利在养老金方面支出常年高居不下,每年国家总开支的近30%用于支付退休金,而且提前退休的现象十分普遍。据欧盟统计局数据显示,2001—2010 年期间,意大利 55 至 64 岁人口的平均就业率只有 32.2%,远低于欧元区的平均水平(40.8%),更远低于"里斯本战略"的目标(50%)。

二、全球金融经济发生连锁反应

在世界一体化的大趋势下,欧债危机的全面爆发,预示着全球经济面临着继2007 年美国次贷危机后又一次大的挑战,全球经济面临第二次探底的巨大风险。欧债危机通过国际贸易、资本市场以及金融等渠道向全球扩散,由此引发全球金融市场的连锁反应。接下来,重点就欧债危机影响的传导机制以及危机对欧元区自身的影响进行深入的分析。

(一) 欧债危机的传导机制

随着经济全球化和区域经济一体化的迅猛发展,全球各国的商品市场和资本市场紧密联系在一起,形成了市场一体化的大趋势。欧债危机以希腊债务危机爆发为导火索,通过多种渠道迅速向欧元区其他国家蔓延,充分体现了债务危机的群发性和传导性特点。此次危机主要通过债权人、国际贸易、金融机构以及心理预期渠道来进行传导。接下来,主要就这几种传导机制进行简要的分析。

1. 基于债权人渠道的传导机制

欧元区的诞生促使欧洲经济金融一体化得到了迅速的发展,交易成本的降低、融资环境的改善以及技术的发展让欧洲各国之间的债务往来日益频繁和便捷,使得资金供求双方更容易实现彼此的政策目标,债务人与债权人的关系也更加明确。但是,当债务人的偿付能力出现问题时,其主要债权人肯定会受到牵连。国际清算银行的数据显示,德国和法国共同持有希腊 69%的政府债务,德国的贷款机构持有希腊债务最多,2010 年底达到 227 亿美元,超过法国的 150亿美元。[①] 所以,当希腊爆发债务危机时,作为债权人的德国、法国以及其他债权国就会蒙受巨大的损失,并给债权国的经济发展带来严重打击。

随着"欧洲五国"的债务危机的持续发酵,债权国与债务国的关系也开始恶化,并阻碍了救援的进程。比如,德国在对希腊债务危机进行救助问题上始终难

---

① 新浪财经,2011 年 06 月 07 日:《国际清算银行:德国持有希腊债务最多》,http://finance.sina.com.cn/money/forex/20110607/08189951489.shtml

以寻求良好的利益平衡点,并对希腊的"债务减记"一直保持强硬态度,而希腊也以公投的方式来博取自身的利益。债务问题无法得到根本的解决,使得各国政坛动荡不安,政府执行政策效率极低,危机由债务国传递到债权国,并联合其他传导渠道如心理渠道、金融机构渠道等进一步将债务危机传递到欧元区其他国家。因此,催化了欧债危机的全面爆发。

2. 基于国际贸易渠道的传导机制

作为世界第一大经济体和第一大贸易集团,欧盟与全球其他国家的贸易往来十分密切,而且随着全球国际贸易的发展和深化,贸易对各国的经济贡献度越来越大,因此,欧债危机爆发后,债务危机很容易通过国际贸易渠道在各国之间进行传导,这种渠道的传导性主要表现为贸易溢出效应。

贸易溢出效应主要有两种表现形式:价格效应和收入效应。其中,价格效应是指在一国发生经济危机时,经济的衰退引发其自身货币的贬值,从而增强本国出口商品的国际竞争力,提高本国商品的出口总额。与此同时,本国廉价的商品将给其他贸易国的出口造成一定的压力,挤占出口竞争国的贸易空间,拖累其经济增长,将危机从本国向其他国家转移。而收入效应是指危机发生国的货币贬值势必会影响危机发生国对外国产品的购买力,随着国民收入水平的进一步下降,进口需求的减少会给贸易伙伴国的出口带来一定影响,拖累进口来源国的经济发展。总体上说,危机国的贸易溢出效应导致了本国出口的增加和进口的减少,从而引起贸易伙伴国的贸易额急剧下降,最终导致伙伴国的经济陷入低迷。

就欧盟内部而言,希腊、意大利、西班牙和葡萄牙是德法等欧洲强国的主要出口市场。"欧洲五国"债务危机爆发后,危机发生国的国民收入水平下降、失业率上升以及购买力降低让德法等发达经济体向"欧洲五国"的出口严重下降,削弱了德法等欧洲强国的经济势力,危机通过贸易溢出效应传导至欧元区其他国家。就世界市场而言,欧元区是全球最大的国际贸易市场,危机爆发造成欧元的逐渐贬值,由此提高了欧元区成员国出口产品的国际竞争力,危机通过贸易溢出的价格效应传递到相关国家与地区。

3. 基于金融机构渠道的传导机制

在全球金融一体化不断加深的背景下,欧债危机可以通过银行、证券市场以及投资公司等金融机构渠道进行传导,加剧了全球金融市场的波动,由此也对实体经济产生较大的冲击。

就银行渠道而言,主要体现为共同贷款人效应。充当共同贷款人的银行可以同时向其他国家和地区提供贷款,但是,一旦其中一个借款国发生危机,使得该银行的贷款难以及时收回,为了预防危机对自身资产的冲击影响,该银行可能会收回或减少对其他银行的贷款。如果被抽离资本的其他银行对共同贷款人的资金依赖度高,由此产生的溢出效应极有可能导致被收回或减少贷款的国家出现流动性不足问题,从而引发危机的进一步扩散。在欧元区内,德意志银行通过持有欧元区其他国家国债以及向其他国家提供贷款等方式将各国银行相互联系在一起。希腊债务危机爆发后,为了抵消希腊坏账,德意志银行减持了意大利、西班牙等其他欧元区国家国债的持有量,并减少了国际贷款的信贷规模,使得主权债务危机进一步蔓延至其他国家。然而,为了拯救深陷流动性危机的银行业,国家又不得不扩大财政支出来给银行注入大量资金,从而又加剧了主权债务危机的传导,上文中西班牙银行危机就是一个例子。

就证券市场而言,债务危机主要通过全球的股票市场和债券市场实现国际传导。欧债危机爆发后,世界主要国家证券市场出现了剧烈的波动,市场投资者纷纷减少危机发生国证券的持有量,欧洲以及其他国家的股市均出现了大幅度的下跌,而债券市场更是受到了猛烈冲击,欧元区债务国债券利率大幅上涨。资金面的短缺以及融资环境的不断恶化导致债务危机延伸到欧元区其他国家。

就投资公司而言,债务危机爆发后其投机性强以及流动性快的特点充分发挥出来,其中对危机国的投机冲击助燃了危机向其他相关国家蔓延的火焰。希腊债务危机爆发后,以高盛公司为代表的国际投资机构对欧元资产进行投机炒作,肆意做空欧元以及推高危机国国债收益率,导致危机国借贷成本的飙涨。可以说,国际投资机构的投机活动加剧了全球资本市场的震荡,催化了债务危机的传染扩散效应。

4. 基于心理预期渠道的传导机制

市场预期对经济的影响是非常显著的,其中由投资者心理预期变化所引起的危机传导也与其他渠道的传导密不可分。可以说,危机爆发后,心理预期在危机传导过程中起到了至关重要的作用。如果投资者市场预期良好,市场有可能并不会受到多大影响,将通过自身的调节进行恢复。如果投资者市场预期恶劣,市场对危机会迅速地做出反应,清理风险资产使危机迅速蔓延至其他国家和地区。基于心理预期渠道的传导机制最主要的表现为传染效应和季风效应。

一国爆发主权债务危机会促使投资者重新对其他经济结构、财政状况以及发展模式等相似的国家进行评估,为了规避潜在风险,投资者可能会减持其他出现类似债务问题国家的资产,使危机蔓延至其他国家。欧元区内很多国家与希腊的经济结构、福利制度以及财政状况类似,危机爆发后引发传染效应,并迅速席卷了欧元区其他国家,最终导致欧债危机的爆发。

季风效应最早由 Masson(1998)提出,他把因共同冲击而产生的危机传导称为季风效应。由于受国际金融危机的冲击,希腊率先爆发了债务危机。然而,作为一个整体的欧元区,各国经济紧密联系在一起,尤其是欧洲南部国家在经济发展水平、产业结构、财政政策等方面的趋同,加剧了季风效应的影响,使得危机以希腊为开端,迅速席卷了整个欧元区。

(二) 欧债危机对欧元区自身的影响

欧债危机通过上文介绍的渠道首先在欧元区内部进行传导,欧盟面临自成立以来最大的挑战,使欧洲一体化进程以及欧元的前景蒙上了阴影。民众对本国执政党的强烈不满引发了欧元区成员国政坛的剧烈震荡,使得危机国政府频繁更迭,社会问题层出不穷,骚乱连连。接下来就债务危机对欧洲经济及政治的影响做简要分析。

1. 对欧元区经济增长的影响

2007 年美国次贷危机的爆发和蔓延,使得欧洲经济面临巨大风险,各国纷纷出台刺激政策阻止经济衰退。然而,2009 年希腊债务危机的爆发及蔓延,不可避免地给欧洲经济的增长带来了负面影响,经济面临第二次探底的风险。具体来看(如表 1.7):2009 年,欧洲主要国家 GDP 都出现了负增长,其中芬兰同比下降了 8.54%,其次是爱尔兰和意大利分别下降了 6.38% 和 5.49%。随后,在2010—2011 年期间,欧洲经济有所恢复,但希腊成了其中一颗"毒瘤",使得"欧洲五国"经济进入 2012 年后又整体陷入衰退。

表 1.7　1999—2013 年欧元区主要国家的 GDP 增长率

	欧洲五国						欧元区其他国家				
	希腊 (%)	爱尔兰 (%)	意大利 (%)	葡萄牙 (%)	西班牙 (%)	欧元区 (%)	德国 (%)	法国 (%)	比利时 (%)	芬兰 (%)	奥地利 (%)
1999	3.42	10.97	1.45	4.07	4.73	2.94	1.87	3.29	3.54	3.91	3.54
2000	4.48	10.65	3.65	3.92	5.05	3.83	3.06	3.68	3.67	5.32	3.67
2001	4.2	4.99	1.86	1.97	3.67	2.02	1.51	1.84	0.81	2.28	0.86

（续　表）

	欧洲五国					欧元区其他国家				
	希腊（%）	爱尔兰（%）	意大利（%）	葡萄牙（%）	西班牙（%）	欧元区（%）	德国（%）	法国（%）	比利时（%）	芬兰（%）	奥地利（%）
2002	3.44	5.42	0.45	0.76	2.71	0.95	0.01	0.93	1.36	1.83	1.69
2003	5.94	3.73	−0.05	−0.91	3.09	0.76	−0.38	0.9	0.81	2.01	0.87
2004	4.37	4.2	1.73	1.56	3.26	2.23	1.16	2.54	3.27	4.12	2.59
2005	2.28	6.08	0.93	0.78	3.58	1.74	0.68	1.83	1.75	2.92	2.4
2006	5.51	5.51	2.2	1.45	4.08	3.27	3.7	2.47	2.67	4.41	3.67
2007	3.54	4.97	1.68	2.37	3.48	3.01	3.27	2.29	2.88	5.34	3.71
2008	−0.22	−2.16	−1.16	−0.01	0.89	0.38	1.08	−0.08	0.99	0.29	1.44
2009	−3.14	−6.38	−5.49	−2.91	−3.83	−4.46	−5.15	−3.15	−2.8	−8.54	−3.82
2010	−4.94	−1.06	1.72	1.94	−0.2	1.98	4.01	1.72	2.32	3.36	1.77
2011	−7.11	2.17	0.48	−1.25	0.05	1.62	3.33	2.03	1.77	2.73	2.83
2012	−6.37	0.16	−2.53	−3.23	−1.64	−0.65	0.69	0.01	−0.14	−0.83	0.87
2013	−3.86	−0.34	−1.85	−1.39	−1.22	−0.42	0.43	0.21	0.2	−1.38	0.32

资料来源：世界银行（The World Bank）数据库，http://data.worldbank.org/indicator/NY.GDP.MKTP.KD.ZG。

经济的衰退导致市场对欧元未来贬值的预期日益强烈，国际投机资本也开始不断做空欧元，从而影响了欧元的国际地位，进一步动摇了市场对欧元的信心，欧元作为国际储备货币的稳定性受到了严峻挑战。与此同时，由于经济增长乏力，从2009年开始，欧元区各国失业率激增，"欧洲五国"的表现尤其明显（如图1.9）。高失业率带来了许多社会问题，增加了危机国的失业保障支出，而危机国为了获得援助不得不制定严苛的财政缩减计划，如此一来，加剧了社会的动荡，引发了选民的强烈不满，给政府当局带来了严峻的考验。

2. 对欧洲银行业的影响

自欧元区成立以来，随着欧洲金融一体化的发展，欧洲银行不断增持欧元区国家的债券，欧元区国家之间交叉持有国债也非常普遍。2010年，葡萄牙GDP为2 000亿欧元，外债4 000亿欧元，人均外债3.808 1万欧元，外债占GDP的251%，政府债务占GDP的106%。葡萄牙银行持有希腊债务75亿欧元，西班牙持有1/3葡萄牙债务。西班牙GDP为7 000亿欧元，外债1.9万亿欧元，人均外

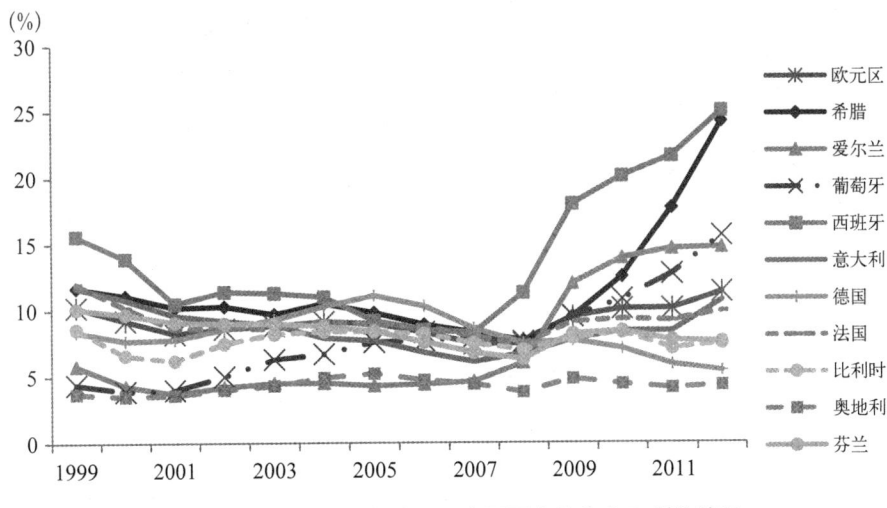

图 1.9　1999—2012 年欧元区主要国家的失业率变化情况

资料来源：世界银行（The World Bank）数据库，http://data.worldbank.org/indicator/SL.UEM.TOTL.ZS。

债 4.136 6 万欧元，外债占 GDP 的 284%，政府债务占 GDP 的 67%。西班牙持有几十亿欧元的葡萄牙债务，西班牙持有的外债大量来自德国和法国。意大利 GDP 为 1.2 万亿欧元，外债 2 万亿欧元，人均外债 3.287 5 万欧元，外债占 GDP 的 163%，政府债务占 GDP 的 121%；法国持有大量意大利债券。欧元区国家与欧洲银行之间的风险都捆绑在一起，形成了一荣俱荣、一损俱损的局面。[①] 因此，欧债危机爆发后，欧洲银行业持有的政府债务面临巨大的风险敞口。

银行是各国金融机构的核心，债务危机的银行渠道传导引发了欧元区流动性危机，各成员国债券收益率飙涨，危机国银行业融资困难。欧洲各大银行因持有大量的政府债券而蒙受了巨大损失，投资者对危机国银行的偿债能力以及信誉度产生怀疑，各国银行之间相互融资活动急剧下降，从而引发欧洲银行业剧烈震荡，进一步抑制了欧洲经济的复苏。

3. 对欧元区一体化的影响

欧洲一体化经过半个多世纪的发展，尽管在其发展过程中遭遇许多次挑战和危机，但仍然取得了很多举世瞩目的成就，被誉为区域一体化的典范，而且欧元诞生后被认为是世界上唯一能够撼动美元金融霸权的国际货币。但 2009 年希腊债务危机的爆发，使得欧盟遭遇自成立以来最大的挑战，并反映出欧元区自

———————

① 余治国、叶楚华，2012：《欧元必死：揭开欧债危机的真相》，中国经济出版社，第 96 页。

身的固有矛盾——统一的货币政策和分离的财政政策的矛盾,以及由于缺乏有效监管及预警机制,欧元区南方边缘国家出现严重的"道德风险"——没有严格遵守欧盟关于政府财政约束的规定。

随着希腊债务危机的不断升级,希腊退出欧元区的可能性也越来越高。如果希腊退出欧元区,那可以说是欧债危机的终极结果。希腊退出欧元区标志着欧洲一体化进程将出现自成立半个多世纪以来的巨大倒退,欧元区的声誉将受到致命打击。与此同时,希腊的退出势必引发市场投资者对欧元区债务问题严重国家如塞浦路斯、葡萄牙、西班牙、意大利等相继退出欧元区的猜想,最终导致欧元区的解体,而对欧元区解体的负面预期将严重打击投资者对欧元的信心。截至2015年上半年,欧元兑美元的汇率相对2011年上半年的汇率贬值了近25%(如图1.10)。一旦希腊脱离欧盟,市场预期欧元兑美元将继续贬值至1∶1以下,至此,欧元的国际地位将受到严重损害。

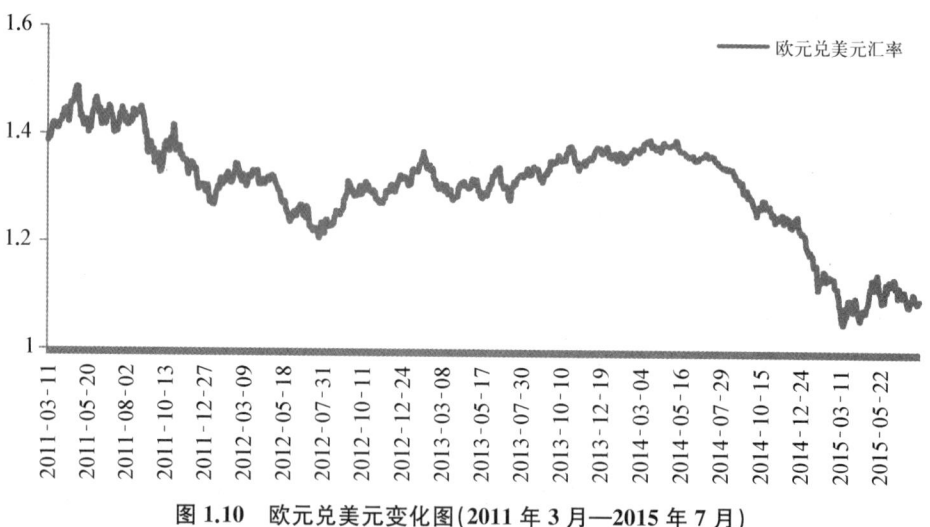

图1.10 欧元兑美元变化图(2011年3月—2015年7月)

资料来源:东方财富Choice金融终端外汇综合平台。

第四节 欧债危机的平息阶段: "三驾马车"的救援

希腊债务危机爆发后,由于"不救助条款"的存在,欧盟不能动用别国资源对希腊进行救援,欧洲中央银行(ECB)也不能直接对成员国提供资金,国际货币基金组织(IMF)也没有义务对危机国债券市场进行干预。但是,随着希腊债务危机的持续发酵及蔓延,欧盟逐渐放弃了之前的主张,"三驾马车"开始联手对债务危机国进行多层次的金融救援,也取得了一定的成效。至此,欧债危机逐渐进入平息阶段。

一、欧盟的救助措施

希腊债务危机爆发后,欧盟连同欧洲中央银行以及 IMF 创立了金融救助机制,对危机发生国提供紧急的援助,并启动了"欧洲学期"机制,开始对欧盟各成员国的预算做到事先监管。

(一)创立金融救助机制:从 EFSF 到 ESM

欧盟对欧债危机进行救助的过程中,主要创立以下几个机构:欧洲金融稳定基金(European Financial Stability Facility,EFSF)、欧洲金融稳定机制(European Financial Stability Mechanism,EFSM)和欧洲稳定机制(European Stability Mechanism,ESM)。前两个机构只是临时性组织,在其结束后,成立了最后一个永久性的组织 ESM,由此协助债务危机国渡过难关,维护欧元区成员国金融系统的稳定。

2010 年 5 月,欧元区成员国决定在欧盟经济财政部长理事会框架下创立欧洲金融稳定基金(EFSF),其主要目的是为希腊以及其他欧元区国家的借款提供资金支持,由此保障欧元区金融市场的稳定。EFSF 依赖贷款担保机制,不要求成员国动用自身的现金储备,每个担保国的担保比例根据相关要求确立——以在 ECB 认缴资本的比例为准。EFSF 通过发行债券从金融市场筹资,并以私人公司的形式运行,各成员国派出董事参与管理。由于 EFSF 自身信用等级不确定、法律基础不牢固等原因,EFSF 仅仅是一个临时组织,在 2013 年 6 月停止对各成员国提供新的贷款。2011 年 1 月,欧盟与 IMF 联合创设紧急救助基金——欧洲金融稳定机制(EFSM),以欧盟的财政预算为担保在金融市场上筹集资金,通过救助经济困难的成员国以确保金融市场的稳定。EFSM 规模相对于 EFSF 较小,由欧盟直接成立,二者功能互补,都是为了解决欧洲危机国的债务问题而紧急成立的临时性救助机构。

2010 年 5 月,欧盟首脑会议和财政部长会议通过了由"双边贷款、欧盟贷款和国际货币基金组织信贷额度"三大部分组成的 7 500 亿欧元的援助基金方案,具体包括欧元区成员国提供的 4 400 亿欧洲金融稳定基金、欧盟委员会出资 600 亿的欧盟金融稳定机制以及 IMF 提供的 2 500 亿备用贷款安排(SBA)。2011 年 3 月,欧洲理事会春季会议最终通过了一套应对欧元区主权债务危机的全面解决方案:一是建立永久性欧洲稳定机制(ESM);二是通过《欧元附加公约》,就财政整顿、促进就业、维护金融稳定和增加经济竞争力做出原则性规定;三是修改《稳定与增长公约》,建立新的宏观经济失衡监管体系。[①]

2012 年 10 月,首届 ESM 理事会会议在卢森堡举行,标志着欧元区永久性救助机制 ESM 正式启动。ESM 与 EFSF 一样都是为了稳定欧元区金融市场,但 ESM 并不是独立的公司,而是由欧元区 17 个成员国依据国际法、通过缔结条约成立的政府间组织。它可以直接向危机国提供贷款,提供预防性信贷额度,同时可以对一级债券市场进行干预,购买成员国政府债券,提高重债国从金融市场的融资能力。ESM 主要由三个程序构成:危机重演防范机制、流动性支持机制、成员国违约救助机制。ESM 作为政府间组织发挥着"防火墙"的作用,这种防火墙机制可在一定程度上限制金融传染,防止债务违约的溢出效应。ESM 还包括五种稳定支持工具:稳定支持贷款、一级市场支持工具、二级市场支持工具、预防性金融救助和金融机构重组支持工具等(如表 1.8)。当时,希腊债务问题进一步恶化,西班牙银行业危机爆发,ESM 全面启动,成为阻止欧债危机进一步蔓延的一道防线。

表 1.8　ESM 五种稳定支持工具

工 具 类 型	主 要 目 的	使 用 方 式	贷款条件
稳定支持贷款	帮助有紧急资金需求但是在很大程度上已经失去市场融资能力的 ESM 成员	贷款发放	宏观经济调整项目
一级市场支持工具	维持或恢复成员国顺利发行债券的能力	以市场价格进行债券买卖	无
二级市场支持工具	支持 ESM 成员国政府债券市场在特殊环境下良好运转	技术小组委员会	无

① 吴志成、朱旭,2013:《欧盟对欧洲主权债务危机的救助》,《南京大学学报》第 2 期。

工 具 类 型	主 要 目 的	使 用 方 式	贷款条件
预防性金融救助	帮助成员国保持持续性的市场融资能力	信贷额度	接受欧盟委员会审查
金融机构重组支持工具	防范由金融部门作为危机源引发严重危机的可能	贷款发放	由欧盟委员会、ECB 协商确定

资料来源：谢世清、郏雨薇，2015：《欧洲稳定机制（ESM）的运作及其评价》，《宏观经济研究》第 1 期。

（二）"欧洲学期"机制

"欧洲学期"（European Semester）机制是希腊主权债务危机发生后不久，欧盟推出的一项深化和扩大政策协调的重大改革举措，旨在让欧盟了解成员国的财政状况，及早发现可能存在的问题并督促相关国家予以纠正，防止成员国预算赤字超标和经济发展失衡，最终实现加强成员国财政预算纪律及维护宏观经济稳定和增长的目标。[1]

2011 年 1 月，"欧洲学期"机制正式启动，以后每年 3 月"开学"，为期半年。每年 1 月份欧盟发布的《年度增长调查》（Annual Growth Survey，AGS）为"欧洲学期"提出当年欧盟需要解决的问题以及存在的风险，随后 3 月份欧盟对成员国的预算方案和经济结构改革提出具体的建议，4 月份对成员国提交的具体方案进行评估。当年 6、7 月份欧盟部长理事会对各成员国发布最终政策指导，随后成员国政府结合这些指导完成下一年的预算草案并提交本国议会批准。

"欧洲学期"机制的主要目的在于对成员国的财政预算、经济结构改革、宏观经济状况进行事前指导、监督与协调，以此来确保各成员国财政状况以及经济发展的稳定。"欧洲学期"机制提高了欧盟监管的时效性，从最初的事后考核转为事前指导、监督与预警，促使财政监督与成员国的结构性改革同步进行，进一步改善了欧元区的体制性缺陷。可以说，"欧盟学期"机制体现了欧盟完善欧元区成员国财政协调机制的决心，加强了各成员国预算与经济治理相结合的发展动力，促使欧盟朝"财政一体化"的方向努力发展。

---

[1] 周茂荣、杨继梅，2012：《"欧洲学期"机制探析》，《欧洲研究》第 3 期。

（三）对"欧洲五国"的具体救助过程

在欧债危机集中爆发的 2010—2012 年期间,欧盟对"欧洲五国"进行了一系列的救助,其中主要是通过贷款让"欧洲五国"不至于出现债务违约,并督促债务危机国通过紧缩计划来恢复健康的财政状况,并由此达到欧盟的财政约束规定。具体事件及措施如表 1.9:

表 1.9　欧盟对"欧洲五国"救助的具体事件

时　间	欧盟的具体救援事件	事　件　进　展
2010 年 5 月	欧盟和 IMF 出台 1 100 亿欧元的救援计划:欧元区成员国承担 800 亿欧元,IMF 承担 300 亿欧元	暂时平息希腊债务违约风波,但并未在根本上解决希腊债务问题
2010 年 11 月	欧盟财长会议通过对爱尔兰提供 850 亿欧元的救援计划:IMF 承担 225 亿欧元,EFSM 承担 225 亿欧元,EFSF 承担 117 亿欧元	爱尔兰政府获得了必要的流动性需求并开始实行财政紧缩政策,这笔贷款也拯救了爱尔兰银行业
2011 年 5 月	欧盟对葡萄牙救援达成一致协议,为其提供 780 亿欧元的援助计划:EFSM、EFSF 和 IMF 各承担三分之一	葡萄牙成为继希腊和爱尔兰之后第三个申请救援的国家,欧债危机进一步蔓延
2011 年 7 月	欧盟与 IMF 联合对希腊实施第二轮救助:提供 1 090 亿欧元贷款	EFSF 的救援能力得到提高,加强了其应对市场冲击的能力。在此次会议上确立成立 ESM
2012 年 6 月	欧盟对西班牙银行业推出总额不超过 1 000 亿欧元的救助计划,救助贷款金额包括银行业重组所需要的资本金以及其他备用资金	欧盟要求西班牙对银行部门进行深入改革

二、欧洲中央银行的救助措施

欧洲中央银行(European Central Bank,ECB)作为超主权的独立金融机构,在欧债危机中发挥着重要的作用。危机爆发后,欧洲中央银行不断从二级市场上购买各类债券,由此来提高市场的流动性以及维持金融市场的稳定。欧洲中央银行最主要的职能是充当"最后贷款人",但在危机爆发之初,受到欧盟相关规定的束缚,欧洲央行陷入了"最后贷款人"的困境。

欧洲中央银行主要运用以下几种救助工具——证券市场计划(Security Market Program,SMP)、直接货币交易(Out-right Monetary Transactions,

OMT)、长期再融资操作(Long Term Refinancing Operations，LTRO)等为"欧洲五国"提供资金。

"证券市场计划"(SMP)是指欧洲央行通过二级市场购买危机国的国债，为危机国提供充足的流动性，达到维持金融市场稳定的目的。ECB 通过二级市场进行干预主要是为了遏制"欧洲五国"国债价格因投机急剧下降和收益率飙涨。2010 年 5 月，欧洲央行正式启动 SMP，意味着欧洲央行正式开始购买出现财政危机的欧元区成员国政府债券。同月，欧洲央行买入 165 亿欧元的欧元区国债。"直接货币交易"(OMT)是指当欧元区出现经济问题后，ECB 可以直接在二级市场和主权债券市场购买欧元区各成员国的债券，保障适度宽松货币政策传导和政策唯一性。2012 年 9 月，OMT 取代 SMP 为欧元区政府提供资金支持，通过 OMT，ECB 可以购买欧元区成员国发行的 1～3 年期的债券，此次主要目的在于帮助降低西班牙、意大利等危机国的借贷成本，缓解债务危机。

ECB 推出的"长期再融资操作"(LTRO)，主要目的是通过向欧元区银行提供固定利率为 1‰的无限制贷款，由此来拯救深陷危机的欧洲各国银行。ECB 共实施了两轮 3 年期的 LTRO 操作。第一轮 LTRO 于 2011 年 12 月拍卖，总量涉及 523 家欧洲银行 4 890 亿欧元贷款，其中向希腊、爱尔兰、意大利和西班牙银行注入 3 250 亿欧元的流动性，以确保这些国家的银行有能力支付将要到期的债务。第二轮 LTRO 于 2012 年 2 月拍卖，向 800 家银行提供 5 295 亿欧元的贷款，其中净增贷款额大约为 3 130 亿欧元。

除了以上几种方式外，ECB 还通过一系列的货币政策，包括降低欧洲央行的贷款抵押条件，为金融机构提供 3 个月和 6 个月期的固定利率贷款，以改善货币市场流动性短缺问题。同时，ECB 还联手美国、英国、瑞士和日本央行向欧洲银行业注入美元流动性，以帮助欧洲银行业缓解美元融资难问题。[①]

三、债务危机国的自我救赎

欧洲"三驾马车"的救助实际上只是暂时解决了"欧洲五国"的流动性短缺问题。然而，为了从根本上解决长期困扰危机国的债务问题，危机发生国必须采取一系列措施来削减赤字和债务，实施财政紧缩政策，努力化解结构方面的各种矛

---

① 吴志成、朱旭，2013：《欧盟对欧债危机的救助》，《南京大学学报》第 2 期。

盾。同时,欧元区作为一个整体,随着欧债危机的升级,其核心国——德国与法国也遭遇了严重的主权信用危机,德法以及欧盟其他主要经济体也开始采取各种措施来改善自身的财政状况,防止经济的进一步衰退。

(一)"欧洲五国"的自救

为了获得援助,危机国必须接受欧盟所提出的苛刻条件,并实施一系列的紧缩计划。接下来,就"欧洲五国"——希腊、爱尔兰、葡萄牙、西班牙、意大利针对债务危机所采取的措施进行简要的回顾。

1. 希腊

从 2010 年开始,为了实现减债目标,希腊实施了第一轮财政紧缩及经济调整计划,主要包括削减公务员工资、提高增值税率等。尤其在税收方面,开征了希腊国内燃油税的税率,并进一步降低了个人所得税的起征点。其中最高 40% 的税率起征点从原来的 7.5 万欧元下调至 6 万欧元,并承诺在未来的一年内停止招收新的公务员。工人的退休年龄从 59 周岁延迟到 63 周岁。此次调整取得了一定的成效,降低了综合财政赤字。

2011 年 6 月,由于希腊财政赤字占比没有达到欧盟事先提出的要求以及国内经济的持续恶化,希腊国会通过了财政紧缩方案——"中期财政战略"(MTFS),开始推行第二轮经济调整计划,其目标是将财政预算赤字到 2015 年降至 0.9%。随后,希腊政府还通过了财政紧缩实施细则和国有资产私有化方案。在增加税收方面,除了继续增加烟草、软饮料以及燃油的消费税以外,又一次降低了个人所得税的起征点——从原来的 1.2 万欧元降到 8 000 欧元,不动产税的起征点从 40 万欧元降低到 20 万欧元,对年收入超过 1.2 万欧元的公职人员征收 1%~5% 的"团结税"。2011 年 10 月,希腊再次下调个人所得税的起征点——由 8 000 欧元下调至 5 000 欧元。[①] 在财政紧缩方面,希腊政府开始减少公共投资预算,裁撤公务员职位,削减各类养老金,约束国民健康医疗体系中的药品补贴等措施。

2. 爱尔兰

2010 年底,爱尔兰政府开始实施财政紧缩方案。在开支方面,减少公务员人数以及薪资、降低企业最低工资标准、节省社会福利开支。在税收方面,提高

---

① 李奇泽,2014:《欧债危机与中国经济》,人民出版社,第 61 页。

增值税税率、增加资本税和房产税等。2011 年爱尔兰实施的改革计划取得了重大进展,财政赤字目标顺利实现,国内银行竞争力逐渐恢复,经济开始有所好转。2013 年 12 月,爱尔兰退出债务危机纾困机制,成为第一个脱困国家。

爱尔兰实施的改革计划主要包括:首先,以降低财政赤字为首要目标。2011 年起,爱尔兰将在未来 4 年内通过削减公共开支和提高税负等手段削减赤字 150 亿欧元,从而到 2015 年,爱尔兰政府将赤字降到 GDP 的 3‰以下。其次,对银行部门进行重组。在恢复银行长期竞争力以及确保信贷渠道畅通的同时,对家庭资产负债表进行调整,提供充足的市场流动性以促进经济的长期发展。最后,完成经济结构性改革并解决失业问题。为解决爱尔兰不断增长的结构性失业,爱尔兰推出了失业救济系统和薪资设定机制的改革,刺激劳动力需求和供给,降低长期失业风险,创造就业机会。

3. 葡萄牙

作为继希腊、爱尔兰之后第三个向欧盟寻求援助的欧元区国家,葡萄牙采取了一系列措施来走出债务危机的泥潭。2010 年初,葡萄牙开始缩减公共开支计划,减少公共项目支出,延迟公务员退休年龄至 65 岁,提高社会养老金收取比例,增加个人所得税征收比例,不再实行退税等。2011 年 6 月,葡萄牙新政府上台,开始实施经济与财政调整计划。就财政支出而言,冻结公务员工资和养老金的上涨,削减公务员人数及其医疗保险费用。税收方面,增加 8 亿欧元税收,提高个人利息税税率,提高增值税、电力税和汽车税等。

随着债务危机的持续发酵,葡萄牙政府对社会保障制度也进行了改革。2012 年 4 月,葡萄牙推出了新的失业救济法,将每月可领取的最高失业金从原来的 1 258 欧元降低为 1 048 欧元,50 周岁以上的公民领取失业保险的期限从原先的 38 个月下调至 18 个月。[①] 为了实现欧洲"三驾马车"所规定的 2013 年财政赤字指标,葡萄牙从三个方面对财政支出进行了削减:一是增加公共部门每周的工作时间;二是将之前公务员 65 岁的退休年龄再推迟一年至 66 岁;三是大幅裁减公务员由此减少工作支出与行政补贴。

4. 西班牙

面对房地产泡沫破裂导致的西班牙银行业危机,2010 年西班牙政府向银行业注入流动性的同时,也加大了对银行业的监管力度。与此同时,对西班牙银行

---

① 李奇泽,2014:《欧债危机与中国经济》,人民出版社,第 65 页。

进行了改革,加速银行部门的重组,确保金融部门的稳定。2010 年 12 月,西班牙政府推出了财政稳定计划。在收入方面,对外出售国家博彩公司一定比例的股份,提高烟类制品的税率,而支出方面,取消聘用享有特殊待遇的公务员。

随着时间的推移,西班牙债务危机并没有实质性的改善。2012 年 3 月,西班牙进行了强劲的预算调整,由此给西班牙经济带来了负面影响。但是,西班牙经济结构的改革和政府独立的预算监控机构的建立对恢复投资和商业信心起到了积极作用,2013 年西班牙经济实现了正增长的预期。

由于西班牙地方债问题的深化,西班牙财政治理改革第一要务是在公共管理的所有层级上建立健康和透明的公共账户,并给债务问题严重的自治区政府提供财政援助,削减其累积下来的欠款。为了优化公共财政的质量,西班牙政府消除了大量重叠的行政管理部门,从结构上进一步减轻公共债务负担。

5. 意大利

2010 年 5 月,为了应对债务危机,意大利贝卢斯科尼政府提出了一项总额约为 250 亿欧元的财政紧缩方案,但是并未起到理想效果,反而让意大利经济发展再次陷入低迷。随后,为了实现公共财政的预算平衡,意大利政府提出新的紧缩计划,总额达到 480 亿欧元。然而,该计划也无法从根本上解决意大利债务问题。2011 年 9 月,在意大利政府通过总额为 542 亿欧元的财政紧缩计划中,主要通过减少政府公共部门的开支、削减政府人员人数、冻结政府雇员的工资上涨等来节约支出。而就收入而言,主要通过提高税收和严厉打击偷税漏税来提高财政收入。意大利新总理马里奥·蒙蒂更是全面上调了各类燃油税、金融产品的印花税以及房地产税。

在结构性改革方面,意大利实施了一些措施和政策。其中最主要的补充表现为实施了财政联邦制。为了改善公共资源的分配以及纳税人与政府的关系,中央政府将授予下级政府相应的财政自主权,使其在进行财政支出时具有强烈的社会责任感。短期内,中央政府制定严格而有效的稳定和健康公约,由此对中央下级政府的开支进行监管和控制。就长期而言,中央政府需要制定详细的财政联邦制管理规则,加强财政纪律。

(二) 欧元区核心国——德法的措施

上文中"欧洲五国"为了解决自身的债务问题都实施了财政紧缩计划,并在一定程度上取得了相应的效果。但是,在实施紧缩措施和结构性改革的过程中,各国经济也面临着进一步衰退的风险。然而,除了"欧洲五国"进行改革外,欧元区其他发达经济体在面对债务危机时也采取了相应的措施,下面以德法为例对其实施的政策与救援行动做简要的说明。

1. 法国

2011 年,随着"欧洲五国"债务危机的持续发酵,法国的债务问题也显现出来,当时的萨科齐政府立即出台相应的措施,拟将预算赤字削减至 GDP 的 3%,其中包括 2012 年节省 70 亿欧元,而五年期间将总共节省 650 亿欧元。与此同时,也相应地对财政进行开源节流,减少教育支出和住房补贴,增收增值税、个人所得税和住房税等。然而,追求"法国领导的欧洲"是法国外交政策的核心。因此,为了挽救深陷债务危机的"欧洲五国",维护欧盟统一和完整,法国理所当然地成为处理欧洲事务的核心国之一。但是,这样也在一定程度上增加了法国的财政负担。随着财政问题的暴露以及不断恶化,法国政府不得不出台新的财政紧缩措施,并取得了一定效果。但是由于经济增长乏力,法国总体债务水平并没有得到缓解。2012 年 5 月,法国总统奥朗德上任以来,政府继续实施财政整顿计划。

根据 2014 年法国政府公布的最新经济调整计划,其应对危机以及促进经济发展的主要措施如下:(1) 政府继续节支。在政府目前节支 150 亿欧元的基础上,奥朗德总统提出了新的减支目标:从 2014 至 2017 年,政府还将努力节支 500 亿欧元。推动"责任和团结公约"的实施,重振受薪者购买力,降低公共财政赤字,实现 2017 年前节省 500 亿公共开支的目标。截至 2017 年,法国政府将缩减开支 180 亿欧元,地方政府将节支 110 亿欧元,并将从医疗保险和社会保险体系中分别节省出 100 亿欧元及 110 亿欧元。(2) 实行"企业责任公约"。该措施目标是至 2017 年共为企业减免税收 300 亿欧元。该公约要求在政府给予企业承诺的同时,作为交换条件企业也应在就业问题上做出具体努力,以数字量化的方式给出承诺。该责任公约自 2014 年 1 月开始启动。(3) "竞争力就业税收抵扣优惠措施(CICE)"。作为"企业责任公约"的核心内容,该规定要求自 2013 年 1 月开始,企业或任何缴纳税收机构招聘员工,对其实行社会分摊金减征。(4) 简化针对企业的行政措施。其中主要包括:简化微型企业会计管理手续,扩大使用工资软件向社保机构网上申报工资的企业范围,缩短生产型企业审批流程,简化住房建设审批流程以及加强从事此项工作的团队力量以推进减负工作等措施。(5) 出台系列吸引外资的措施,加大吸引外资。措施主要包括:法国投资促进署与法国企业发展局合并，成立一家促进出口的新机构；向年轻毕业生、研究人员、投资者、企业高管及高级技术工人发放为期四年的"人才护照"；自2014年起向外国人才发放居留证，即国外留学生、研究人员可申办与其学业期限一致的居留证；设立企业家签证，向以经济交流为目的定期来法企业家发放5年有效期签证，签证办理期限缩短至48小时；可向2014年一季度末之前计划在法设立机构的外国企业提供一站式服务及2.5万欧的融资协助；海关方面，2015年将简化进口型企业的增值税体制；自2014年底，进出口方面的所有海关程序将实施信息化办公；投资税项方面，确保研发税收贷款抵免的可持续性；取消外国投资者在法开设企业预申报程序；自2014年起将简化企业雇员信息申报程序等。（6）反思法国的去工业化，通过发展进行工业创新，重新进行工业化，占领未来市场高地。在深层次的措施和探讨方面，法国商界和政府正在努力恢复在法国发展工业，以发展高科技和创新型工业为方向，要确保在考虑环保和福利因素的情况下具有国际竞争力，并占领未来市场高地。之后图卢兹工商会举办了第三届工业论坛，活动云聚了法国航天、航空、新材料、机器人等行业的领军企业和科研院所，这是工商会系统根据法国政府政策方向发起的工业年系列活动中的一个，从中可洞察法国正在把重新工业化作为今后经济的重点发展目标之一。①

2. 德国

欧洲债务危机对德国的经济冲击并不大，就算在危机最严重的2010和2011年，德国经济都保持着强劲的增长。德国成为欧元区经济的"火车头"，欧洲需要德国的带领来走出这场自欧盟成立以来最严重的债务危机。

在危机爆发之初，德国对希腊的救援摇摆不定，并以"不救助条款"为由，认为希腊应该自己寻求解决方案，且认为希腊债务危机对欧洲经济不会有很大影响。但是，随着希腊债务危机的进一步恶化，作为欧元区经济"发动机"和"领头羊"的德国不得不开始扮演"钱袋子"的角色。在2010年5月对希腊总额为1 100亿欧元的救援方案中，德国出资223亿欧元，占欧元区各国支付总额为800亿欧元的24%。在此之后，德国政府又参与了7 500亿欧元的一揽子救助计划，德国的初始担保额为1 230亿欧元，在EFSF扩容后份额上升至2 110亿欧元。德国在总额为7 000亿欧元的ESM中也承担了最大份额，而且还促使欧盟向

---

① 中国国际贸易促进委员会，2014年4月6日：《欧洲债务危机对法国经济的影响（上）》，http://www.ccpit.org/Contents/Channel_2632/2014/0426/385456/content_385456.htm

IMF 注资 2 000 亿欧元,其中欧元区成员国承担 2/3,非欧元区欧盟成员国承担 1/3。

德国通过对"欧洲五国"的援助成为欧元区最大的出资方,进一步加强了德国在欧洲事务的话语权,同时对受援助国提出了苛刻的救助条件,督促危机发生国进行紧缩的财政政策。2012 年 1 月,在德国政府倡导和提议下,除英国和捷克外的欧盟其他 25 个国家都签署了《财政契约》提案,引入了德国的"债务刹车"模式,由此强迫各国整顿财政,而且也为整个欧盟或者至少是欧元区国家减少债务、削减赤字、保证整个欧盟或欧元区财政的长期稳定提供了一个蓝本。在欧盟或欧元区设立一个统一的债务刹车模式有利于各成员国遵守《稳定与增长公约》,也利于促进欧盟财政政策的趋同,为建立统一的财政政策,从制度上解决债务危机奠定基础。只有那些批准了《财政契约》并相应实施了"债务刹车"的国家,才有资格从 ESM 获得财政援助。

综上所述,本章对欧债危机的发生及演进的全过程进行了回顾。

首先对欧债危机发生的直接原因进行了简单的概括,认为 2008 年国际金融危机对欧洲经济的冲击导致了欧债危机的发生,并对国际金融危机对欧洲经济和"欧洲五国"的破坏程度进行了简要的阐述。

随后,将欧债危机的演变分为三个时期:

一是欧债危机爆发的初期。对欧债危机的导火索——希腊债务危机进行了全面分析,并认为希腊爆发债务危机的原因在于四个方面:第一,希腊财政状况从未达到过欧元区成员国的财政约束要求;第二,国家信用评级被下调后,希腊的融资成本剧增,市场流动性枯竭;第三,希腊经济增长方式及经济结构不合理和实行的高税收和高福利政策;第四,欧元区危机防范和救援机制的缺失未能阻止希腊债务危机进一步蔓延。

二是欧债危机的全面升级期。对"欧洲五国"债务危机的发生经过、原因及产生的危害进行了全面分析,尤其对爱尔兰、葡萄牙、西班牙以及意大利的债务危机做了如下归纳:爱尔兰债务危机的爆发原因在于房地产泡沫破裂后的银行危机所引起政府一系列的反应;葡萄牙债务危机的形成表现出"以全球金融危机为主、政治危机为辅"的特点,并由此引发了一系列社会和经济问题;西班牙债务危机主要表现为房地产泡沫和银行业危机,西班牙成为自欧元区成立以来房地产泡沫最严重的国家;在意大利,经济发展不平衡、产业结构单一、高福利政策、人口结构老龄化问题严重等原因加剧了其债务危机。

三是欧债危机的平息阶段。就欧盟、欧洲中央银行以及 IMF 对债务危机国的救援进行了回顾及评述。"三驾马车"对危机国的救助措施主要表现为创立金融救助机制、"欧洲学期"机制等,但主要的还是向危机国注入新的流动性,即通过贷款等方式让危机国不至于出现债务违约,并督促债务危机国通过紧缩计划来恢复健康的财政状况,并由此达到财政约束规定。而欧洲中央银行主要是担当起"最后贷款人"的角色,通过运用证券市场计划、直接货币交易、长期再融资操作等为"欧洲五国"提供资金。然而,所有救助措施依然需要债务危机国的配合和自我救赎,即危机发生国必须采取一系列措施来削减赤字和债务,实施财政紧缩政策,努力化解结构方面的各种矛盾,从根本上解决长期困扰危机国的债务问题。

第二章　欧债危机形成的内在机理

　　欧债危机的形成跟欧元区本身的制度和经济发展有着必然的联系。本章从危机形成的两条主线——制度性条件和经济条件——进行分析,力争能对欧债危机的形成机制有比较深入的认识。具体步骤如下:在制度性条件方面,通过对欧元区的成立及其发展过程、欧元区货币政策和财政政策以及欧洲发达国家的福利制度的研究,充分说明了欧元区自身所存在的制度缺陷、欧元区统一的货币政策与分散的财政政策的矛盾及其所产生的现实后果,以及欧洲发达国家在建设高福利制度过程中所存在的问题。在经济条件方面,通过对南北欧国家经济结构的分析,并从欧元区的整体出发,深入探讨了欧元区核心国与边缘国在经常账户、产业结构以及劳动力市场等方面的失衡及其原因。最后,将危机形成的制度性条件与经济条件相结合,对欧债危机形成的内在机理进行了总结。

第一节　欧债危机形成的制度性条件

　　在欧元区成立之前,欧洲经历了欧洲支付同盟、欧洲煤钢共同体、欧洲经济共同体等形式的组织,最终于1991年建成欧洲联盟。1999年1月1日,欧元正式启动。在短期内,欧洲货币一体化的成功促进了欧元区成员国经济的发展,降低了交易成本,减少了汇率的波动性,增强了欧洲的整体经济实力,同时提高了欧盟经济效益。但统一的货币也使得成员国失去了对汇率的调整能力,即丧失了货币政策的独立性。欧洲经济政策结构也成为统一的货币政策与分散的财政政策的结合体,使得欧元区制度存在着先天性缺陷。在经济下滑期,高额的福利支出使得政府不堪重负。最终,当受到不对称冲击时,便爆发了危机。接下来,本小节就欧洲货币一体化的历史进程、欧洲货币政策与财政政策以及欧洲发达国家福利制度的建设等方面对欧债危机形成的制度性条件进行深入的探讨。

一、欧洲货币一体化

1991年12月,欧洲联盟(EU)成员国正式通过《欧洲联盟条约》(*Treaty of European Union*),通常又称为《马斯特里赫特条约》(*Maastricht Treaty*)。由此,欧盟决定在欧洲实施经济与货币联盟,并最终于1999年启动。接下来,以欧洲货币一体化理论依据——"最优货币区理论"为基础,通过回顾欧洲货币一体化的历史背景,对欧洲货币体系的运作方式以及欧洲货币联盟的演变进行详细的说明,最后分析了创立统一货币——欧元的经济利益与成本。由此,对欧债危机形成的货币根源以及欧元区先天性缺陷进行进一步的说明。

(一) 欧洲货币一体化的理论基础——最优货币区理论

20世纪60年代,美国经济学家罗伯特·蒙代尔(Robert Mundell)最先提出了最优货币区理论(Theory of Optimum Currency Areas),由此奠定了欧洲货币一体化理论的基础,因此,蒙代尔被称为"欧元之父"。随后,涌现了罗纳德·麦金农(Ronald L Mckinnon)、J.K.英格拉姆(J. K. Ingram)和W.M.科登(W. M. Corden)等一批经济学家,并共同开创了最优货币区这一领域。

根据《新帕尔格雷夫经济学大辞典》的定义,最优货币区是指一种"最优"的地理区域,在这个区域内,一般的支付手段或是一种单一的共同货币,或是几种货币,这几种货币之间具有无限的可兑换性,其汇率进行经常交易和资本交易时互相钉住,保持不变;但是区域内的国家与区域以外的国家之间的汇率保持浮动。"最优"是根据维持内部和外部平衡的宏观经济目标来定义的。在通货膨胀和失业之间的最优权衡点(如果这种权衡点实际存在的话),就算达到了内部平衡。外部平衡既包括区域内部的国际收支均衡,也包括与区域外的国际收支均衡。[①]

"欧元之父"蒙代尔认为,理想的货币区是内部实行固定汇率并且封闭的区

[①] 约翰·伊特韦尔、默里·米尔盖特、彼得·纽曼(编),1992:《新帕尔格雷夫经济学大辞典》第三卷,经济科学出版社,第792页。

域,固定汇率制或统一的货币有利于货币区内成员国之间贸易的发展和经济的繁荣。同时,各成员国之间劳动力的完全自由流动是维持封闭货币区稳定的前提条件。但是,因为各成员国之间实行固定汇率制或统一的货币,并由统一的中央银行执行统一的货币政策,所以各成员国将失去浮动汇率制的调节作用和货币政策的自主权。

麦金农对蒙代尔的理论进行了修正,并提出了适度货币区的想法,强调经济的开放性对货币区的影响。他认为,若单一货币区可以利用货币财政政策和联合的浮动汇率政策达到三个目标:经济充分就业、国际收支平衡和国内价格水平稳定,则该货币区为适度货币区。经济开放度越高,越适合组建适度货币区。因为,在充分就业的条件下,浮动汇率制度不会对经济起到显著的调节作用,此时,货币区的建立能够带来稳定坚挺的币值和透明度高的价格。

科登在最优货币区理论的基础上对货币联盟理论做出了巨大的贡献。他认为,货币联盟由两个部分组成,一是汇率联盟,即要求货币区内的成员国之间维持固定汇率,但对非成员国货币实行联合浮动;二是可兑换性,指货币区内不存在任何针对经常项目或资本项目交易的外汇管制。货币联盟就是与资本市场一体化结合在一起的汇率联盟。汇率联盟包括准汇率联盟和完全汇率联盟。因为准汇率联盟没有统一的外汇储备和统一的中央银行,所以它无法保证汇率的稳定性。汇率联盟可以稳定价格,而不可行的货币区加入汇率联盟是合算的。尽管科登的货币联盟理论关于欧洲货币一体化进程中的许多重要预测都已兑现,但是,科登对货币联盟理论进行了自我否定,得出如下结论:"随着时间的推移,任何国家的生产率和货币工资水平及其他因素都会变化,因而也要求汇率随之变化,加入汇率联盟人为地阻止汇率变化,肯定不利于一国经济的正常运行与发展,因而也是不可取的。"[1]

(二) 欧洲货币一体化的历史背景

欧洲最早的统一货币联盟可以追溯到公元一世纪,当时的欧洲在罗马帝国的统一下,商业贸易在各国都可以使用同一种货币——古罗马便士。通用货币时期有两个特点:(1)金属的天然稀缺性保证了货币的稳定;(2)货币得以通用的前提是罗马帝国统治下的政治联盟。[2] 因此,历史发展显示,政治联盟是货币

---

[1]　杜厚文、王广中,2003:《欧元的世纪:欧洲经济与货币联盟理论与实践》,法律出版社,第74页。
[2]　奥托马·伊辛,2011:《欧元的诞生》,王琳译,中国金融出版社,第3页。

联盟成功的先决条件，也是最初目的。但是，欧洲各国之间的经济与货币一体化发展大大超过了政治一体化的发展，这也为日后欧债危机的爆发埋下了祸根。而且，欧元作为一种纯粹的信用货币，与罗马帝国的金属货币的一体化有着本质的区别。接下来，对第二次世界大战后欧洲货币一体化的历史背景进行简要的回顾。

1. 欧洲支付同盟的建立

20世纪40年代，欧洲各国之间所实行的"双边国际货币体系"（Bilateral International Monetary System）严重阻碍了欧洲各国对外贸易以及经济的发展。所谓"双边国际货币体系"，是指国际金融、汇兑关系以政府双边协议为基础，任何国家收支的汇付（甚至是与国际收支有关的经贸活动的开展）都须以各国政府相互签订的双边协定为依据，不同的双边协定只适用于签订协议的双方，由于各国政府与其他国家签订的双边协定往往不尽相同，因而有关国际收支的汇付、结算缺乏统一的规则和标准。[①] 然而，1947年，为了扶植欧洲战后重建，美国提出了"马歇尔计划"（又名"欧洲复兴计划"），其中最重要的目的之一在于：所提供资金要以欧洲各国合作为前提，通过加强各国在货币汇兑领域里的协调与合作，逐步实现西欧各国货币的自由兑换，为贸易自由化的开展准备好基础和条件。因此，此举促使"欧洲支付同盟"（European Payments Union，EPU）于1950年组建。

欧洲支付同盟的建立可以说为战后欧洲经济复兴打入了一枚强心剂。欧洲支付同盟解除了"双边协定"对贸易发展的束缚，由此提高了欧洲内部贸易的自由化程度以及就业水平，同时也为随之而来的欧洲货币一体化发展创造了条件和基础。

2. 欧洲煤钢共同体与《罗马条约》

1950年5月，法国的外交部部长罗伯特·舒曼（Robert Schuman）提出了著名的《舒曼计划》。该计划内容为：建立一个欧洲煤钢共同体（European Coaland Steel Community，ECSC）——超国家的管理机构，联合经营法国和联邦德国的煤炭、钢铁工业，并欢迎其他西欧国家一起参加。1951年4月，法国、荷兰、比利时、卢森堡、意大利和联邦德国签署了《欧洲煤钢联营条约》，简称《巴黎条约》，欧洲煤钢共同体诞生。欧洲煤钢共同体的主要目标是消除各种壁垒，实现钢铁的

---

① 李卓，2005：《欧洲货币一体化的理论与实践》，武汉大学出版社，第14页。

自由贸易,鼓励煤炭工业和钢铁工业部门的竞争。煤钢共同体从其主旨来看主要是从政治的角度出发,它的建立被看作德法和解的基础,并确保西德的重建不至于危及和平。因为,煤钢共同体把重要的战争物质和经济资源煤和钢铁统一由一个具有超国家性质的机构来管理,既实现了启动经济一体化的需要,也满足了德国和其他欧洲国家的政治愿望。从此,欧洲结束了历史上长期分裂的局面,各国之间开始走向和平与合作。

1957 年 3 月,在欧洲煤钢共同体的基础上,欧洲六国(法国、联邦德国、意大利、荷兰、比利时和卢森堡)签署了《罗马条约》,并于 1958 年 1 月正式批准实施,由此成立欧洲经济共同体(European Economic Community,EEC)和欧洲原子能共同体(European Atomic Energy Community,Euratom)。其中,欧洲经济共同体是最重要的一个,也是涵盖范围和政策工具最广泛和多样的一个。1967 年 7 月,欧洲煤钢共同体、欧洲经济共同体和欧洲原子能共同体的主要机构合并,统称为欧洲共同体。

《罗马条约》规定,为了更好地促进欧洲各国之间的联系与合作,确保各成员国的经济社会的共同发展,欧共体应当加强各成员国经济的联合,并制定共同的经济政策,消除各成员国之间的关税壁垒,在共同体内实现商品、人员、劳务和资本之间的自由流动。[①] 因此,《罗马条约》实际上成立的是一种关税同盟,其实际政策的制定最初是以取消关税和配额为目标的。

《罗马条约》第 2 条中提出要建立一个"经济和货币联盟",要求各成员国应将其经济政策、汇率政策、货币政策"看作共同关心的事项"。尤其在货币政策的目标方面提出:(1)确保各国国际收支平衡表上的综合账户的平衡;(2)维持对各自通货的信心;(3)保证高就业水平;(4)保证高度的物价稳定。因此,成员国需要协调各自之间的经济政策,维持稳定的汇率,给严重国际收支困难的国家提供帮助。为了检查和了解各成员国的货币、财政和国际收支状况,欧洲经济共同体成立一个货币委员会(Monetary Committee),其成员由各成员国的财政部代表、中央银行代表和共同体委员会的代表组成。《罗马合约》还要求各国取消外汇管制以及把每种货币的汇率作为涉及共同利益的事务来考虑。尽管这样,《罗马条约》并没有提出建立经济和货币联盟的具体操作内容。

---

① 冯兴元,1999:《欧洲货币联盟与欧元历史:沿革、现状、前景和经验》,中国青年出版社,第 24 页。

3.《维尔纳报告》

直到 1969 年,在海牙召开的首脑会议上,欧盟六个创始国才做出了建立"欧洲经济货币联盟"的原则性决定,首次就建立经济和货币联盟达成一致。由卢森堡首相皮埃尔·维尔纳(Pierre Werner)主持一个起草计划的委员会,并制定了《关于在共同体内分阶段建立经济与货币联盟的报告》,简称《维尔纳报告》,提出在 10 年内分三个阶段建立欧洲经济与货币联盟的计划(见表 2.1)。1970 年,"维尔纳计划"的出台揭开了欧洲货币一体化的序幕。

表 2.1 《维尔纳报告》中的欧洲经济和货币联盟的进程表

时 间 阶 段	经济和货币联盟的目标任务
第一阶段:1971至 1973 年底	加强成员国间货币和信贷政策的协调;创设欧洲记账单位;缩小成员国货币之间的汇率波动幅度;建立欧洲货币合作基金;逐步放开欧共体内部的资本市场;实行统一的增值税和公司税等
第二阶段:1974至 1976 年底	成员国的经济或政策趋同;逐步实现资本流动自由化,建立共同外汇储备基金;稳定成员国货币间的汇率
第三阶段:1977至 1980 年底	将共同体建设成为一个商品、劳务、人员和资本自由流动的经济统一体;发行统一货币;建立联合中央银行

资料来源:作者根据相关资料整理而得。

《维尔纳报告》的中心思想是:10 年之内,即 1980 年底达到欧洲经济货币联盟的总体目标,实现总体的不可逆转的货币可兑换,消除汇率波动,汇率平价不可调整的固定,以及资本流动的完全自由。

维尔纳计划规定的经济货币联盟的部分目标得以实现。一是创设了欧洲记账单位;二是建立了欧洲货币合作基金(European Monetary Cooperation Fund)。尽管由于 20 世纪 70 年代初布雷顿森林体系崩溃、石油危机、国际货币秩序混乱,以及欧共体成员国在货币政策事务方面缺乏合作经验等原因,该计划最后以失败告终。但是,它对后来欧洲经济货币联盟的建立有着深远的影响。

(三) 欧洲经济货币联盟的建立

1. 欧洲货币体系

在欧洲货币体系建立之前,欧共体成员国之间实行的是汇率联合浮动制,又称为"蛇洞体制"。所谓"洞"是指欧共体各国货币联合一致对美元实行浮动的上下幅度,"洞"的直径为 4.5%,属于宽幅浮动。"蛇"是指欧共体各成员国货币之间的波动幅度,限制在-2.25%到+2.25%以内,属于窄幅波动。由于欧共体货币对美元的联合浮动如同一条蛇在洞内蠕动,故被称为"蛇形浮动"。在实行这种汇率体制的时候,欧共体要求各成员国在各自的货币达到幅度边界的时候必须进行干预,并只能使用彼此的货币,而不能使用美元。这样,在提高干预效果的同时,可以逐步摆脱对美元的依赖,减少美元波动对欧洲汇市的影响,削弱美元在欧洲的作用。但是,在欧共体决定各国货币对美元自由浮动后,"洞"消失了,而"蛇"仍然存在,即各成员国仍然实行联合浮动汇率制,这样就成了"没有洞的蛇形浮动"(snake without tunnel)。它为欧洲货币体系(European Monetary System,EMS)的成立奠定了基础。

20 世纪 70 年代中期以后,持续的美元危机影响到欧洲货币汇率的稳定,欧洲内部有利于重新加强货币合作的政治因素重新凝聚。同时,欧共体成员国经济的逐渐恢复为建立欧洲货币体系创造了有利条件。因此,关于组建欧洲货币体系的决议于 1978 年 12 月经欧共体布鲁塞尔首脑会议讨论通过,拟于 1979 年 1 月开始实行。

欧洲货币体系的宗旨是达到更为紧密的货币合作,在欧洲形成一个货币稳定区。欧洲货币体系的主要内容有:(1) 创设欧洲货币单位"埃居"(ECU);(2) 建立欧洲汇率机制(European Rate Mechanism,ERM)以稳定成员国货币汇率;(3) 扩大欧洲货币合作基金(European Monetary Cooperation Fund),建立新的信贷机制。

欧洲货币单位(ECU)是欧洲货币体系的核心,以代替欧洲记账单位,它是由德国马克、法国法郎、英国英镑、意大利里拉等当时共同体的 12 个成员国货币组成的一篮子货币。ECU 的价值主要有两种表现形式:一是以欧共体以外国家的货币量表示(通常为美元);二是以成员国货币表示 ECU 的价值(见表2.2)。欧洲货币单位的主要职能在于:(1) 作为欧洲货币体系平价网中决定成员国货币中心汇率的标准和各成员国货币偏离中心汇率的指示器;(2) 充当欧共体成员国货币当局的干预手段,即当某国货币汇率出现剧烈波动并达到或超过其允许边界后,有关货币当局应当对市场进行干预,且各成员国相互之间也有义务提供信贷援助,债务国可以用 ECU 来清偿债务;(3) 充当欧共体成员国内部以及与其他国家之间的记账单位和价值尺度;(4) 用作欧共体成员国中央银行的储备资产。

表 2.2　ECU 以美元表示的价值

	1ECU 所含成员国货币量(q_k)	美元/各国货币比价(Y_{kj})	1ECU 所包含的各国货币的美元价值($q_k \cdot Y_{kj}$)
联邦德国马克	0.719	0.543 2	0.390 56
英国英镑	0.087 8	1.768 5	0.155 27
法国法郎	1.31	0.159 0	0.208 29
意大利里拉	140.0	0.000 774 2	0.108 39
荷兰盾	0.256	0.480 2	0.122 93
比利时法郎	3.71	0.020 60	0.076 43
卢森堡法郎	0.14	0.026 0	0.003 64
丹麦克朗	0.219	0.139 3	0.030 51
爱尔兰磅	0.008 71	1.426 5	0.012 43
希腊德拉克马	1.15	0.006 5	0.007 48

资料来源：李卓,2005：《欧洲货币一体化的理论与实践》,武汉大学出版社,第 82 页。

　　欧洲汇率机制(ERM)是一种固定汇率与浮动汇率相结合的汇率体系。为了维持欧共体各成员国汇率的稳定,欧洲汇率机制主要通过以下两种方式来干预汇市:一是平价网(Parity Grid)体系,又称格子体系;二是货币篮子(Currency Basket)体系,又称篮子体系。其中,平价网体系是指参加欧洲汇率机制的成员国货币彼此两两确定一个中心汇率,当任何一种汇率波动幅度超过中心汇率上下各 2.25%(意大利为 6%)时,有关成员国有义务干预汇市,使得双边汇率维持在规定的波动范围内。篮子体系是指每一种货币与 ECU 联系在一起,"篮子货币"中任何一种货币的汇率如果发生波动异常的情况,相关国家的央行应当及时进行干预。一旦需要对中心汇率进行修改,该国央行应当与其他所有成员国进行商议,有关国家的中央银行不拥有自行修改中心汇率的权利。欧洲货币体系通过这样的汇率体制对成员国的汇率进行干预,由此来保证各国货币汇率的稳定。除英国以外,所有欧共体成员国都加入了欧洲汇率体制。

　　为了加强欧洲货币合作基金的贷款能力和对汇市的干预能力,欧共体以各成员国黄金和外汇储备的 20%来建立货币基金,以此为成员国提供信贷支持,并将信贷品种扩大为短期资金融通、短期货币支持和中期财政援助等。

　　欧洲货币体系在其存在的 20 年间对欧洲经济的发展做出了很大的贡献,促进了欧共体成员国货币之间的合作,在一定程度上维护了成员国货币汇率的相对稳定,促进了成员国内部贸易的增长和经济政策的协调。但是,由于缺乏一个真正有效的"共同货币"、一个完全有效的汇率机制和一个高效的中心调节机构，欧洲货币体系也曾多次陷入危机，汇率波动幅度也有过多次大幅度的调整，其局限性最主要的是固定汇率制度内在的不可克服的缺陷。

总体上来看，欧洲货币体系的运行是成功的，在欧洲经济货币联盟的建立过程中起到了很好的先导性作用。

2.《德洛尔报告》

尽管欧洲货币体系的成功运行在各方面取得了巨大成就，但随着德国经济的迅速发展，欧共体的货币区实质上成为德国马克区，德国中央银行成为欧共体的央行，各国货币政策也只能听从德国中央银行的决定。这样，干预外汇市场汇率调节的义务就全落在了EMS弱币国身上，并对欧共体成员国之间经济政策的协调和合作产生了严重的不良影响。因此，为了创造一个更加稳定的货币体系，欧共体必须向着更高程度的货币一体化迈进，建立单一货币联盟。1988年6月，欧共体在汉诺威任命了以执委会主席德洛尔为代表建立经济货币联盟的委员会。该委员会于1989年4月提交了"关于欧洲共同体经济货币联盟的报告"，即《德洛尔报告》，研究并建议如何采取具体步骤走向经济与货币联盟。

《德洛尔报告》认为，欧洲经济和货币联盟实际由四个部分组成：统一的大市场、一个共同的区域及结构政策、包括财政政策在内的各国经济政策的协调，以及货币联盟。报告中，欧洲货币联盟被归结为五个方面的构成要素：(1) 货币的完全自由兑换；(2) 资本自由流动；(3) 银行、证券和保险等金融业务的一体化；(4) 固定汇率或实现单一货币；(5) 建立单一中央银行，合并外汇储备，实行统一和协调的货币政策。欧洲经济联盟则可以概括为四项构成要素：(1) 实现人员、货物、服务和资本自由流动的统一市场；(2) 竞争政策和其他旨在加强市场机制的措施；(3) 旨在促进结构转型和地区发展的共同政策；(4) 宏观经济政策协调，包括预算政策的约束规则。[①] 在"渐近性"原则的指导下，《德洛尔报告》还建议分三个阶段建成经济与货币联盟。《德洛尔报告》得到了除英国以外的欧共体内部所有成员国的广泛赞同。

总的看来，《德洛尔报告》意图以最直接的手段达到欧共体的货币一体化，是前一时期有关政治动议的总结，同时它也为更为详尽的政府间会议提供了一个框架。

3.《马斯特里赫特条约》

1991年12月，欧共体12国首脑在荷兰的马斯特里赫特批准了《欧洲联盟

---

① 冯兴元，1999：《欧洲货币联盟与欧元：历史沿革、现状、前景和经验》，中国青年出版社，第33页。

条约》草案,也称为《马斯特里赫特条约》(Maastricht Treaty),简称《马约》。其主要内容为:在欧共体的基础上建立欧洲联盟,并通过加强在外交、防务和社会等方面共同政策的完善促使各国之间的联系更加密切。联盟内实行统一的货币、统一的中央银行和统一的货币政策。1992年2月,欧共体成员国正式签署了《欧洲联盟条约》,欧共体正式更名为欧洲经货联盟,简称欧盟。

在渐进主义和趋同原则的指导下,《马约》规定分三个阶段建立欧洲经货联盟,并要求入盟国必须满足相应的经济趋同标准。具体的时间进程如表2.3。

表2.3 《马约》中欧洲经货联盟的进程时间表

时间阶段	经济联盟的目标任务	货币联盟的目标任务
第一阶段:1990年7月至1993年12月	完善内部市场;强化共同竞争政策;完善和改革结构基金;加强经济协调	资本自由流通、金融市场一体化;加强货币政策、汇率政策的协调,尽可能减少欧洲货币体系中心汇率的调整;所有成员国加入欧洲汇率体系,扩大欧洲货币单位的运行范围
第二阶段:1994年1月至1998年12月	复查、评比、加强第一阶段任务;进一步加强经济政策的协调	进一步加强货币和汇率政策的协调,尽可能减少欧洲货币汇率体系波动;建立欧洲货币局,作为欧洲中央银行的雏形
第三阶段:1999年1月起	建立预算协调机制;强化地区和结构政策	建立欧洲中央银行体系;实现不可逆转的固定汇率制,引入欧洲单一货币——欧元

资料来源:刘宁宁,2006:《欧洲经济货币联盟政策协调机制研究》,经济科学出版社,第57、58页。

《马约》第109条及相关条款还规定了加入欧元区必须满足的五项经济趋同标准:(1)达到高度的价格稳定和趋同——通货膨胀率不能超过欧盟成员国中通货膨胀最低的三个国家平均数的1.5%。(2)保证各成员国的财政稳定——其财政年度预算赤字不能超过国内生产总值(GDP)的3%。(3)国债累计不能超过当年GDP的60%。(4)维持各成员国之间长期利率的稳定——长期利率不能超过通货膨胀率最低的三个国家平均利率的2%。(5)实现成员国之间货币的相对稳定——货币汇率必须在此前两年的时间里保持在汇率机制允许的幅度内而没有贬值。

总体而言,《马约》第一次正式提出了建立欧洲货币联盟,并引入单一货币的设想,将《德洛尔报告》中有关建立欧洲货币联盟的实施步骤具体化。《马约》的实施与执行对欧盟的建设具有里程碑式的意义。表2.4回顾了向经济与货币联盟前进的历史脚步。

表 2.4　向经济与货币联盟前进的主要步骤

1970 年 10 月	沃纳委员会的报告出版
1971 年 3 月	部长理事会签署 1980 年的经货联盟文件
1972 年 3 月	欧洲实行"洞中之蛇"的汇率体制
1978 年 7 月	欧洲理事会批准建立欧洲货币体系的计划
1979 年 3 月	欧洲货币体系启动
1986 年 2 月	签署《单一欧洲法案》
1988 年 6 月	欧洲理事会设立德洛尔委员会
1989 年 4 月	德洛尔委员会的报告出版
1989 年 6 月	欧洲理事会决定启动经货联盟第一阶段
1990 年 7 月	经货联盟第一阶段开始(增加对资本流动的管制)
1990 年 10 月	欧洲理事会决定启动经货联盟第二阶段
1990 年 12 月	有关经货联盟和政治联盟的政府间系列会议召开
1991 年 12 月	欧洲理事会正式通过《欧洲联盟条约》
1992 年 6 月	丹麦首次全民公决否决《马斯特里赫特条约》
1992 年 8 月	汇率体制(ERM)的危机爆发
1992 年 9 月	法国全民公决通过《马斯特里赫特条约》
1993 年 5 月	丹麦第二次全民公决否决《马斯特里赫特条约》
1993 年 11 月	《马斯特里赫特条约》开始生效
1994 年 1 月	经货联盟第二阶段启动;欧洲货币局成立
1995 年 12 月	欧洲理事会确定新货币的名称为"欧元"
1997 年 6 月	通过《稳定与增长公约》
1997 年 6 月	决定实施汇率体制第二阶段
1998 年 5 月	欧洲理事会决定经货联盟的成员资格
1998 年 5 月	确定经货联盟各国货币的双边中心汇率
1998 年 5 月	任命欧洲中央银行执行董事会(Executive Board of ECB)
1998 年 6 月	创立欧洲中央银行
1999 年 1 月	经货联盟第三阶段启动;确立欧元的汇率
2002 年 1 月	欧元硬币和钞票开始进入流通

资料来源:[荷兰]赛尔维斯特尔·C.W.艾芬格、雅各布·德·汉,2003:《欧洲货币与财政政策》,向宇译,中国人民大学出版社,第 12—14 页。

(四) 创立欧元的利益与成本

1999 年 1 月 1 日,欧元正式启动,各国放弃自己的货币,开始统一使用欧元。货币联盟的建立与欧元的创立以及流通给欧洲甚至全球的经济、政治和社会的发展都带来了机遇,同时,也存在很多不足。

欧元区的建立给各成员国带来的利益主要有:(1)随着单一货币——欧元的推行,降低了欧元区内间接和直接的交易成本。在欧元区成员国之间进行国际交易不再需要进行货币兑换。由于简化了企业会计制度、降低了外汇的持有额以及更快地处理跨国界银行支付,欧元区企业的间接成本大大缩减。(2)欧元减少了汇率的波动和不确定性,降低了欧元区企业的汇率风险,增加了欧元区成员国的贸易和投资,从而促进了各成员国的经济增长。(3)欧元区内部价格更加透明,逐步增强了欧盟内部市场的市场力量,并加剧了欧盟统一大市场内部企业之间的竞争,因为企业变得更容易在整个欧元区进行销售,消费者可以在全区内购物。由此也增进了欧盟企业的经济效益。(4)货币联盟在促进欧元区国家之间的金融一体化、资本流动以及经济分工和合作的同时,也增进了货币政策的可信度以及提升了货币政策的效率。

欧元区的成员国所要付出的成本主要来源于一种经济政策工具(也就是汇率)的丧失。欧元区成员国拥有统一的货币,它们不能自行对汇率进行调整,即不再能够把汇率和汇率政策用作经济调整工具。然而,汇率调整的必要性取决于经济冲击的特征及其重要性。"冲击"(shock)可以定义为一种均衡被意想不到的扰动所打破,失衡的原因不在体系本身之内。只打击一个国家的冲击被称为"不对称冲击"。不对称冲击越重要,放弃汇率政策工具的成本就越高。[1] 在工资率和价格呈向下刚性以及劳动力要素在国际上下流动的情况下,对不对称冲击的适应在短期内最好借助名义汇率的变动来实现。如果不再能够变动名义汇率,那么就必须投入其他的调整工具,从而带来更高的成本。[2] 除此之外,由于欧元区成员国将货币政策让渡给了欧洲中央银行,因此,各成员国失去了货币政策的独立性。

二、欧元区统一的货币政策和分散的财政政策

1991 年通过的《马斯特里赫特条约》明确规定以"稳定价格、健康的公共政

---

[1] 〔荷兰〕赛尔维斯特尔·C.W.艾芬格、雅各布·德·汉,2003:《欧洲货币与财政政策》,向宇译,中国人民大学出版社,第 28 页。

[2] 冯兴元,1999:《欧洲货币联盟与欧元历史:沿革、现状、前景和经验》,中国青年出版社,第 65—66 页。

策和货币条件与可持续收支平衡"为目标,以"公平自由竞争的市场经济地位"为标准,制定了欧盟执行经济政策的指导原则。欧盟在欧洲中央银行的基础上形成了统一的货币政策与较为完善的协调机制。在税收和福利政策等财政政策及其他经济政策的制定方面,欧元区各成员国拥有较大的自主权。也就是说,欧盟的经济政策结构为统一的货币政策与分散的财政政策的结合体。

欧元区 17 个主要成员国(德国、法国、意大利、荷兰、比利时、卢森堡、爱尔兰、希腊、西班牙、葡萄牙、奥地利、芬兰、斯洛文尼亚、塞浦路斯、马耳他、斯洛伐克和爱沙尼亚)组成了世界上唯一一个规模庞大,却没有本国货币的国家集团,由独立于政府而单独运作的欧洲中央银行执行统一的货币政策。欧洲中央银行负责整个欧元区货币政策的制定和货币工具的操作和管理。货币政策的权力由国家层面转入欧盟层面。

(一) 欧洲中央银行

1998 年 7 月,欧洲中央银行开始运行。由于制度上的原因,欧洲中央银行由两个层次组成: 一个是所谓的"欧元体系"(Euro System),由欧洲中央银行(European Central Bank, ECB)及 12 个成员国的中央银行(National Central Banks, NCBs)组成;另一个是欧洲中央银行体系(European System of Central Banks, ESCB),由欧元体系加上其他 3 个还没有加入欧元区的国家(英国、瑞典和丹麦)的中央银行组成。[①] 欧洲中央银行的基本职能主要包括: 对欧盟各成员国制定和实行统一的货币政策、维持外汇市场的稳定、对各成员国的外汇储备进行管理并由此维持支付平台系统的平稳运行。在欧洲中央银行这种双层运行体系中,欧洲中央银行本身负责制定统一的货币政策,并监督各成员国中央银行的执行情况;而在整个过程中,很多环节都需要各成员国中央银行的积极配合才能完成。

欧洲中央银行前身是欧洲货币局,后者在货币联盟进入第二阶段后组建。欧洲货币局以推动成员国货币政策的协调为宗旨,并为发行单一货币做好准备,具有承上启下的功能。欧洲中央银行的决策和管理机构主要由三个机构组成: 董事会(Governing Council)、执行董事会(Executive Council)和理事会(General Council)。董事会由欧洲中央银行的执行委员会以及欧元区成员国的中央银行行长组成,它是欧洲中央银行最高决策机构。执行董事会按照董事会的决定和

---

① 杜厚文、王广中,2003:《欧元的世纪: 欧洲经济与货币联盟理论与实践》,法律出版社,第 202 页。

方针执行货币政策,是董事会的一个组成部分,也是该决策机构的核心。理事会是欧洲中央银行的第三决策机构,目的是调整整个货币联盟的决策。

1. 欧洲中央银行的货币政策策略

欧洲中央银行的货币政策首要目标是维持物价的稳定,其次是支持欧盟总的经济政策。也就是说,在保证物价稳定目标的前提下,才允许欧洲中央银行为欧盟其他的经济政策目标服务。欧洲中央银行将物价稳定目标量化为欧元区消费物价调和指数(Harmonised Index of Consumer Price,HICP)年度增幅低于2%。消费物价调和指数(HICP)中五类主要商品和服务构成如表2.5。然而,欧洲中央银行将物价指数波动幅度限制在2%以内是缺乏理论根据的,仅仅是出于经验判断和延续欧盟理事会的建议。由于《马约》要求各成员国严格控制财政赤字,即成员国的年度财政赤字不得超过GDP的3%,累计债务不得超过GDP的60%;所以,假定成员国经济增长率为5%,那么3%左右的财政赤字认为是可以持续的。也就是说,为了使人均GDP与人均债务的增长保持一致,可容许的通货膨胀率应当控制在2%以内。

表2.5 HICP构成及其权重

构 成 商 品 分 类	权重(%)
Ⅰ鲜活品之外的食品(如面包、饮料等)	13.4
Ⅱ鲜活食品(如肉类、蔬菜、水果等)	9.0
Ⅲ非能源工业产品(如鞋类、汽车、计算机等)	32.5
Ⅳ能源产品(如电力、煤气、其他燃料等)	8.8
Ⅴ服务(如不动产租赁、旅游、交通等)	36.3

资料来源:李卓,2005:《欧洲货币一体化的理论与实践》,武汉大学出版社,第203页。

根据欧盟提出的货币政策的终极目标——维持物价稳定,欧洲中央银行实行的是一套"稳定导向型货币战略"。它综合运用货币目标和通货膨胀目标,充分展现货币政策的有效性、明确性以及前瞻性,并保持对过去成功的货币政策的连续性。该战略又称为"双支柱战略",其第一支柱是货币目标——关注货币的显著作用。它采用广义货币总量M3[①],增长率参考值定为4.5%,即从欧元区整

---

① 欧元区货币供应量分类:M1、M2和M3。其中M1包括流通中的货币和隔夜存款;M2包括M1、协议期限为2年内的存款和期限为3个月的通知存款;M3包括M1、M2、回购协议、货币市场基金(MMF)份额及票据以及发行期限为2年以内的债券凭证。在选择一种货币总量作为中介目标时,有三个相关的标准:货币需求的稳定性、主要货币指数的性质和一种货币供给总量的可控性。广义货币总量M3显然比狭义货币总量具有更高的稳定性和更好的主导指数的性质。

体出发,根据一系列可以反映价格发展态势的经济、金融指标来辅助决策,从而维持物价稳定。与世界其他国家中央银行一样,在货币政策策略确立后,欧洲中央银行也需要通过在金融市场上进行操作来实施货币政策。

2. 欧洲中央银行的货币政策工具

自 20 世纪 90 年代以来,随着经济、金融一体化的不断深入,欧元区各成员国中央银行在货币政策的操作方式、操作理念以及操作框架上都存在趋同现象。其主要表现在以下几个方面:(1)通过一个利率走廊调控利率运行,传达货币政策信号;(2)注重对市场短期流动性的调节,通过回购方式、抵押贷款方式调整中央银行货币供给;(3)运用准备金要求来平抑短期利率的过度波动。欧洲中央银行的货币政策工具可分为三类:公开市场操作(Open Market Operation)、常设存贷款便利(Standing Facilities)和最低存款准备金要求(The Minimum Reserve Requirements)(见表 2.6)。

表 2.6 欧洲中央银行的货币政策工具

货币政策业务	交易种类		期限	频率	程 序
	提供流动性	减少流动性			
公开市场操作					
主要再融资操作	反向交易	—	两周	每周	标准招标
较长期再融资操作	反向交易	—	三月	每月	标准招标
微调操作	反向交易 外汇掉期交易 买断性债券购买	外汇掉期交易 吸收定期存款 反向交易 买断性债券出售	未标准化	不定期 不定期	快速招标 双边操作业务 双边操作业务
结构性操作	反向交易 买断性债券购买	发行债券 买断性债券出售	标准化和 未标准化	定期和 不定期 不定期	标准招标 双边操作业务
常设存贷款便利					
边际贷款便利	反向交易		隔日		根据业务伙伴提出的要求利用该设施
边际存款便利		接受存款	隔日		根据业务伙伴提出的要求利用该设施
最低存款准备金要求					
最低准备金	适用对象为欧元区内的信贷机构				

资料来源:根据冯兴元《欧洲货币联盟与欧元历史:沿革、现状、前景和经验》,第 103 页,整理而得。

公开市场操作(Open Market Operation)是欧洲中央银行主要的政策工具，主要是调控市场上的利率和流动性，并向市场传递货币政策信号。欧洲中央银行在进行公开市场操作时，可动用五类操作方式：反向交易（Reverse Transfers），买断性债券交易（Outright Transactions），发行债务证书（Issuance of Debt Certifications），外汇掉期（Foreign Exchange Swaps）和接受定期存款。根据不同的政策目的，欧元体系的公开市场操作，可分为四种不同类型：（1）主要再融资操作(Main Refinancing Operations)——欧洲中央银行向市场传递货币政策信号、调节市场流动性，每周定期进行一次反向交易，期限为两周。（2）较长期再融资操作(Longer Term Refinancing Operation)——只负责调控市场流动性，每月定期进行，期限为三个月。（3）微调性操作(Fine-Tuning Operation)——根据市场变化调控流动性和利率，抵消意外的流动性波动对利率的影响。（4）结构性操作(Structural Operation)——通过发行债券、反向交易和买断性债券买卖执行结构性操作。以上所有类型的公开市场操作，都是由欧洲中央银行统一决策，欧元区各成员国的中央银行分散操作的。

常设存贷款便利(Standing Facilities)是为金融机构调剂资金余缺提供便利，包括边际贷款便利(Marginal Lending Facilities)与边际存款便利(Marginal Deposit Facilities)，主要吸收和提高隔夜短期流动资金。欧洲中央银行通过常设存贷款便利确定短期市场利率的波动界限，即欧洲中央银行既可以向市场提供流动性，同时又可从市场吸纳流动性，从而使得市场利率能够在欧洲中央银行规定的范围内波动。由此可以为市场利率变动确定一个所谓的利率走廊(Corridor)——边际贷款便利利率为上限、边际存款便利利率为下限。

最低存款准备金要求(The Minimum Reserve Requirements)起到的是补充的作用，要求金融机构有义务将其合格的货币债务按一定比例缴存中央银行，中央银行通过调整准备金比例来实现调控市场信贷余缺的目的。其主要功能包括：稳定市场利率，扩大对中央银行的货币需求，创造或增加欧洲货币市场流动性结构的缺口。

(二) 欧元区分散的财政政策

货币政策和财政政策是一国进行宏观经济政策调控的两个最有效的工具。当一国受到外部冲击时，中央银行和政府可以充分发挥货币政策和财政政策相互协调作用，维持宏观经济的稳定发展。然而，欧元区成员国的货币政策由超国家机构——欧洲中央银行统一决策和执行,一旦受到冲击,成员国能够使用的调控工具就只剩下财政政策。接下来,就成员国财政政策的制定规则、欧盟的财政预算以及财政政策的内部矛盾进行简要的分析。

1.《马约》和《稳定与增长公约》中关于财政政策的规则

在《马约》和《稳定与增长公约》中,欧盟实行的是一种有管理、分散化的财政政策,并试图在财政纪律、财政合作以及财政自治之间寻求到可以权衡各国利益的"平衡点"。在财政纪律方面,欧盟要求各成员国的公共部门预算赤字以及公债水平长期保持在一个可持续发展的水平,由此减轻其对整个欧盟货币目标的负面影响。在财政合作方面,为了建设欧盟统一的市场以及促进区域内的经济发展,使得各成员国在更广阔的领域内获得最大的利益,加强各成员国之间的财政合作成为欧盟发展的必要条件。在财政自治方面,欧盟要求各成员国在应对非对称冲击时,利用财政自治所带来的政策工具来缓释冲击对本国经济带来的风险,并进行相应的结构性调整。[1]

《马约》为了最大限度地促进各成员国在财政政策上的趋同,制定了严格的财政标准和财政纪律,对成员国独立的财政预算赤字和公共债务做出了明确的量化限制,即财政年度预算赤字不得超过国内生产总值(GDP)的 3% 以及公共债务不能超过 GDP 的 60%。而且规定了"互不救援条款"——共同体不应该负责或承担中央政府、地区、地方或其他公共政府以及其他由公共法律或任何成员国公共机构管辖的部门的责任。《马约》还禁止了公共机构的货币融资以及它们从金融机构获得特权。《马约》在制定时充分考虑了财政纪律、财政自治和协调的均衡。

但是,由于《马约》在可行性方面存在质疑,以及缺乏对一些长期赤字较高的国家采取相应的惩罚制度,《稳定与增长公约》规定欧元区各成员国必须制定并提交稳定方案,确立其财政预算的中期目标,确保其财政状况的健康发展,预防财政赤字超标;凡超出赤字占 GDP 的 3% 这一限制的成员国必须在一年内消除超额赤字,一旦无法在规定的期限内改善其财政超标的困境,该国必须缴纳一定数额的无息存款,而两年内仍无法有所改善,这笔存款将变为贷款,在其他成员国内进行重新分配。加强财政纪律始终是《稳定与增长公约》在欧洲经货联盟中的长期特征,核心原则是财政政策中期目标接近平衡或者盈余,这将使得成员国

---

① 刘宁宁,2006:《欧洲经济货币联盟政策协调机制研究》,经济科学出版社,第 93 页。

在处理政策的周期波动的同时,保持赤字在 3% 以下。[①] 然而,《稳定与增长公约》的制裁并不能使成员国所面临的问题得到解决,只是说明违反财政赤字标准的后果。当大批的成员国陷入严重的财政危机,那么《稳定与增长公约》中的财政纪律是否还会坚持执行,也是一个很大的疑问。

2. 欧盟的财政预算

欧盟的财政预算被定义为一个工具,在每个财政年度,预测和授权欧盟的所有必要收入和支出。欧盟的财政预算必须遵守一体化组织制定的共同规则,并需要特别的预算规则和程序来决定其财务和管理运营。

1970 年之前,欧共体收入来源于各成员国的财政摊款。随后,欧共体建立了"自有来源"——税收分配,其对于欧共体筹备预算资金来源来说不可撤销,且对于由其产生的自然增长,不需要任何由国家机关做出决定。传统的"自有来源"包括两个方面:一方面来自于农产品税,另一方面来自于共同体所征收的关税。2007 年以来,欧盟预算收入来源主要分为三类:(1) 传统自有来源;(2) 增值税;(3) 国民生产总值的统一比率。其财政收入总额中绝大部分都来自于各成员国国民收入(GNP)的比率,提高了预算的透明度。但是,欧盟财政预算的规模有限,在欧盟各成员国国内生产总值中的比重非常低,一般在 2% 左右。

欧盟的预算项目包括以下几个方面:(1) 实行共同农业政策——对农业进行补助以及市场调节;(2) 为提高欧盟整体的竞争力以及各成员国之间的凝聚力的业务结构性支出,主要是针对落后产业和地区的经济结构调整;(3) 维护欧盟成员国公民的权利、自由、安全和公正的政策性支出,包括教育和人力资源培训、能源和核安全、科研和技术开发等;(4) 预防突发事件的支出及相应的储备,包括货币储备、应急储备和保证储备等;(5) 行政管理所需要的开支;(6) 参与全球突发性事件以及对不发达地区的援助的对外行动支出;(7) 对后进欧盟国家发展的援助。根据最新英国的提案,农业补贴和各类共同基金成为预算的最大组成部分。其中各类共同基金包括四项:欧洲区域发展基金(European Regional Development Fund,ERDF)、欧洲社会基金(European Social Fund,ESF)、欧洲农业指导和保障基金(European Agricultural Guidance and Guarantee Fund,EAGGF)以及团结基金(Cohesion Fund)。

欧盟预算运行的特点在于:(1) 统一性——所有的收入和支出应列在一起,

---

① 刘宁宁,2006:《欧洲经济货币联盟政策协调机制研究》,经济科学出版社,第 95—96 页。

并在单一的文件中提出。(2)普遍性——所有预算收入提供所有预算支出的所需资金,预算涵盖所有活动的资金需求。(3)平衡性——建立平衡的预算法则,所有的经费必须来自于"自有来源"。(4)年度性——预算时间是公历计时的一年。(5)规范性。

3. 欧元区财政政策的内部矛盾

在货币联盟中,统一的货币政策与分散的财政政策之间发生矛盾而产生的风险,会阻碍一国宏观经济的持续发展。在一个单一的货币区域内,在选举过程中,一国政府的执政集团进行赤字支出而获得更多的选票是由本国参与者所享有的,而在更高的利率形式下的潜在负面效应(增加的政府借款)则是由所有成员国共同承担的。因此,对于赤字支出的抗拒降低了,并且实行一项(不恰当的)扩张性财政政策的倾向就增加了——这就形成了所谓的"道德风险"。欧盟为了最大限度地克服这种矛盾以及相应的风险,对各成员国财政政策进行了约束和协调,要求各成员国财政年度预算赤字不得超过国内生产总值(GDP)的 3% 以及公共债务不能超过 GDP 的 60%,并在中期实现财政预算的平衡或结余。但是,财政政策作为欧元区各成员国所依赖的最重要的宏观经济调控工具,具体化的财政约束严重损害了财政政策自身调节经济运行的能力。所以,财政政策的内部矛盾表现为:欧盟对各成员国财政赤字以及中期财政预算平衡的规定与财政政策发挥自身调节经济运行的作用之间的矛盾。

欧元区各成员国应该利用财政政策进行"逆经济周期"调节。也就是说,在经济飞速增长时期采取紧缩的财政政策,实现财政的盈余,在经济低迷时期实行扩张的财政政策,产生财政赤字,在整个经济周期中通过两者的互补达到中期的财政平衡或结余,充分发挥财政政策对经济波动"自动稳定器"的作用。然而,由于欧盟实行固定的"一刀切"的财政约束政策,并不能灵活地根据经济周期中各成员国的经济发展现状制定相应的财政赤字和结余结构的规则。在经济高涨期,国民收入的增加促使各成员国更愿意去弥补之前政府的财政缺口而采取减少赤字策略,由此来满足欧盟关于财政约束的规定,而不会采取财政盈余策略。在经济低迷期,税收的减少导致国民收入的减少,但是为了达到欧盟规定的目标,各成员国又不得不采用紧缩的财政政策。所以,欧元区财政政策的内部矛盾使得各成员国的财政政策更多进行的是一种"顺周期政策操作",它不但不利于发挥财政"自动稳定器"的作用,反而加剧了经济的波动。

在进入 1997 年后,欧洲经济进入高涨期,由此给欧盟各成员国扩大税收提供了良好的机会,从而改善了自身的财政状况,并有利于达到《稳定与增长公约》所规定的财政赤字要求,也为欧洲经货联盟在 1999 年 1 月 1 日启动欧元提供了优良的条件。但是,一旦欧洲经济进入衰退或萧条期,各成员国的财政政策与《稳定与增长公约》之间的冲突就会显现出来,成为欧元区内部不可调和的矛盾之一。①

(三) 欧洲货币政策的失灵——欧元的崩溃

导致欧洲货币政策失灵最主要的原因在于统一的货币政策与分散的财政政策之间的矛盾。当受到不对称冲击的时候,货币政策与财政政策之间的协调难以奏效。然而,欧元区并不满足最优货币区的条件,缺乏充分及时的补充调节机制。接下来,就欧元区货币政策与财政政策之间的矛盾、相互协调机制的缺陷以及欧元区的"先天不足"做简要的分析。

1. 欧盟货币政策的内部矛盾

欧盟统一的货币政策本身存在不足。首先,欧洲中央银行货币政策目标的选择存在着矛盾。为了维护价格的稳定,欧洲中央银行选择通货膨胀率或货币总量为中介目标。但是,市场时常面临货币总量与价格之间是否存在对应关系、货币是否是中性、通货膨胀是否是一种纯货币现象等理论和现实都无法解决的问题。其次,统一的货币政策在各成员国内部的传导机制是不一致的。各国之间不同的储蓄率、储蓄结构、融资方式以及金融结构等都将对欧洲央行统一的货币政策的实施产生很大的影响。尤其当成员国受到不对称冲击时,单一的货币政策不仅不能及时应对,反而会加剧不对称冲击的影响力。最后,欧洲中央银行过于庞大的决策机构以及成员国之间的利益纷争使得统一货币政策的制定与实施也只是成员国之间博弈的折中结果,并不能满足所有成员国的要求,而且在很多重大问题上难以及时采取行动。

2. 欧盟货币政策与财政政策的矛盾

欧盟货币政策的主要目标是维护价格的稳定,以货币数量或通货膨胀率为监控的中介目标,为欧元区经济的增长创造良好的货币氛围。各成员国独自实施的财政政策的主要目标是处理本国的宏观经济问题,保持本国经济的平稳发展以及保证社会福利。因此,欧盟货币政策与财政政策的矛盾表现为:欧元区

---

① 杜厚文、王广中,2003:《欧元的世纪:欧洲经济与货币联盟理论与实践》,法律出版社,第 251 页。

统一的货币政策与分散的财政政策实施的政策目标不同而使得两者难以相互配合而产生的矛盾。

当各成员国面临现实问题的挑战时,由于货币主权的丧失和欧洲央行统一实施货币政策,使成员国只能依赖于财政政策进行调控。根据丁伯根法则,为了同时实现多重经济政策目标,要求政策工具的数量不少于经济目标的数量,并要求按照不同政策工具与目标市场的匹配性进行政策工具的组合。所以,欧元区货币政策与财政政策的分离使得成员国的政策工具数与目标数很难匹配,并难以实施有效的政策组合。

3. 货币政策与财政政策协调缺陷的现实后果

由欧元区货币政策与财政政策的矛盾可以看出,统一的货币政策和分散的财政政策是欧元区设计的"先天缺陷"。欧元的诞生,促进了各成员国的贸易往来,降低了交易成本,但同时货币权与财政权的分离产生了严重的负面效应。

首先,欧元区成立后,欧洲中央银行"整齐划一"(one-size-fits-all)的利率政策使得各成员国之间的政府债券利差迅速归零,也就是说,欧元区非核心国家(如希腊、爱尔兰、葡萄牙、塞浦路斯等)可以通过金融市场获得与核心国家(如德国、法国、荷兰等)相同的主权信用和融资能力。这样,由于缺乏统一的财政政策的约束,欧元区"周边国家"便利用这种"搭便车"的方式获得了低成本的融资机会,大举借债来刺激经济增长,并在这条举债路径里越陷越深。因此,在经济发展的同时也为以后的债务危机埋下祸根。然而,由于货币主权的丧失,当危机来临时,这些国家也不能通过货币贬值作为反危机手段进行操作。欧元的僵化以及货币政策与财政政策之间"灵活性缺失"使得债务危机从希腊扩散到整个欧元区。

其次,欧洲中央银行不能充当"最后贷款人"来保持整个欧元区金融系统的稳定,也是导致货币政策失灵和欧元体系混乱的重要原因之一。欧洲中央银行唯一目标是维持物价的稳定,因此,并不能像具有货币主权国家的中央银行那样发挥"最后贷款人"的功能,同时,其权威性也深受质疑,不能代表欧元区金融体系监管的最高权威。尽管在《马约》的指导下具有一定的监管职责,但职能分散且由各成员国承担,其中关于"禁止直接购买成员国政府债券"的规定,导致危机发生后债务危机国不能从欧洲央行直接获得资金支持,只能从二级市场向成员国注入流动性,从而影响了救济的力度和效果。[①] 欧元区推行的这种"互不救助

---

① 卜永光、庞中英,2012:《从主权债务危机看欧元区制度的缺陷与变革》,《现代国际关系》第9期。

条款"导致希腊债务危机的救援方案一再拖延,这也说明了欧盟缺少应对危机的应急救援机制,而且当危机发生时成员国之间便形成了"一损俱损"的传导效应,并将危机传导到整个欧元区。

最后,《马约》和《稳定与增长公约》关于财政约束的规定缺乏相应的监管措施和落实规定的制度保障。在现实中,欧元区的财政约束规定落入了执行不力、难以落实的窘境。2000—2007 年大多数欧元区国家都有财政赤字高于 GDP3% 的历史记录,在 2002—2005 年,德国连续 4 年财政赤字占 GDP 的比重超过 3%;希腊除了 2006 年之外,其他年份的比例也都超过了 3%,2004 年更是达到 7.5%。为了应对 2008 年国际金融危机带来的冲击,欧元区成员国的财政赤字开始飙升,基本上都突破了 3% 的警戒线。[1]

总之,欧元区货币政策与财政政策的协调缺陷导致的现实后果是,欧元区成员国在面临全球金融危机的冲击时,欧盟无法采取及时有效的措施,而货币主权的丧失促使欧元区成员国只能依赖财政政策来应对外部冲击,由此加速了原本脆弱的财政体系的崩溃。这也构成了最终欧债危机形成的最主要的制度性条件之一。

三、欧洲发达国家的高福利制度

随着资本主义社会的发展,为了缓解贫富差距引发的社会矛盾,发达资本主义国家纷纷开始实施高福利政策,试图通过加大公共福利支出来提高国民的生活水平、增加就业和完善公共服务,并由此创造出更多的社会需求,确保经济稳定增长。然而,过度的福利和慷慨的保障在经济稳定和高速发展时期容易维持,一旦经济下滑,受福利刚性的影响,高额的福利支出将会使得福利国家不堪重负。赵聚军(2014)认为,欧债危机爆发的政治体制根源在于代议制民主下福利超载现象的不断累积。接下来,着重对欧洲发达国家福利制度的建设做出简要的说明。

(一) 英国

英国是世界上最早建立社会保障制度的国家之一,也是世界上最早实现工业化的国家,其福利国家制度随着工业化的深入而逐步地建立和完善。英国福

---

[1] 孟艳,2010:《欧元区国家财政政策与货币政策协调研究》,《财政研究》第 11 期。

利国家制度的发展主要有三个阶段：[①](1) 在自由党改革之前，20 世纪初的英国具有农业社会特性的保障机制受工业化进程的冲击而逐渐瓦解，英国政府为了维持社会稳定，不得不开始为社会上自发产生的具有福利性质的社会组织提供必要的法制规范。(2)"二战"结束以前，英国初步建成了福利国家的基本框架。英国政府对具体的社会保障事务进行规划，逐步建立了完善的社会保障体系，在满足更多的社会需求的同时，尽可能地照顾居民生活和更多的社会成员。(3)"二战"后，英国基本上完成了福利国家制度的建设。英国政府开始实行经济干预政策，以充分就业为目标，不断提高社会福利水平，完善各项社会保障制度，将公民的福利与国家的制度安排紧密相连。

英国的福利保障制度主要包括社会保险制度、国民医疗保健制度、社会补助制度和社会救济制度。社会保险制度是社会保障制度的核心，包括退休年金、失业津贴、疾病津贴、产妇津贴、寡妇津贴、工伤与伤残津贴、战争抚恤金等。凡是居住在英国的人都可以免费或缴纳很少费用到国民保健系统的医疗机构就医。社会补助制度主要包括家庭收益、住房津贴、疾病看护补助等项目，社会补助不需要捐款，只要符合补助的条件就可以向有关当局申请补助。社会救济制度主要面向特殊群体的特殊困难，不需要缴纳捐税，但领取救济的人需要经过严格的资格审查。英国社会保障制度的资金来源主要包括：个人缴纳的社会保险捐税、雇主为雇员缴纳的社会保险捐税、国民保险基金的投资收益、国家的财政拨款。社会保险捐税和保险基金投资收益占比最大，剩余的由政府财政拨款。英国社会保障的特点主要有：首先，英国社会保障制度具有"普遍性"，即只要符合规定的英国人都可以享受到这种制度的优惠及待遇。其次，英国社会保障制度使用"低入低出"的方法来贯彻"最低原则"，即社会保障收益只用于维持基本生活，不能成为人们收入的主要组成部分。最后，英国的社会保障制度更加强调"个人责任"。[②]

（二）德国

德国的社会保障制度的形成起源于俾斯麦的社会政策思想。德意志帝国成立后，俾斯麦一方面镇压德国社会民主党的革命运动，一方面为保护劳动者而进

---

① 顾俊礼，2002：《福利国家论析：以欧洲为背景的比较研究》，经济管理出版社，第 120—121 页。
② 顾俊礼，2002：《福利国家论析：以欧洲为背景的比较研究》，经济管理出版社，第 128—133 页。

行社会政策的制定和社会立法。1950—1956 年,德国社会保障制度进入大发展时期。在此期间,社会保障范围不断扩张,保障内容日益充盈,规章制度日臻完善,由此逐渐建成为欧洲最发达的"福利国家"。而原本的社会保障也逐渐从单纯的社会救助转变为一种公民所固有的社会权利,并进入国家政府有意识地对社会问题或社会矛盾制定相应的经济防范措施的新阶段。1951—1966 年,德国经济高速发展,1966 年国民生产总值比 1955 年翻了一番,年均增长 7.1%,国民生产总值超过英国和法国,成为当时世界的第二经济大国,经济的高速发展为福利开支的迅速增加、福利国家制度的发展和完善提供了物质基础。

20 世纪 30 年代产生的社会市场经济学派为德国福利国家制度提供了理论保障。该理论主要思想包括:一是反"垄断";二是对工人和资本家的"社会伙伴"关系进行了详尽的解释和批判;三是由国家政府对市场进行干预来调整社会收入分配不公,由此实现"公平分配"目标。1948 年,西德经济复兴之父艾哈德认为,社会市场经济的主要目的在于消除贫富差距,使绝大多数人共享经济发展的成果,"社会市场经济＝市场经济＋总体调节＋社会保障",社会保障是其重要组成部分,"社会公平"和"社会安全"是社会保障制度的基本原则。[①] 随后,在社会民主主义思想的影响和社会民主党的推动下,德国开始全面建设以"减轻人们的社会风险和保护社会弱者"为目标的社会保障体系。

德国的社会保障制度的核心是建立一个以五大保险(医疗保险、养老保险、失业保险、工伤事故保险和护理保险)为主体的广泛的社会保险体系。社会保险体系是以三项基本原则——保险原则、抚恤原则和救济原则为主体而建立起来的。医疗保险又叫疾病保险,是围绕疾病诊治和健康恢复对个人及其家属实行的一种保险,其目的是保障公民的身体健康和病后恢复。养老保险是在保险人失去劳动能力、年老乃至死亡的情况下为其本人和家庭提供的保险,全体公民都有资格参加。工伤事故保险是为了防止工伤事故和职业病,组织事故现场急救、帮助工伤事故受害者恢复就业能力、减轻事故后果并为受害者本人、家人及其遗属提供经济补偿而创立的。失业保险是不考虑雇主和雇员意愿的强制性保险,所有的工人和职员都必须参加。护理保险为所有需要护理者提供保护,满足人口老龄化的社会需求。除了五大社会保险外,德国福利保障制度还包括公务员优抚保障、教育资助、育儿费和育儿假、儿童补贴、

---

① 王云龙、陈界、胡鹏,2010:《福利国家:欧洲再现代化的经历与经验》,北京大学出版社,第81—82 页。

儿童免税、住房补贴等优惠政策。[1]

(三) 法国

中世纪以来,法国社会最初的福利形态主要是以救济的方式存在的,这种方式并不是国家和社会的责任,例如由教会主持的慈善赈济活动、行业互助组织,由国家对残疾军人和海员等给予的补偿,政府对流落街头的贫民提供的劳动培训、儿童教育、集中财源、统一管理等。19世纪中叶,随着工业化的推进和教会势力的衰落,在拿破仑三世的统治下,国家和政府在社会救助领域的地位得到了显著的提高。1848年革命后,"公共救济与预防"法令强调每个人都要担当起满足本人和家庭需要的责任,同时规定要用公共救济补充私人或宗教慈善事业,决定建立全国退休金管理局,鼓励工人储蓄,建立养老金储蓄制度。第一次世界大战前,法国通过扩大社会救济体系和社会立法来促进社会保障制度的发展。在1929年爆发的经济大危机之后,法国加大了社会保障力度,资本主义统治阶级为了维持自身的统治地位,被迫将社会保障制度纳入国家立法,并实行统一平等的社会保障原则。法国社会救济体系和社会保险事业的形成和发展,为法国现代社会保障制度的建立奠定了基础。"二战"后,法国政府执行扩大社会总需求的凯恩斯主义政策,加强国家对经济的干预,把社会保障作为社会再分配的一种形式。20世纪50年代,在经济高速发展的推动下,法国的福利国家制度获得了空前发展,社会保障制度不断扩张和完善。1951年,社会党国际的《法兰克福宣言》将保障个人基本权利——医疗、休息、学习、住房权以及消灭男女不平等和城乡不平等看作"社会民主的基本价值"之一。[2] 经过不断的努力,截止1978年,享受社会保障的人口比例从1958年的58%上升到近100%。[3]

法国福利国家体制以公民必须参加的基本保障制度为主,包括医疗疾病保险、家庭(包括生育)保险、工伤保险(事故和职业病)、失业保险、伤残和老年保险(养老和退休)等。主要是针对工薪人员,同时逐渐添加了一些补充性福利制度。此外,国家根据居民生活水平变化的具体情况,增添了一些社会援助

---

① 顾俊礼,2002:《福利国家论析:以欧洲为背景的比较研究》,经济管理出版社,第188—204页。
② 王云龙、陈界、胡鹏,2010:《福利国家:欧洲再现代化的经历与经验》,北京大学出版社,第123—125页。
③ 顾俊礼,2002:《福利国家论析:以欧洲为背景的比较研究》,经济管理出版社,第160页。

措施,如在医疗救助方面、老年人和残疾人最低保障、住房津贴等方面,为那些没有资格申请缴费待遇的人提供保障。社会保障体系成立之初,社会保障资金主要来源于公司和雇员的缴纳,大约占 75% 左右。社会保障金的其他来源是国家税收或政府财政补贴。政府不直接参与社会保障资金的日常管理,而是派代表参加保险机构会议。国家制定社会保障法律法规,对于社会保障资金做出相应的规范,对社会保险基金的日常运作进行必要的监督,并在资产不足时,提供财政补助。

(四)"北欧模式"

北欧福利国家模式主要是以瑞典、丹麦、挪威、芬兰和冰岛等为代表的福利国家模式。其中以瑞典的福利国家制度最为典型。

可以说,瑞典是当今世界上现代"福利国家"的代名词,是在西方国家里实现最公平的收入再分配的国家之一,是真正建立了"从摇篮到坟墓"的全方位社会保障体系的国家,且保障水平也相当高。从历史的角度来看,瑞典是个自工业革命以来就没有被卷入帝国主义殖民扩张或战争中的国家。19 世纪中叶,瑞典是北欧国家中最先实现工业化的国家。随着工业化和城市化的不断深入,20 世纪初瑞典便开始进行社会保障制度的建设。

20 世纪 30 年代以来,社会民主党就一直在瑞典政府中占主导地位,并以全民的名义而不是劳工的名义在国家政策上取得了决定性的影响力。在社会民主主义统治下,瑞典式的福利国家开始形成。瑞典丰富多产的自然资源为其经济发展创造了优良的条件,给其福利国家制度提供了坚实的物质基础。"二战"后,瑞典实行一种混合经济制度——有计划的市场经济,其工业生产部门是以私有制为主体的,只有教育、卫生等服务型部门实行全面国有化。瑞典经济在很大程度上是由私有经济集团所拥有和控制,但公共部门的产值对经济贡献度也相当高。在福利支出方面,瑞典是全球资本主义国家中最高的。在1980 年,瑞典的现金福利占到了家庭平均总收入的 29.2%,相比之下英国是 17.2%,德国是16.5%,而美国只有 8%。为了支付这些开支,瑞典的收入所得税征收平均总收入的28.5%,这里的总收入不但包括工资收入还包括公共和私人汇款以及财产收入等,而其他三个国家的收入所得税仅仅在 13% 到 17% 之间。[①] 可以看出,瑞

---

① [英]诺尔曼·金斯伯格,2010:《福利分化:比较社会政策批判导论》,姚俊、张丽译,浙江大学出版社,第37—38页。

典福利支出的资金主要来源于高水平的个人和企业所得税。

瑞典的社会保险制度主要由年金保险、医疗保险、失业保险、残疾人保险、家庭补贴、住房补贴和社会救济制度组成。其中,福利开支最高的项目是年金计划,达到总额的 60％ 以上;其次为医疗保险,占 30％ 左右;再次分别为住房补贴、工伤保险等项目。[1] 公共年金计划是瑞典社会保障制度的核心部分,主要包括老年年金、残疾年金和遗属年金等项目,各项目均由"基本年金"和"补充年金"两个部分组成。

(五) 南欧国家的福利制度

随着欧盟的成立及其发展,欧洲福利国家制度得到了进一步的普及,南欧一些国家也开始着手建立自己的社会福利体系。接下来以希腊为例进行简要的分析。

希腊在加入欧盟后,迅速向其他欧盟成员国靠拢,建立了全面的高福利社会保障制度。其中包括:公费医疗、各类家庭补助、长期失业困难补助、孕妇补助、病假补贴、社会保险、老年人自立特别补助金补助以及退休制度等。具体来看,在希腊,凡是具有社会保险福利号码的居民均有权享有公费医疗。在家庭补助方面,一般来说可以分为育儿补助与家庭困难及住房补助。每位母亲都享有幼儿补助:从怀孕后第 20 周开始到孩子 3 岁都可以享受,每月大概1 000 欧元左右。关于幼儿补助方面还有其他许多项补助可以申请,例如:家庭育儿补助、雇佣家庭育儿保险补助、雇佣在家照看孩子者补助、多子家庭补助、孩子成人前家庭补贴金、孩子入学前补助、上学补助、收养孩子补助、住房补助、孩子成人前家庭补贴金、孩子入学前补助、上学补助、收养孩子补助、住房补助、搬家补助、改善居处优惠贷款、扶持家庭补助、单身父母补助、最低生活保障金、特殊教育补助、残疾人补助等。在长期失业者困难补助方面,失业者如果遇到经济困难可以直接向政府有关部门提出申请补助,遇到房租、电话费、电费或者贷款还款等困难也可以申请补助,失业者可以同时领取失业金和最低生活保障的差额补助。[2] 总之,在这样"从摇篮到坟墓"的高福利的国家,基本生活保障没问题。

---

[1]　顾俊礼,2002:《福利国家论析:以欧洲为背景的比较研究》,经济管理出版社,第220—228页。
[2]　沈君克等,2013:《欧洲主权债务危机研究》,山东人民出版社,第60页。

第二节 欧债危机形成的经济条件

在欧元区成立之初,经济趋同是各国加入欧元区成为其成员国的标准之一。希腊并没有成为第一批加入欧元区的国家,原因就在于其未能满足欧盟制定的经济趋同性标准。然而,为了促进货币的进一步统一,加强欧元区的建设,欧盟降低了门槛,使得更多的国家能够加入到统一的货币区里。在欧洲,普遍认为经济相对比较发达以及经济结构比较合理的国家包括:德国、法国、卢森堡、荷兰以及比利时等,而南欧国家(葡萄牙、希腊、西班牙以及爱尔兰等)的经济基础相对比较薄弱。这样就形成了欧元区的南北差异问题,也就是说,欧元区核心国与边缘国之间在经济方面早就出现了某种程度上的失衡。在第一章对"欧洲五国"的债务危机进行逐一分析后,发现各国爆发的债务危机的具体原因存在一些差异,但从欧元区的整体来看,欧债危机形成的经济条件主要体现在欧元区核心国与边缘国的经常账户失衡、产业结构失衡以及劳动力市场失衡。

一、欧元区核心国与边缘国的经常账户失衡

在宏观经济分析中,国民收入账户的分析和研究主要着眼于一国的国民生产总值(GNP)。GNP是指一国的生产要素在一定时期内所生产并在市场上卖出的最终商品和服务的价值总和。最终产品的生产离不开生产要素的投入,所以GNP的支出组成也离不开劳动、资本以及其他生产要素。在制定国民收入账户时,一般把GNP分为:消费(国内居民收入消费的数额),投资(私人企业为进行再生产而留下用于购买厂房设备的数额),政府购买(政府使用的数额)和经常项目余额(对外净出口的商品和服务的数额)。[①] 在一定条件下,可以根据以上四类组成的支出变动情况,寻找到引起经济衰退或增长的原因。通常意义上,一个国家一定时期的GNP必须等于该国的国民收入。在一个开放经济的国民收入恒等式表示为:

$$Y = C + I + G + EX - IM \cdots\cdots\cdots\cdots (2.1)$$

---

① [美]保罗·克鲁格曼、茅瑞斯·奥伯斯法尔德,2002:《国际经济学》,中国人民大学出版社,第280—287页。

其中 Y 代表 GNP,C 代表消费,I 代表投资,G 代表政府购买,EX 代表出口值,IM 代表进口值。

一国出口的商品和服务与进口的商品和服务之差,被称为经常项目余额。当用 CA 代表经常项目,则 CA=EX－IM。一国的出口大于进口时,该国就会出现经常项目盈余;当一国的进口大于出口时,该国就会出现经常项目赤字。

在国际经济学中,一国的经常项目与外债的关系在于:只有当该国能够从外国借入资金时,该国作为一个整体,才能使进口大于出口,一国的经常项目出现多少赤字,就会增加多少净外债。[①] 经常项目出现盈余的国家为经常项目出现赤字的国家提供资金,这样盈余国的国外财富相应地增加了。因此,一国的经常项目余额的变动也反映了该国净国外财富的变动。

由等式(2.1)可知,经常项目 CA 还可以等于国民收入 Y 与国内居民的花费的 C＋I＋G 的差额:CA=Y－(C＋I＋G)。由此可见,一国只有举借外债才会出现经常项目赤字。

1990 年以来,欧洲大部分国家的经常账户长年处于赤字状态(如表 2.7)。根据 IMF 公布的数据,欧元区边缘国——希腊、葡萄牙、西班牙三国的经常账户历年均为逆差,其中葡萄牙和希腊在加入欧元区后,经常账户差额占 GDP 的比重一直保持在 9％左右,远远超过了 5％的警戒线;而爱尔兰和意大利大部分年份的经常账户赤字也十分严重。2005 年以来,法国的经常账户逆差不断加剧,平均经常账户差额维持在 400 亿美元左右。然而,德国作为欧元区经济的"领头羊",其经常项目自 2001 年起一直处于盈余状态。随着欧洲一体化的深入,德国等国的经常账户顺差也不断扩大,加剧了欧元区核心国与边缘国之间的经常账户的进一步失衡。

由于经常账户赤字与外债有直接关系,即一国只有举借外债才会出现经常项目赤字,也就是说,出现经常账户赤字的国家必须通过举借外债来维持外部经济的平衡。欧元区成立后,各国经济的快速增长以及统一的货币政策让负债国通过货币贬值或通货膨胀来减轻负债的可能性变小,同时,有盈余的国家也愿意为经常账户赤字的贸易伙伴提供资金。因此,大量外部资金的流入导致经常账户赤字,国外债快速上涨。

---

① ［美］保罗·克鲁格曼、茅瑞斯·奥伯斯法尔德,2002:《国际经济学》,中国人民大学出版社,第287 页。

表 2.7 欧洲主要国家的经常账户差额及 GDP 占比

	德国		法国		葡萄牙		希腊		意大利		西班牙		爱尔兰	
	差额(十亿美元)	占比(%)	差额(十亿美元)	占比(%)	差额(十亿美元)	占比(%)	差额(十亿美元)	占比(%)	差额(十亿美元)	占比(%)	差额(十亿美元)	占比(%)	差额(十亿美元)	占比(%)
1990	45.3	2.9	−9.9	−0.8	−0.2	−0.2	−5.8	−6.3	−21.7	−1.9	−18.1	−3.5	−0.8	−1.6
1995	−29.6	−1.2	7.3	0.5	−0.1	−0.1	−1.2	−0.9	23.2	2.1	−1.8	−0.3	2.0	3.0
1999	−26.9	−1.3	45.9	3.2	−10.3	−8.5	−8.6	−6.3	8.2	0.7	−18.1	−2.9	0.2	0.3
2000	−32.6	−1.7	22.0	1.7	−11.6	−10.2	−9.9	−7.8	−5.9	−0.5	−23.1	−4.0	−0.4	−0.4
2001	0.4	0.0	26.1	1.9	−11.5	−9.9	−9.5	−7.2	−0.6	−0.1	−24.0	−3.9	−0.7	−0.7
2002	40.6	2.0	19.8	1.4	−10.4	−8.1	−9.6	−6.5	−9.5	−0.8	−22.4	−3.3	−1.2	−1.0
2003	49.7	2.0	14.7	0.8	−9.6	−6.1	−12.7	−6.6	−19.6	−1.3	−31.1	−3.5	0.0	0.0
2004	127.9	4.7	12.5	0.6	−13.6	−7.6	−13.3	−5.8	−16.2	−0.9	−54.9	−5.3	−1.1	−0.6
2005	145.3	5.2	−13.6	−0.6	−17.6	−9.5	−18.4	−7.4	−29.2	−1.6	−83.3	−7.4	−7.1	−3.5
2006	181.7	6.3	−13.0	−0.6	−21.6	−10.7	−29.8	−11.2	−28.0	−1.5	−110.9	−9.0	−7.9	−3.5
2007	248.0	7.5	−25.9	−1.0	−23.4	−10.1	−44.7	−14.4	−26.5	−1.2	−144.3	−10.0	−13.9	−5.3
2008	226.1	6.2	−49.6	−1.8	−32.0	−12.6	−51.2	−14.7	−67.8	−2.9	−154.1	−9.6	−15.0	−5.7
2009	195.8	5.9	−39.6	−1.5	−25.6	−10.9	−36.0	−11.0	−44.0	−2.1	−75.9	−5.2	−6.5	−2.9
2010	199.9	6.1	−44.7	−1.7	−22.9	−10.0	−30.5	−10.0	−72.6	−3.5	−64.2	−4.6	1.0	0.5
2011	205.5	5.7	−62.0	−2.2	−15.3	−6.4	−29.3	−9.7	−70.1	−3.2	−55.4	−3.7	0.2	0.1
2012	180.3	5.2	−52.5	−1.9	−9.2	−4.2	−20.0	−7.4	−45.9	−2.2	−30.0	−2.1	2.0	1.0
2013	174.6	4.9	−42.9	−1.5	−8.0	−3.5	−17.9	−6.6	−32.0	−1.5	−24.5	−1.7	3.7	1.7
2014	168.1	4.6	−30.0	−1.0	−7.2	−3.1	−14.8	−5.4	−31.3	−1.5	−18.8	−1.3	6.7	3.0

资料来源：世界银行（The World Bank）数据库，http://data.worldbank.org/indicator/BN.CAB.XOKA.CD（经常账户差额），http://data.worldbank.org/indicator/BN.CAB.XOKA.GD.ZS（经常账户差额占 GDP 比重）。

如果一个国家相对于其他国家,具有更好的投资项目或投机机会,那么这个国家就会具有很强的偿债能力,对于借款的偿还也将没有问题。所以,在欧元区统一的货币环境下,出现经常账户持续逆差的国家应当将外债用于扩大生产和提高本国产品的国际竞争力,以此来维持本国外部债务的可持续性。但是,外债的持续攀升并没有刺激欧洲边缘国——希腊、葡萄牙、爱尔兰和西班牙等国的生产,反而将借款用于本国消费或投资于房地产。2004—2007 年,西班牙和爱尔兰的借款大部分流入了房地产市场,造成两国的住房信贷规模急速扩张,房地产价格一路飙升。葡萄牙和希腊的借款多半用于消费和支付公务员工资,导致两国债务负担沉重。

受 2008 年金融危机的影响,欧洲核心国与边缘国之间的经常账户失衡进一步加剧。此时,顺差国开始停止向逆差国提供资金,并纷纷从这些国家撤离,使得经常账户逆差国的偿债能力进一步被削弱,债务问题得不到解决,最终不得不向外寻求援助,导致了债务危机的爆发。

二、欧元区核心国与边缘国的产业结构失衡

一个国家的产业结构与其经济增长有着密切的联系,合理的产业结构对经济的增长有着良好的促进作用,但在经济不同的发展阶段需要不同的产业结构给予配合。从经济社会的发展历程来看,产业结构一般是从低端向高端、从劳动密集向资本密集和知识密集转移。但在欧元区国家中,欧元区核心国(比如德国)的产业结构分布相对比较合理,而边缘国(比如西班牙、希腊)的产业结构空心化程度比较高,欧元区内部这样的产业布局构成了核心国与边缘国之间的失衡。具体从以下两个方面进行分析:

(一)"去工业化"与"再工业化"

"二战"后,在美国第三次工业革命的带领下,英、德、法、意等欧洲主要国家的工业部门获得迅速发展,也使得世界经济开始了长达 20 年左右的经济繁荣。然而,20 世纪 70 年代以后,随着全球化的迅猛发展以及新兴工业国家的工业化进程的开启,欧洲主要国家的工业化生产方式受到了严峻的挑战。布雷顿森林体系的崩溃以及两次石油危机阻碍了欧洲主要国家的经济高速增长的进程,迫使其进入经济结构转型调整阶段,即生产方式向"后工业化"过渡。由此,欧洲主要国家开始进入了"去工业化"和"再工业化"同时并存的发展时期。去工业化被

认为具有积极的结构调整的效果,以去工业化为主流的、兼顾再工业化的经济模式是发达国家所处历史阶段的必然选择。但是,2008 年金融危机的爆发宣告了这种去工业化理论逻辑的失败。[①] 随后,欧洲发达国家对去工业化进行了反思,并开始回到以再工业化为主的国家战略中。

由表 2.8 所示,欧元区主要国家工业增加值占 GDP 比重存在长期下降的趋势。1970 年,德国、法国以及"欧洲五国"的工业部门比重都在 30% 以上,其中最高的德国达到了 48.09%,欧元区综合水平为 40.2%;1990 年,欧元区各国工业增加值占比有所下降,但降幅并不大,整体基本上维持在 30% 左右;2009 年则大幅下降,德、法、意、葡萄牙、西班牙、希腊和爱尔兰工业增加值占比都跌落至30% 以下,分别为 27.82%、19.44%、24.99%、23.31%、28.46%、17.33% 和27.51%。随后,各国工业比重保持相对平稳,其中德国回升到危机前的水平,并一直维持在 30% 以上,欧元区综合水平为 24.64%,而法国工业比重没有回到危机前水平,2013 年为 18.84%。通过对各国工业增加值总额的分析,发现欧洲发达国家 1990 年后开始持续下降至 2001 年,随后又开始上涨。虽然受 2008 年的金融危机的冲击,但之后欧洲各国都开始了再工业化的过程,欧洲发达经济体的工业增加值占比维持稳定。

表 2.8　欧元区主要国家工业增加值占 GDP 比重

	欧元区 (%)	德国 (%)	法国 (%)	意大利 (%)	葡萄牙 (%)	西班牙 (%)	希腊 (%)	爱尔兰 (%)
1970	40.2	48.09	33.15	39.29	30.34	39.56	32.8	34
1980	36.61	41.06	31.46	38.07	29.64	36.63	30.8	35.18
1990	32.53	37.34	27.06	31.36	28.57	33.69	26.3	34.11
2000	28.04	30.51	22.82	27.74	28.47	31.07	21.2	35.41
2005	26.62	29.3	20.96	26.46	25.47	31.81	19.7	32.18
2006	26.99	30.14	20.69	26.81	25.35	31.97	21.8	32.68
2007	27.01	30.5	20.56	27.17	25.33	31.18	20.51	31.48
2008	26.55	30.13	20.18	26.72	24.64	30.52	19.16	28.48
2009	24.85	27.82	19.44	24.99	23.31	28.46	17.33	27.51
2010	25.28	30.23	18.89	25.05	23.92	27.23	16.98	26.72

[①] 赵儒煜等,2015:《去工业化与再工业化:欧洲主要国家的经验与教训》,《当代经济研究》第 4 期。

（续　表）

	欧元区（%）	德国（%）	法国（%）	意大利（%）	葡萄牙（%）	西班牙（%）	希腊（%）	爱尔兰（%）
2011	25.24	30.71	18.87	24.84	24.05	26.64	15.82	28.24
2012	24.93	30.51	18.8	24.24	23.63	25.92	16.43	27.64
2013	24.64	30.21	18.84	23.9	23.24	25.31	16.46	24.10

资料来源：世界银行（The World Bank）数据库 http://data.worldbank.org/indicator/NV.IND.TOTL.ZS。

（二）欧元区国家的产业结构

1970 年以来，欧洲主要国家的"去工业化"推动了经济结构的服务化。如图 2.1 所示，欧元区主要国家的服务业增加值比重都保持长期上涨的态势。对于工业基础比较薄弱的葡萄牙、希腊等国家来说，大力发展服务业被视为实现经济快速增长的主动力。1970—2013 年，葡萄牙和希腊的工业增加值占 GDP 比重分别由 30.34%、32.8%降至 23.24%和 16.46%，服务业增长值占比分别由 39.8%、54%上升至 74.35%和 79.83%。

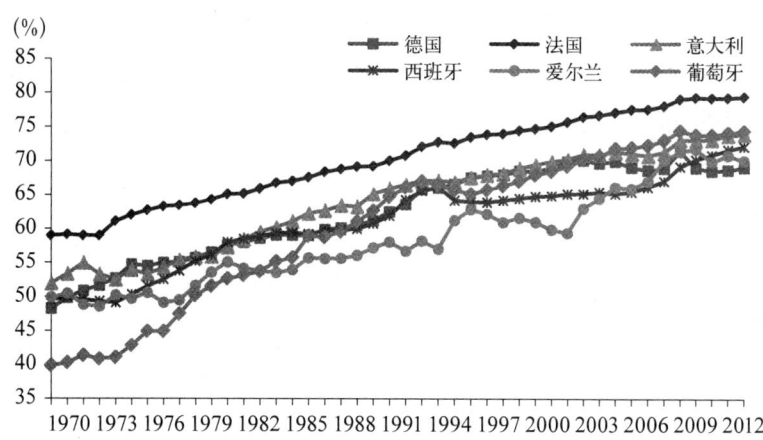

图 2.1　欧洲主要国家服务业增加值/GDP 占比变化图

资料来源：世界银行（The World Bank）数据库，http://data.worldbank.org/indicator/NV.SRV.TETC.ZS。

1999 年欧元区成立以来，"欧洲五国"的制造业 GDP 比重大幅下滑（如图 2.2），而德国一直维持在 22%上下，基本上没有发生多大的变化。德国在统一之后，由于实行了有效的经济、政治体制改革，经济进行了成功转型，劳动生产率

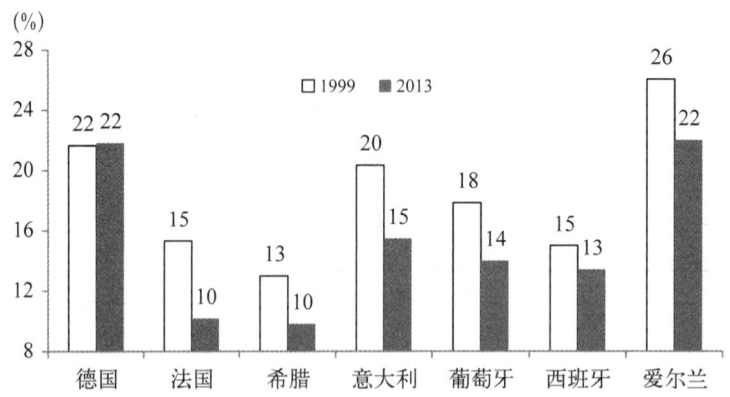

图 2.2　欧元区主要成员国制造业增加值/GDP 占比

资料来源：世界银行(The World Bank)数据库，http://data.worldbank.org/ indicator/NV.IND.MANF.ZS。

整体得到了提高，随着劳动力成本的下降，制造业竞争力大幅提升，再加上欧洲一体化的不断深入，促使德国成为制造业强国。[1]

受地理环境、自然资源等限制，"欧洲五国"缺少有竞争力且可与其他发达国家抗衡的产业，尤其是制造业。而且，在"去工业化"过程中，"欧洲五国"将中低端的制造业陆续向海外转移，使得其大多数支柱产业都是一些顺周期性产业（如表2.9），比如金融、建筑和旅游业等，这些产业对外部经济环境依赖度高，容易受全球性经济危机的影响。

表 2.9　"欧洲五国"的产业分布情况表

国　　家	主要支柱产业	其中的周期性产业
希　腊	农业、旅游、海洋运输	旅游、海洋运输
爱尔兰	金融、建筑、生物技术	金融、建筑
葡萄牙	纺织、旅游、酿酒	旅游、酿酒
西班牙	建筑、金融、旅游	建筑、金融、旅游
意大利	建筑、旅游、奢侈品、机械、食品	建筑、旅游、奢侈品

资料来源：作者根据相关资料整理而得。

因此，整体上来看，欧元区经济结构形成了以德国制造生产和以"欧洲五国"

---

[1]　周茂华，2014：《欧债危机的现状、根源、演变趋势及其对发展中国家的影响》，《经济学动态》第3期。

消费为主的格局。欧元区边缘国与核心国之间的这种产业结构失衡,成为日后欧债危机爆发的内在原因之一。

三、欧元区核心国与边缘国的劳动力市场失衡

欧洲的主要国家一直存在严重的长期失业问题,长期失业率居高不下。所谓长期失业率是指连续失业一年以上者在失业者中所占的比重。如表2.10所示,在1999—2008年期间,欧元区核心国——德国和法国以及"欧洲五国"的长期失业率都维持在高位——50%上下波动,普遍高于英国甚至达到美国的三到四倍。

表 2.10　欧盟国家与美国的长期失业率比较

	美国 (%)	英国 (%)	德国 (%)	法国 (%)	希腊 (%)	意大利 (%)	爱尔兰 (%)	西班牙 (%)	葡萄牙 (%)
1999	6.8	29.6	50.8	38.7	55.3	60.6	48.3	46.3	40.9
2000	6	27.9	50.3	39.6	56.4	60.8	37.9	42.4	42.3
2001	6.1	27.7	49.6	36.8	52.8	62.9	32.6	36.9	38
2002	8.5	21.7	47	32.7	51.3	59.1	29.9	33.7	34.4
2003	11.8	21.4	49.3	37.1	54.9	57.5	32.2	33.6	35
2004	12.7	20.5	51.1	40	53.1	47.7	34.4	32	44.2
2005	11.8	21	52.5	40.6	52.1	48.3	33.3	24.5	48
2006	10	22.2	55.7	41.5	54.3	48.5	31.4	21.7	50.1
2007	10	23.7	56	39.7	50	46.8	29.1	20.4	47
2008	10.6	24	51.8	37	47.5	45.1	27	17.9	47.2
2009	16.3	24.4	44.9	34.9	40.8	44.1	28.9	23.7	43.9
2010	29	32.6	46.9	39.8	45	48	48.4	36.6	52
2011	31.3	33.4	47.6	41.1	49.6	51.3	58.6	41.6	48.2
2012	29.3	34.7	45.2	39.9	59.3	52.4	61.2	44.5	48.7

资料来源:世界银行(The World Bank)数据库,http://data.worldbank.org/indicator/SL.UEM.LTRM.ZS。

南欧各国的青年失业问题也异常严重。欧元区青年失业率水平常年维持在20%上下波动,2011年后西班牙和希腊的青年失业率一直维持在50%以上(如图2.3)。在欧元区主要国家中,德国的失业情况最为理想,青年失业率和整体失业率都维持在较低的位置,与"欧洲五国"之间形成了明显的"剪刀差"。德国的

劳动力市场之所以能够"独善其身",主要原因在于：为了消除长期高福利制度所带来的负面影响，德国总理施罗德实施了全面的改革计划——通过降低税率增加个人和企业的收入，以刺激消费和投资；改革失业保险和救济制度，逐年削减失业者的救济金并加强再就业培训；推迟甚至暂时冻结退休者养老金的增加等。随后，默克尔政府推行"迷你工作"、临时工等新的工作形式和福利形式。德国灵活的劳动力市场制度削减了 20％的福利规模，大大降低了单位劳动力成本。①

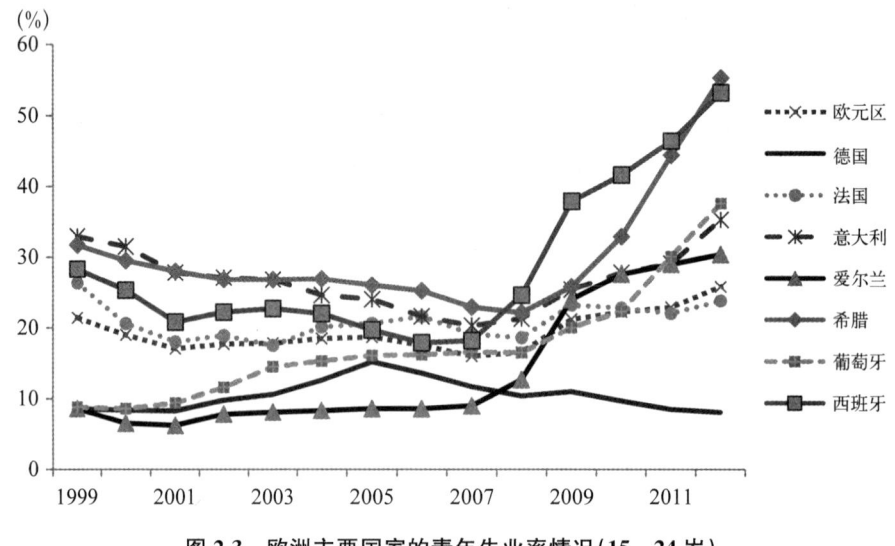

图 2.3　欧洲主要国家的青年失业率情况(15—24 岁)

资料来源：世界银行(The World Bank)数据库，http：//data.worldbank.org/indicator/SL.UEM.1524.ZS。

然而，除德国外，当前欧洲并不具备灵活的劳动力市场。随着欧洲人口结构老龄化程度的加剧，欧洲劳动力市场出现了僵化的趋势，严重阻碍了各国经济的发展。在商品和资金实现自由流动的背景下，欧元区内劳动力的自由流动却受到了各种各样的限制。同时，由于欧元区各成员国在文化、语言、教育、地理位置、最低工资标准、高福利的社会保障体系以及劳务遣散条件等方面存在不同程度上的差异，使得欧洲劳动力市场结构出现严重失衡，并呈现出高失业率和高劳动力成本并存的"双高局面"，这也进一步加剧了欧元区内部经济结构的不平衡。

综合以上分析，欧债危机的形成机理的具体内容可以概括如下：

---

① 孙少岩、万宣辰，2012：《欧洲债务危机的几点思考》，《国际观察》第 5 期。

首先,在制度性条件方面。随着欧洲货币一体化进程的深入,欧元区内实行统一的货币、统一的中央银行和统一的货币政策,使得各成员国丧失了本国的货币主权,也使得欧盟的经济政策结构发展成为统一的货币政策与分散的财政政策的结合体。但是,欧盟统一的货币政策目标是维持物价稳定,而各成员国分散的财政政策目标是处理本国宏观经济问题、维持社会稳定以及保证社会福利等,二者目标的不同构成了欧元区货币政策与财政政策的主要矛盾,也造成了二者相互协调的灵活性缺失。同时,欧洲中央银行"整齐划一"的利率水平使得各成员国之间的政府债券利差迅速归零,也就是说,欧元区非核心国家(如希腊、爱尔兰、葡萄牙、塞浦路斯等)可以通过金融市场获得与核心国家(如德国、法国、荷兰等)相同的主权信用和融资能力。如此一来,举债逐渐成为欧元区边缘国刺激经济增长的主要路径。然而,当遇到外部冲击时,欧洲中央银行并不能充当"最后贷款人"来保持整个欧元区金融系统的稳定,从而导致货币政策失灵和欧元体系内部的混乱。本国货币政策的功能性丧失促使财政政策成为欧元区成员国维持社会稳定以及促进经济增长的主要手段。但是,由于欧盟关于财政约束的规定缺乏相应的监管措施和落实规定的制度保障,欧元区成员国更容易实行过度扩张的财政政策来进一步满足本国或执政集团的利益,尤其在历次选举中逐渐推高了本国福利,从而进一步增加了政府的债务负担,为欧债危机的爆发埋下了祸根。

其次,在经济条件方面。欧元区作为一个整体,其内部各成员国之间存在着严重的经济结构失衡,也逐步构成了北欧核心国生产、南欧边缘国消费的供需关系,这种供需关系也催生了南北欧国家的经常账户失衡。同时,在危机爆发之前,欧洲边缘国长期的经常账户逆差差额逐年增加反映出其外债的持续上涨。但是,外债的持续攀升并没有刺激欧洲边缘国——希腊、葡萄牙、爱尔兰和西班牙等国的生产,这些国家将借款用于本国消费或投资于房地产,造成了服务业的过度发展,尤其是金融业和房地产业的急剧扩张,迅速推高了经济的泡沫化,并进一步挤压了本国的实体经济,由此加大了这些负债经济体的脆弱性。一旦受到不对称冲击,就会诱发边缘国的银行危机和金融危机,从而引发主权债务危机。

最终,欧债危机的形成是欧元区内部制度条件和经济条件共同作用的结果,即欧债危机形成的内在机理表现为:在一个存在先天缺陷的欧元区内,欧元区统一的货币政策和分散的财政政策之间的协调难以取得相应的效果,刚性的高福利制度使得政府财政不堪重负。同时,欧洲核心国与边缘国在经济社会结构各方面的失衡,造成了南欧边缘国逐渐发展为经常账户长期逆差、产业结构单一以及劳动市场僵化的负债经济体。因此,一旦受到外部冲击,在各方因素的制约和影响下,便容易诱发主权债务危机。

综上所述,本章对欧债危机形成的内在机理进行了深入的研究,主要从危机形成的制度条件和经济条件两方面进行了集中的探讨。

从欧债危机形成的政治制度条件来看,欧洲一体化的推进以及欧元区制度设计本身具有其先天的缺陷,也是造成危机爆发的内部原因之一。具体来说,欧洲各国之间的经济与货币一体化的发展速度大大超过了政治一体化的发展,而欧元区并未达到最优货币区的条件,在宏观经济目标方面无法维持内部和外部的平衡,同时,由于各成员国之间实行固定汇率制或统一的货币,欧洲中央银行执行统一的货币政策,使得各成员国失去了浮动汇率制的调节作用和货币政策的自主权,而欧元区各国又拥有较大的财政政策的自主权。由此分散的财政政策与统一的货币政策的矛盾成为欧债危机爆发的制度性根源之一。同时,随着资本主义社会的发展,为了缓解贫富差距引发的社会矛盾,发达资本主义国家纷纷开始实施高福利政策,过度的福利和慷慨的保障在经济稳定和高速发展时期容易维持,一旦经济下滑,受福利刚性的影响,高额的福利支出将会使得福利国家不堪重负。因此,高福利制度也被认为是此次危机形成的制度性条件之一。

从欧债危机形成的经济条件来看,欧元区核心国与边缘国的经常账户失衡、产业结构失衡以及劳动力市场失衡是其主要的原因。经常账户的失衡表现为以德国为首的欧元区核心国经常账户的顺差与欧元区边缘国长年的经常账户逆差。为了维持账户平衡,逆差国必须向国外借款,而大部分逆差国并没有将借款用来扩大生产创造收入,而是用于本国的消费或投资房地产市场,导致了这些国家财政状况的持续恶化,遇到外部冲击便容易爆发危机。欧元区产业结构的失衡,表现为从整体上来看,经济结构形成了以德国制造生产和以"欧洲五国"消费为主的格局。劳动力市场方面,除德国外,当前欧洲并不具备灵活的劳动市场。随着欧洲人口结构老龄化程度的加剧,欧洲劳动力市场出现了僵化的趋势,严重阻碍了各国经济的发展。

第三章 经济危机爆发原因的相关理论

早在一个半世纪以前，马克思就对资本主义的基本矛盾和资本主义的历史命运进行过深刻的分析，并得出结论：资本主义的基本矛盾——生产社会化和生产资料的资本主义占有形式之间的矛盾，是资本主义一切政治经济矛盾的根源。在政治方面，矛盾集中表现为无产阶级与资产阶级之间的矛盾，从而导致资本主义的政治社会危机；而在经济方面，则表现为个别企业生产的有组织性与整个社会生产的无政府状态之间的矛盾，从而导致资本主义的周期性经济危机。随着生产力的发展，资本主义的基本矛盾会越来越尖锐，而资本主义自身无法消除这种矛盾，资本主义的消亡、社会主义的胜利是不以人的意志为转移的客观规律。

马克思对于资本主义市场经济危机的研究目的，是通过对资本主义生产方式内在矛盾的分析来揭示资本主义社会发展的规律，并将危机看作导致资本主义衰亡的象征。马克思经济危机理论的启示是，周期性经济危机的严重后果不在于某一次危机的经济后果，而在于其长期趋势引发的社会后果。由于资本的积累是在竞争中进行的，竞争使得较大的资本战胜较小的资本，最终导致了资本的积聚，而社会劳动生产率的提高必然表现为不变资本的相对增加和可变资本的相对减少，最终导致劳动力使用的相对减少。因此，通过激烈的竞争造成企业大量破产、工人大量失业的危机来维持资本主义生产方式和资本的积累，其长期趋势是社会两极分化，最终会导致社会的崩溃。这种社会崩溃表现为无产阶级的革命和资本主义生产方式的灭亡，从而从根本上消除周期性经济危机。

因此，本章首先从经济理论的古典形式开始说起，为马克思对经济危机的解释提供理论上的基础或依据。随后,进一步对马克思关于经济危机具体原因的解释进行深入讨论,将其归结为比例失调论、消费不足论和利润率下降论等。最后,在马克思对资本主义基本矛盾的解释基础上,对经济危机的深层原因进行全面剖析。

第一节　经济危机理论的古典形式

18世纪末19世纪初,面对经济危机周期性的出现,西方资产阶级经济学家以资本主义社会是否会发生普遍生产过剩的危机为焦点进行了激烈的大论战。论战分为两个阵营:一方为以萨伊、李嘉图为代表的"无危机论"者,他们宣称生产和消费、供给与需求之间存在着自动保持均衡的机制,因此不会出现生产过剩的情况;另一方为以西斯蒙第、马尔萨斯为代表的反对者,承认资本主义危机的必然性,并试图证明生产和消费以及供求关系的失衡机制是存在的。尽管他们都没有说明危机的本质,但其分析的科学成分被马克思批判地吸收,成为马克思经济危机理论的科学因素。

一、萨伊的"无危机论"

19世纪法国著名经济学家让·巴蒂斯特·萨伊宣称的"无危机论"主要体现于"萨伊定律"。其核心思想简单描述为"供给会自行创造需求"。买卖双方进行商品交易其实就是商品与商品之间的交换,每个卖主就是买主,供给者就是需求者。在物物交换的基础上,萨伊定律的均衡关系得以确立,即商品的社会总供给恒等于商品的社会总需求。

萨伊认为,生产之所以能够直接创造需求是因为个人可以通过劳动将效用值赋予到某种东西上,即在这种东西上创造了相应的价值。而其他人在购买这些价值时,必须掌握相应的手段才能对其进行购买。这种手段是由其他价值组成,即由同样的劳动、资本和土地生产出来的其他产品组成。

为了解释这一原因,萨伊认为,钱之所以能实现全部效用,在于顾客通过购买你手中的货物将你卖出的货物的价值又转移到你的手中。而你购买别人的货物时,所支出的钱又将代表另一种货物的价值转移给了第三者。所以,你手中的钱只是暂时充当了你产品的价值,然后利用这个价值购买了你想要的东西,人一定也只能用这种暂时变为钱的价值形式来购买他自己所需要或喜欢的东西。因此,货币只是充当了媒介,而商品的销售的停滞,并不是因为缺乏货币,而是因为市场缺少人们所喜欢的产品。所以,萨伊认为如何创造应有的产品才是最核心的问题。同时,他假设"一旦产品出现在市场,就必定会出现一个与其价值相符的其他产品。一般情况下,生产者在创造出一种产品后,由于害怕产品贬值或失去原有的价值,便会急于将其销售出去。同时,由于担心卖出产品所得的货币贬值或丧失价值,也会急于将所得货币花去。而生产者将货币花去唯一有效的办法只有用它购买其他的东西"。[①] 因此,创造一种产品就相当于为其他同价值产品开辟了销路,而破坏一种产品就相当于闭塞了其他同价值产品的销路。

萨伊总结了1811年、1812年和1813年的法国殖民地市场情况:一方面产品、小麦和某些其他商品价格奇昂,另一方面许多货物却找不到出路,价格惨跌。由此说明,在一种货物亏本的同时,必定会有其他的货物赚取高额利润。萨伊认为,如果一种产品能够产生过度利润,那么这种相关产品一定会受到强烈刺激。而除非有其他特殊事件的发生,比如自然灾害、政府变动或政府腐败等,否则永远也不会出现一种产品供给不足而另一种产品供给过剩的局面。

萨伊从他的"供给创造自己的需求"出发,推演出四个结论:(1)在一切社会,生产者越多,产品越多样化,产品就销得越快、越多和越广泛,而生产者所得的利润也越大,因为价格总是跟着需求增长。(2)每一个人都和全体的共同繁荣有利害关系。一个企业办得成功,就可帮助别的企业达到成功。事实上无论一个人从事哪一种职业或哪一门生意,他周围的人越发达,他就能够得到越丰厚的报酬,能够越容易找到工作。(3)购买和输入外国货物绝不至于损害国内或本国产业和生产。理由是,购买外国人的东西,不以本国产品付价,就买不成,而以本国产品付价,就显然在对外贸易过程中给本国产品开辟了道路。(4)仅仅鼓励消费并无益于商业,因为困难不在于刺激消费的欲望,而在于供给消费的手段,我们已经看到,只有生产能供给这些手段。所以,激励生产是贤明的政策,鼓励消费是拙劣的政策。[②]

正如萨伊定律所述,在完全自由的市场氛围中,产品一旦被生产出来就获得了自身的需求,而货币仅仅是流通的媒介,商品的买和卖不会脱节,也就是说W—G—W的流通不可能中断,因此,经济社会中不会出现普遍生产过剩,就算

①　[法]萨伊,2009:《政治经济学概论》,商务印书馆,第154—155页。
②　[法]萨伊,2009:《政治经济学概论》,商务印书馆,第157—160页。

出现生产过剩也只会暂时地存在于国民经济中的个别部门。

"萨伊定律"反映出萨伊忽视了商品流通中买卖双方之间的对立关系,只看到了二者的统一性。通过流通可以将产品交换的时间和空间分开,这样便将产品交换中存在的购买别人的劳动产品和销售自己的劳动产品之间的直接的统一性,分裂为买与卖之间的对立。保罗·斯威齐批判了"萨伊定律",认为"实际上,人们并不是一有销售就非购买不可。卖和买在时间上和空间上都是分开的,货币不仅是'实现交换的媒介',它是交换借以分成两笔单独的、不同的交易,即卖和买的媒介,如果一个人卖而不买,结果就是危机和生产过剩"。①

然而,大卫·李嘉图非常满意地接受了萨伊定律及其观点,并认同萨伊设定的经济均衡关系以及生产者和消费者的行为规律,否定一般生产过剩的可能性。李嘉图指出:"人们进行生产的目的都是为了消费或销售;而销售所得是为了获得直接有用或服务于自己未来继续生产的其他有用的商品。这样一来,一个人所进行的生产使得自己同时具备了自身商品的消费者和其他人商品的购买者的双重性。……产品总是直接用产品或劳务进行购买,而货币只是用于交换的媒介。"②李嘉图对萨伊定律进行了扩展,他的分析不但适用于简单商品生产,而且适用于资本主义。李嘉图还在世界经济的背景下考虑各国经济的运行,一个国家在开放的状态下的供给也会创造自己的需求,因为人们在创造用来交换的物品的同时也创造了贸易,因而也创造了消费。

李嘉图和萨伊都坚持货币只是"实现交换的媒介",忽视了简单商品生产的流通形式与资本主义流通的不同。W—G—W 的流通形式是简单商品生产的特点,即商品交换的目的是为了获得商品本身,货币只是媒介。然而,它在资本主义下面就变为 G—W—G′,即货币购买商品是为了获得更多的货币。

马克思严厉地批评了萨伊的这种"无危机论",并尖锐地指出"危机有规律的反复出现把萨伊等人的胡说实际上变成了一种只在繁荣时期才使用,一到危机时期就被抛弃的空话。……在世界市场危机中,资产阶级生产的矛盾和对抗暴露得很明显。但是,辩护论者不去研究作为灾难爆发出来的对抗因素何在,却满足于否定灾难本身,他们不顾灾难有规律的周期性,顽固地坚持说,如果生产按照教科书上说的那样发展,事情就决不会达到危机的地步"。③ 马克思认为,萨

---

① [美] 保罗·斯威齐,2009:《资本主义发展论》,商务印书馆,第 178 页。
② [英] 彼得·撒拉法主编,2013:《大卫·李嘉图全集》第 1 卷,商务印书馆,第 245—246 页。
③ 马克思,1973:《马克思恩格斯全集》第 26 卷(II),人民出版社,第 570—571 页。

伊等人对普遍生产过剩危机的否定实际上是在替资本主义制度辩护。

二、西斯蒙第的经济危机理论

作为小资产阶级经济学家的西斯蒙第,其理论主张与李嘉图、萨伊等人的理论主张在根本上是对立的。1819 年他就指出了资本主义经济危机的必然性,成为经济思想史上第一位系统阐述经济危机理论的经济学家。

在经历了拿破仑战争所导致的经济萧条和欧洲大陆的商业危机后,西斯蒙第以"斯密教条"和"消费优于生产"的理论为基础构建了其经济危机理论体系。他认为,在资本主义社会中,商品的价值分为工资、利润和地租三种收入。"商品以商品来购买"其实就是"商品以收入来购买","生产服从于消费"其实就是"生产的规模服从于社会收入的规模"。因为生产需要扩张以及消费的支持,只有消费促进生产规模的扩张,而消费的增加或减少却受到消费者的收入的支配。由此,得出收入决定生产,并据此提出:一年全部的收入必须与一年全部的生产进行交换,如果年收入的总量不足以支付一年全部的生产,那么就会有一部分产品积压在仓库卖不出去,从而造成生产者资本的积压。西斯蒙第认为,消费先于生产,生产服从或适用于消费,人的消费应该摆在首位。他指出,人一生下来,就给世界带来要满足他生活一切需要和希望得到某些幸福的愿望,以及使他能够满足这些需要和愿望的劳动技能和本领。这些技能就是他的财富的源泉,他所创造的一切都应该用于满足他的需要或他的愿望。

西斯蒙第对资本主义的根本矛盾做出了详尽的解释,并认为经济危机的爆发是由生产与消费之间的矛盾决定的,两者之间的矛盾表现为生产的无限扩大和居民收入不足所造成的消费不足之间的矛盾。一方面资本主义生产具有无限扩大的趋势,其原因在于资本主义的生产目的是无限地积累财富,利润的增长使资本不断扩张成为可能,而自由竞争日益激化,生产者要压倒竞争对手就必须不断扩大生产,由此呈现出为生产而生产的局面;另一方面社会消费不足,其原因在于受资本主义不公平分配制度的影响,生产的扩大不仅没有相应地增加社会收入,资本主义大生产反而使得小生产者破产,造成小生产者的收入大幅减少,从而消费也大幅缩减。在消费不足的前提下,生产与消费的脱节,就必然造成生产过剩危机。西斯蒙第还十分强调总供给与总需求的平衡,他认为生产与消费之间、产出与收入之间应当保持合理的比例关系,尤其是生产的增长要与需求、收入、消费的增长水平保持一致。然而,随着技术、工业和文明的发展,要想维持生产与消费的平衡是很困难的,每个劳动者的生产成果必定会比自身消费要多得多,这样仅仅生产者无法消耗掉全部产品,生产与消费必定会出现失衡。

西斯蒙第成功地将资本主义的根本矛盾与经济危机联系起来,并认为资本主义生产的盲目扩张与消费不足之间的矛盾是经济危机的根源,由此证明了危机的存在。然而,西斯蒙第终究超越不了自身既有的思维方式,仍然把解决资本主义经济危机的基本方法固定在小生产上,并未将思考方式落在马克思所揭示的资本主义制度及其基本矛盾上,而生产与消费的矛盾不过是其中一个表现形式。

因此,列宁对西斯蒙第的经济危机理论进行了批判,在列宁看来,西斯蒙第的危机理论主要错误在于:(1)从"斯密教条"出发把实际问题等同于个人消费问题,忘记了生产资料的实现问题。(2)考查实现问题时没有撇开对外贸易,把问题扯远,从一国转移到数国。(3)资本主义生产的不断扩张造成了国内市场的扩大,而扩张的动力不只是依赖于消费品,而是依赖于生产资料,也就是说,此时生产资料的增长是快于消费品的,因此,资本主义国内市场的扩张主要还是依赖于生产的消费。(4)"生产的发展(因而也是国内市场的发展)主要靠生产资料,看来是令人难以置信的,并且显然是有矛盾的。这是真正的'为生产而生产',就是说生产扩大了,而消费没有相应地扩大。但这不是理论上的矛盾,而是实际生活中的矛盾;这正是一种同资本主义的本性本身和这个社会经济制度的其他矛盾相适应的矛盾"。[①]

三、马尔萨斯的经济危机理论

英国经济学家托马斯·罗伯特·马尔萨斯在其《政治经济学原理》中完全赞同西斯蒙第经济危机理论观点,并用"有效需求不足论"对"萨伊定律"提出了质疑。他认为,"供给的增加是有效需求增加的唯一原因"的说法是完全错误的。如果这种说法是正确的,一旦食物和衣服暂时处于减少状态,此时的社会很难恢复到原来水平,但是由于大自然善良的准备,这种减少在一定限度内不仅不减少而且会增加有效需求。

马尔萨斯认为,人类的欲望在短期内相对容易得到满足,而在商品逐渐增多

---

① 列宁,1984:《列宁全集》中文2版,第3卷,北京人民出版社,第40页。

时,人们对于商品的满足程度逐渐降低,消费者就会减少或拒绝对商品的购买,这样便不利于商品的销售,从而造成利润的下降,并且可能进一步导致整个商品贸易的停滞。这样当市场出现大量商品积压销售不出去时,整个社会就会出现有效需求不足导致的生产过剩危机。

马尔萨斯重视利润在商品价值本身中的作用,认为一切商品的价值是其本身的价值加上一个“超出额”——利润,利润通过商品的交换产生。对于资本家的积累,马尔萨斯认为资本家为了获得更多的利润而将收入转化为资本,但是当积累超过市场对产品的有效需求的时候,积累将很快失去它的价值而变得没有意义。为此,社会将出现失业、贫困和财富和人口的显著衰退。他指出无论什么样范围内的生产力,都不足以单独带来相应程度的财富增加。为了发动这些力量,另外一样东西似乎是必要的,这就是对一切产品的有效的和不受限制的需求。

马尔萨斯认为,在资本主义条件下,消费能够推动资本积累。然而,生产阶级和劳动阶级并不能使资本积累持续下去。首先,生产阶级总是将自己获得的越来越多的收入储蓄起来进行积累,这样生产者可能缩减自己的消费,这样利润就会减少。其次,劳动者阶级消费的巨大增加会大大提高生产成本,利润下降减少或毁灭了积累的动机。再次,减少生产或增加消费可以缓解生产过剩危机,但是,由于资本家不断积累和扩大生产规模,在危机来临之前,减产是不可能的;同时,积累也限制了资本家自身的消费。因此,为了推动资本的积累和缓解生产过剩必定存在生产阶级和劳动者阶级之外的不生产阶级的消费。

为了进一步说明生产过剩危机,马尔萨斯假定经济社会存在着这样的市场:出租地的农民、资本家和工人构成的互补市场,即工人生产出来的产品可以与农民和资本家之间进行交换。但是,当市场中的农民和资本家为了积累不再将全部所得进行消费时,那么一部分产品市场将随之消失,造成产品的堆积,生产部门利润的下降,由此引发生产过剩危机。尽管积累可以创造自身的投资需求,但并不能带来实质性的消费,如果产品销售不出去,也就不会有投资,最终生产过剩也就无法避免。

因此,要想解决生产过剩危机,关键是增加有效需求。虽然生产阶级具有消费其自身生产的所有产品的能力,但是并不代表它们有这样的愿望,因此,必须有一批非生产性消费者的存在。马尔萨斯认为,如果没有足够的非生产性消费,社会的商品生产就会出现滞销,生产部门的利润就会下降,生产缺乏动机,整个经济发展将停滞,所以,地主、资本家等的非生产性消费是非常必要的。

第二节　马克思关于经济危机的 具体原因分析

马克思对李嘉图否定普遍生产过剩危机的可能性进行了深刻的批判。李嘉图赞同萨伊提出的"无危机论",认为任何人从事生产都是为了消费,如果每一次的出卖都创造出相应的购买,就不存在普遍生产过剩。在此,李嘉图忽视了货币在危机发生过程中的真正意义,认为货币只是"实现交换的媒介"。马克思充分肯定了货币的意义,并坚持认为,一个人将产品生产出来,对于买卖是没有选择的,因为他非卖不可。为了获取利润,资本家将商品卖出的直接目的就是将商品转换为货币,也就是将商品资本转换成货币资本。每个人出卖,首先是为了出卖,就是说,为了把商品变成货币。而危机就是在这中间再生产破坏和中断的时刻发生的。因为,资本家从事生产的唯一目的是占有价值、货币、抽象财富,别无其他。

马克思认为货币本身就包含着危机的可能性,货币不仅是交换的媒介,它作为独立的价值形式,发挥着流通手段和支付手段的作用。"如果货币执行流通手段的职能,危机的可能性就包含在买和卖的分离中。如果货币执行支付手段的职能,货币在两个不同的时刻分别起价值尺度和价值实现的作用——危机的可能性就包含在这两个时刻的分离中"[1]。货币与生产的关系在于生产过程中,生产出来的商品不能转化为货币,而有货币的人不愿转化为商品,这样危机就产生了。货币与流通的关系在于当"把商品表现为货币、实现商品价值的因素压倒把商品再转化为使用价值的因素"时,货币就从流通中被抽出。货币执行流通手段的职能,就是买和卖的分离,货币使买和卖的分离成为可能,从而使危机成为可能。买和卖的脱离能够形成潜在的危机在于"相互联系和不可分离的因素彼此脱离,因此它们的统一要通过强制的方法实现,它们的相互联系要通过强加在它们的彼此独立性上的暴力来完成。危机无非是生产过程中已经彼此独立的阶段强制地实现统一"[2]。生产与流通的关系中蕴藏着危机的可能性,在资本主义生

---

① 马克思,1973:《马克思恩格斯全集》第26卷(II),人民出版社,第587页。
② 马克思,1973:《马克思恩格斯全集》第26卷(II),人民出版社,第581页。

产中买与卖可以分离,二者分离的背后是资本主义再生产过程中生产与流通之间的分离。

　　然而,对马克思经济危机理论的理解有两种途径。由于造成危机的直接原因是资本家停止投资乃至撤回投资,所以(1)可以根据《资本论》的论述,在资本主义制度框架内探讨由此产生的经济周期的形成,(2)可以根据马克思对资本主义生产方式的批判,跳出制度框架,探讨其长期的危机趋势。马克思对经济危机的具体原因所提出的三种比较有影响的观点包括:(1)比例失调论;(2)消费不足论;(3)利润率下降趋势论。本节将重点对这三种观点进行深入的探讨。

一、比例失调论

　　政治经济学认为,偶然因素比如战争、农业歉收等所引起的生产比例失调可以通过竞争得以纠正。因为商品价格的相应变化——过剩的商品价格下跌以及短缺的商品价格上涨——可以使得资本从生产过剩的部门流向生产短缺的部门,从而纠正这种失衡。但是,供给与需求失衡的问题并不会带来生产过剩,而只是生产比例失调的表现,市场可以通过自身的正常运行将这种比例失调纠正。就此观点,马克思认为,这是忽视了货币作为媒介在资本再生产和商品流通中的作用。资本主义社会生产形式所固有的价值和使用价值之间的矛盾是比例失调表现为生产过剩的内在原因。在资本再生产过程中,资本家为了追逐最大限度的资本增殖,将使用价值生产出来,并把要购买的商品当作扩大资本的手段。如果资本家看不到从新购买的生产资料和劳动力中获利的机会,他会将货币从流通中抽离,从而打断流通,引发潜在的危机。由于造成生产过剩的原因在于资本的增殖,某些部门商品的生产过剩并不表现为其他商品的短缺,而实际上是货币的短缺。马克思指出这种货币生产得过少,实际上就是生产同价值实现不一致,因而就是生产过剩。

　　马克思承认,普遍生产过剩总是与比例失调联系在一起。因为,当普遍的生产过剩发生时,在某个领域中产品的生产过剩只是由于该领域的主导交易品出现了相对过剩,因为其他领域出现生产过剩而存在。如果各生产部门的比例维持正常,就不会出现生产过剩,只是一切生产领域的生产力的发展都超过了通常的水平。

　　在考察生产比例失调成为危机发生的具体原因时,马克思指出,局部危机可能由于生产比例失调而发生。在资本竞争的背景下,局部几个主要生产部门如果出现生产过剩危机,可能就会导致危机的普遍化。然而,竞争促使资本不断超越正常比例的限制这一趋势也是资本主义生产比例失调的表现。

竞争是资本内在的本性,它以资本主义发展的内在趋势作为一种外在力量强加在个别资本之上,通过许多资本的相互作用表现出来。竞争既可以将资本主义生产限制在正确的比例之内,又要求资本主义生产不断超越正确比例的限制。具体表现为:资本既是按比例生产的不断确立,又是这种生产的不断扬弃。随着获得剩余价值的能力增强以及生产力的提高,原有的比例必然会被新的比例所取代。但是,生产是否会统一按照同一比例进行扩张,是不由资本本身所决定的;同时,一个生产部门率先超出原有的比例进行生产,就会带动其他生产部门也超出原有比例,只是这些比例各不一样而已。

马克思认为,资本主义生产方式存在不顾市场的限制发展生产力的固有趋势,因为每一个资本家都想通过更大规模地采用新的生产方法来增加利润。也就是说,每一个资本家生产的动力都在于获取更多剩余价值的机会。然而,在无限制发展生产力的推动下和各个生产部门相互竞争的背景下,它们的生产力发展水平不可能一致,也从来不会遵守正确比例的要求,因此,竞争成为各个生产部门不按比例发展的经常性趋势的内在原因。

资本的持续积累或资本的扩大生产为危机的发生创造了内在环境。资本的积累需要所有领域有不断的剩余生产,并配备足够的劳动力。资本主义生产的动机也就是在于增加剩余价值,即剩余价值的生产。因此,生产并不是以生产者的直接消费为目的的生产,生产的增长不由不断增长的消费所决定。生产过剩的危机不与消费联系在一起,而是在于剩余价值更新生产的条件。然而,这剩余价值更新生产的条件就是存在适合一定比例关系的劳动力和生产资料。由于难以维持适当的比例关系,偶然发生的比例失调成为危机爆发的原因。

克拉克认为:"马克思所给出的资本再生产可能被打断的具体例子,都是比例失调引起价格变化,侵蚀了某一个生产部门的利润率。这种比例失调的出现可能是因为一次农业的严重歉收或特大丰收,因为贸易被打断,因为积累率加快,因为某一特定生产部门的生产过剩,或者是因为生产力的发展,使现有资本和现有商品贬值。"[1]

---

① [英]克拉克,2011年:《经济危机理论:马克思的视角》,杨健生译,北京师范大学出版社,第201页。

克拉克指出，比例失调分析危机的必然性存在两个问题。第一，主导的生产部门为什么会首先发生生产过剩。然而，只要这些主导部门的生产与收入保持增长，这些部门本身的消费也保持增长，这样，它们之间就似乎保持着一个良性循环。第二，比例失调为什么必然会导致危机呢？在生产的无政府状态下，任何一家企业在进行生产决策时都会影响到其他企业，当一家企业出现生产过剩时势必会影响其本身产品的销售，从而不能获得相应的利润，由此造成该企业生产规模的萎缩，造成失业，而失业会影响工人对商品的购买行为，让其他企业的产品实现也出现困难，这样又会使更多的工人失业，让更多的企业产品的价值实现进一步出现困难，最终引发普遍的生产过剩危机。因此，由生产的无政府状态造成的不同工业部门之间商品生产的比例失调，是周期性经济危机的成因。

二、消费不足论

马尔萨斯认为，非生产性劳动的增长在避免危机趋势的过程中发挥着至关重要的作用，非生产性的消费能够吸收剩余，由此避免生产过剩。马克思坚决反对马尔萨斯的观点，他认为，没有必要由非生产性的消费来吸收剩余价值的增长，因为资本家的利润"一部分成为资本家的消费基金，一部分转化为追加资本"。由此，追加的劳动和生产资料可以创造出"生产性消费"。一方面，资本的趋势是试图将生产商品所需必要劳动时间缩短至最低，由此来削减对这部分劳动者的支出。另一方面则相反，资本主义生产方式的趋势是希望能够将利润不断积累，从而转化为资本，尽量地雇佣更多的劳动者。同时，最大限度地降低必要劳动的比率，当这一比率固定时，就会增加所需劳动。这样就会让利润不断再转化为资本，并在越来越广泛的基础上使同样的循环不断再现。

马克思认为，西斯蒙第虽然看清了资本主义固有的矛盾，但没有看出这些矛盾的基础是在于资本主义生产方式。西斯蒙第认为资本主义生产的矛盾表现为：一方面是生产力的无限制的发展和财富的增加——同时财富由商品构成并且必须转化为货币；另一方面，作为前一方面的基础，生产者群众却局限在生活必需品的范围内。然而，西斯蒙第并不知道如何处理生产力与生产关系之间的关系：国家应该控制生产力，使之适应生产关系呢，还是应该控制生产关系，使之适应生产力？只是企图通过别的调节收入和资本、分配和生产之间的关系的办法来制服矛盾，并不理解资本主义生产方式固有矛盾的真正含义。马克思指出危机的最深刻、最隐秘的原因在于资产阶级本身的内在规律，一方面资本家不得不在有限的社会基础上进行无限度的生产,并由此不断发展生产力,另一方面资本家只能在这个有限的范围内进行生产力的发展。

对于吸收不断增长的剩余,并不需要一个"非生产性消费",因为随着剩余价值的增长,资本家所摄取的利润可以转化为资本,只要有获利的机会,就可以进行新的投资,使用追加的劳动和生产资料,由此创造出"生产性消费"。马克思认为,资产阶级所从事的生产具有其本身的局限性,却又不得不无限度地发展生产力,这就是危机产生的最深刻、最隐秘的原因,也成为资本主义生产矛盾的原因。资本主义在矛盾中不断发展生产力,最终这些矛盾也注定了其将成为历史的过渡形式。

马克思指出:"任何时候都不应该忘记,在实行资本主义生产的条件下,问题并不直接在于使用价值,而在于交换价值,特别在于增加剩余价值。"[1]因此,资本主义生产的目的及宗旨不是为了消费,而是为了获得剩余价值。资本主义生产的社会关系具有强行限制消费的作用,并能够激起资本家们无限制扩大生产的欲望。

马克思将资本主义生产的基本特点描绘为:工人的生产是为别人而生产,而"产业资本家"的生产既是为生产而生产,也是作为剩余生产即为别人的生产而生产。其原因在于:首先,工人的消费,平均起来只等于他的生产费用,而不等于他的产品,因此,除去工人所消费的剩余,都是工人为别人的生产。其次,产业资本家运用一切手段促使工人进行这种超过其本身生活所需的生产,并且尽可能多地直接占有部分相对剩余生产品。作为资本主义生产的承担者,产业资本家进行生产只关心交换价值和它的增加,并不在乎使用价值和它的增加,并以形成资本即实际生产的形式来满足他对于享受财富的欲望。因此,马克思坚决反对由消费来刺激生产的观点,资本主义的目的是为生产而生产——不是物品的生产,而是利润的生产;不是使用价值的生产,而是价值的生产。

马克思认为危机和生产停滞同消费量的大小有关。资本家将剩余价值生产出来后,如果此时商品卖不出去,或者只能卖出一部分,或者卖出的价格低于生产价格,那么榨取的剩余价值可能不能实现,或者部分实现,甚至资本也会出现损失。这个剩余价值的实现条件"……受不同生产部门的比例和社会消费力的

---

① 马克思,1973:《马克思恩格斯全集》第 26 卷(II),人民出版社,第 564—565 页。

限制。但是社会消费力既不取决于绝对的生产力,也不取决于绝对的消费力,而取决于以对抗性的分配关系为基础的消费力;这种分配关系,使社会上大多数人的消费缩小到只能在相当狭小的界限以内变动的最低限度。其次,这个消费力还受到追求积累欲望的限制,扩大资本和扩大剩余价值生产规模的欲望的限制"①。生产之所以被打断,是因为资本家们不能以商品的价值将其卖掉。究其根源在于消费需求的数量受到限制——受低下的工资和资本家们的"积累倾向"所限制。

马克思指出,资本主义生产全力扩张的时期,通常就是生产过剩的时期。生产过剩之所以发生,是因为"资本忘记和不顾"自身所固有的限制,并总是企图超越它们。马克思的危机"消费不足论"最直接的论断为:"一切现实的危机的最后原因,总是群众的贫困和他们的消费受到限制,而与此相对比的是,资本主义生产竭力发展生产力,好像只有社会的绝对的消费能力才是生产力发展的界限。"②

以上述论点为背景,将马克思所描绘的"消费不足论"总结如下:在供给(生产)上,资本主义大工业的生产方式具备着一种强大的既向内又向外的扩张力,正如马克思所言:"一旦与大工业相适应的一般生产条件形成起来,这种生产方式就获得一种弹力,一种突然地跳跃式地扩张的能力"③,进而加剧了市场的供需矛盾,导致危机转化为现实的可能性增大,所以,马克思认为,在现代工业周期中,这种生产规模爆发式的具有跳跃性的膨胀成为它未来突然收缩和破灭的前提和首要原因,在大工业的巨大而又迅速的扩张力推动下,经济周期波动成为一种常态存在于资本主义社会之中。

从消费(需求)上说,根据马克思的分析,一方面,生产力水平的不断提高使得资本有机构成也相应地不断提升,从而造成社会相对人口过剩,失业人数增加;另一方面,资本主义社会对抗性的分配关系"使社会上大多数人的消费缩小到只能在相当狭小的界限以内变动的最低限度"④,造成了劳动人民有支付能力的消费需求的下降,由此形成狭隘的消费和市场,进一步激发了剩余价值的生产和实现的矛盾,导致了生产相对过剩和危机的出现。

---

① 马克思,2004:《资本论》第3卷,人民出版社,第272—273页。
② 马克思,2004:《资本论》第3卷,人民出版社,第548页。
③ 马克思,2004:《资本论》第1卷,人民出版社,第519页。
④ 马克思,2004:《资本论》第3卷,人民出版社,第273页。

三、利润率下降趋势论

马克思在《资本论》第3卷的第三篇中对"利润率趋向下降的规律"进行了充分的解释,将这条规律确立为整个资本主义生产方式的历史规律。而马克思对该规律的真正推导如下:"在资本主义生产方式的发展中,一般的平均的剩余价值率必然表现为不断下降的一般利润率。因为所使用的活劳动的量,同它所推动的对象化劳动的量相比,同生产中消费掉的生产资料的量相比,不断减少,所以,这种活劳动中对象化为剩余价值的无酬部分同所使用的总资本的价值量相比,也必然不断减少。而剩余价值量和所使用的总资本价值的比率就是利润率,因而利润率必然不断下降。"[①]本小节在马克思认为利润率下降趋势规律是既成事实的基础上,首先讨论了资本有机构成、剩余价值率与利润率的关系,由此进一步说明利润率下降趋势起反作用的原因,然后探讨了资本的积聚与利润率下降之间的关系,最后确立利润率下降趋势与危机趋势的关系。

(一) 资本有机构成、剩余价值率与利润率的关系

如果将马克思的利润率公式表述为: $\pi = m/(c+v) = m'/(k+1)$,其中 π 为利润率,m 为剩余价值量,c 为不变资本,v 为可变资本, $m' = m/v$ 为剩余价值率, $k = c/v$ 为资本有机构成。那么,从公式中可以清晰地看出,剩余价值率(m')的提高倾向于缓解利润率(π)的下降趋势。同时,资本有机构成(k)的提高也促使利润率出现下降的趋势。马克思认为,一般利润率的下降,只能由于:(1)剩余价值的绝对量降低。(2)可变资本与不变资本之比下降。

其中,资本有机构成能否提高取决于劳动生产力的增长对不变资本与可变资本之间价值关系的影响程度。一方面,由于劳动生产力的增长使得工人的生活资料变得更加便宜,劳动力价值下降,这样降低了可变资本与不变资本的比例,促使资本有机构成的提高。另一方面,劳动生产力的增长会降低原材料和机器的价值,使得不变资本要素变得越来越便宜,对资本构成提高的趋势形成一种反作用力量。但是,马克思认为这种反作用并不足以扭转资本有机构成提高的趋势,随着资本主义生产的发展,不变资本上的投入必定会超过可变资本的投入。

---

① 马克思,2004:《资本论》第3卷,人民出版社,第237页。

因此,利润率的升降关键在于剩余价值率的提高能否抵消资本有机构成的提高。如果剩余价值率的提高能够抵消资本有机构成的提高,利润率极有可能上升。要想保持利润率保持不变,马克思指出:"……在 m' 不变时,v 和 c 的比率上的任何一种变化,都足以引起利润率的差别,而在 m' 发生大小上的变化时,v/c 就必须以恰好相应的程度,按照相反的方向发生大小上的变化,才能使利润率保持不变。"[①]然而,马克思认为剩余价值率的提高,仅仅在一定范围内,对由资本有机构成提高造成的利润率的下降起阻碍作用,不能从根本上妨碍利润率的下降趋势。如果剩余价值率不按可变资本与资本总量相比下降的比例而提高,由此而来的是剩余价值量相对减少和剩余价值率下降,使得利润率有不断下降的趋势。

(二) 利润率下降的反作用趋势

马克思认为,利润率的下降并没有像人们所预期的那么快,其主要原因在于存在着各种反作用因素来阻碍、延缓并且部分抵消利润率下降,使利润率下降规律具有趋势的性质。因为,在发达的资本运动中,存在着以不同于危机的方式阻碍资本运动的另一些因素;例如,一部分现存资本不断贬值;很大一部分资本转化为并不充当直接生产要素的固定资本;很大一部分资本被非生产地浪费掉,等等。具体来说,这些起反作用的各种原因,实际上都是资本家为了抵抗利润率下降规律所采取的措施。其具体原因包括:劳动强度及剥削程度的提高、不变资本的价值下跌以及相对剩余人口的增长等。

首先,资本家通过提高劳动强度和劳动剥削程度来加强对剩余价值的占有力度,比如延长工作时间、使用女工和童工等手段提高剥削率等,在不增加预付资本的前提下最大限度地占有剩余价值。资本家还可以将工资压低到劳动价值以下,由此影响新价值量在资本与劳动之间的分配比例,导致资本所占的比例上升从而延缓利润率下降速度。其次,劳动力生产力的增长使得不变资本各要素变得更加便宜,不变资本的贬值导致资本有机构成上升的速率将放缓,最终达到延缓利润率下降速度的效果。最后,资本有机构成的提高意味着,随着资本不断的积累必定出现不断增长的"技术性失业"——形成"相对过剩人口"。马克思指出,相对剩余人口的增长意味着廉价劳动力不断增加,并可以由很多不容易实现

---

① 马克思,2004:《资本论》第3卷,人民出版社,第80页。

机械化的生产部门所雇用。在这些部门中,资本有机构成相对较低。

(三) 利润率下降与资本的积聚

马克思认为,由于生产规模的不断扩大和利润率的下降所引起的竞争加剧,导致资本积聚在越来越少的人手上。也就是说,利润率下降规律产生的前提条件在于资本会不断积聚并逐渐淘汰较小的资本家,使其丧失原有的资本。这就是发展资本主义生产的所有规律的结果。同时,资本的积聚与利润率下降的关系在于:资本积累通过提高生产规模,加速了利润率的下降,而伴随着对小资本家和小生产者的剥夺,利润率下降又加速了资本的积聚和集中,从而加速了社会的两极分化。[①]

在利润率下降到较低水平时,资本主义由于其他原因更容易受到危机的冲击,但利润率下降并不一定是危机爆发的直接原因。利润率下降与危机之间的联系与资本积累和集中的趋势有密切的关系,而与危机趋势直接关联的是资本积聚和集中的趋势。当不断增长的资本积聚达到一定水平时,利润率会出现新的下降,因此,在与大资本竞争中处于劣势的小资本更乐意参加投机冒险,投机的失败引发危机。然而,由投机引起的危机反作用与利润下降趋势,被看作对付资本过剩及恢复正常利润率的必要的强制手段。

利润率下降与资本的积聚以及危机趋势的关系表现为:资本家进行生产的主要目的是追逐利润,通过不断地提高总资本的增殖率来刺激生产。然而,随着利润率的下降,新的独立资本的形成会逐渐减少,在一定程度上影响了下一阶段生产的发展。同时,利润率的下降会带来人口过剩,进一步促进了生产的过剩、资本过剩投机和危机。由此可以看出,利润率下降并不一定是危机的原因,而只是增加了这种危机发生的可能性。资本积聚所引起大量的分散的小资本的投机的失败是危机发生的原因。

第三节 马克思关于经济危机的深层原因分析:资本主义的基本矛盾

马克思指出,资本主义的基本矛盾和阶级斗争必然会导致资本主义的灭亡。

---

① 〔英〕克拉克,2011 年:《经济危机理论:马克思的视角》,杨健生译,北京师范大学出版社,第 239 页。

而对资本主义的基本矛盾与资本主义经济危机之间关系的研究,其主要目的是要分析资本主义制度和生产方式本身固有的矛盾,由此证明其预言的科学性,并对资本主义社会的发展规律进行剖析。因此,马克思对危机的分析是在分析资本主义生产方式亦即资本的生产和积累中展开的,危机分析只是其中的组成部分而已。

马克思对危机分析可以分为两个部分:一个是对资本主义生产过程的危机阶段的具体分析,即上文中关于危机的具体原因——消费不足论、比例失调论以及利润率下降论的分析;另一个则是对不断爆发的周期性危机的长期趋势的分析。这两个部分的分析尽管有联系,却是不同的。前一个部分与分析的目的没有直接的关系,不是分析的本质部分,后一个部分才与马克思的整个理论融为一体,才是分析的本质部分。过分强调马克思对资本主义生产过程的危机阶段的具体分析,就会将马克思的危机分析视为各自独立、互相矛盾的利润率下降趋势论、消费不足论或比例失调论等等,偏离马克思对危机的本质和深层原因的经济哲学分析,不再把危机与资本主义生产方式本身固有的矛盾相联系。

在马克思看来,资本主义市场经济危机虽然表现为社会总供给和总需求失衡,其具体原因可以与不同部门的生产失衡或平均利润率下降等因素相联系,但其深层原因却在于资本的本性、资本主义生产方式的固有矛盾以及由此产生的资本主义的过度积累——资本积累和贫困积累。

一、资本的本性

《资本论》开篇并没有直接研究资本,而是先研究了商品和货币。主要原因在于:商品的生产与发展了的商品流通是资本产生的历史前提,商品流通所产生的货币是"资本的最初的表现形式"。以商品和货币这样的基本概念为基础,从《资本论》第1卷第二篇《货币转化为资本》开始,马克思进入了对现代社会的主角——资本的全面研究之中。

(一) 资本的定义及表现形式

在商品流通中,商品不断进入流通并经过与货币的交换后又不断退出流通,货币不会因为与商品的交换而退出流通,反而会继续留在流通中,就算一部分货币贮藏起来,也不会就此彻底消失,一旦有机会,就会投入到流通之中。货币既是商品流通的最后产物,又是资本的最初表现形式。

　　货币作为本身的货币与作为资本的货币,从简单商品流通和资本流通形式上可以看出二者的不同。如表3.1所示,简单流通与资本流通的区别在于:在简单流通(W—G—W)中,商品是首先进行卖(W—G)的过程,再以货币为媒介进行买(G—W)的过程,在最后的交易过程中,货币的支出不会再回到原来的商品生产者手中,为买而卖的过程。而资本的运动(G—W—G′)却正好相反,首先买入(G—W)商品,然后将商品卖出(W—G′)获得货币,为卖而买。在资本流通中,货币会重新回到资本家手中,也就是说一定将其收回是资本运动的基本特征。而货币与货币交换的前提是为了交换得到更多的货币,否则货币的流通就会失去意义。如果通过流通只收回相等数量甚至更少的货币,为了避免风险,货币就会被贮藏起来。在资本的运动(G—W—G′)中,以最初的货币最终能获得更多的货币为目的而开始,不由自主地向前进,重复着接连不断的和无止境的增长过程,这就是其形式上的特征。正如马克思所说:"为买而卖的过程的重复或更新,与这一过程本身一样,以达到这一过程以外的最终目的,即消费或满足一定的需要为限。相反,在为卖而买的过程中,开端和终结是一样的,都是货币,都是交换价值,单是由于这一点,这种运动就已经是没有止境的了。"[①]

表3.1　简单流通与资本流通的区别

	简单流通(W—G—W)	资本流通(G—W—G′)
运动的顺序不同	先卖后买,货币为中介,商品作为起点和终点	先买后卖,商品为中介,货币作为起点和终点
运动的限度不同	有一定的限度	追求货币本身没有限制
货币支出的性质不同	货币最终被花掉	货币只是被预付或投资出去
货币的支出与流回的关系	没有关系	货币的支出决定着必须流回
目的和动机不同	为买而卖,目的是消费,满足需要	为卖而买,目的是交换价值本身
起点和终点的价值量不等	起点和终点都是商品,价值量上相等	起点和终点上都是货币,但 $G′=G+\Delta G$,ΔG 为货币的增加量

资料来源:作者根据相关资料整理而得。

　　简单流通中货币运动的性质表现为作为货币的货币"支出",而资本流通中

---

① 马克思,2004:《资本论》第1卷,人民出版社,第177页。

货币运动性质表现为资本的货币"预付"。资本总公式 G—W—G′ 中的 G′＝G＋
ΔG，即在原来预付货币额加上了一个增殖额。马克思认为："这个增殖额或超过
原价值的余额叫作剩余价值（surplus value）。……原预付价值不仅在流通中保
存下来，而且在流通中改变了自己的价值量，加上了一个剩余价值，或者说增殖
了。正是这种运动使价值转化为资本。"①作为资本的货币，在运动中能使价值
得到增殖，追求货币本身成了资本的目的，而"作为这一运动的有意识的承担者，
货币所有者变成了资本家。他这个人，或不如说他的钱袋，是货币的出发点和复
归点。这种流通的客观内容——价值增殖——是他的主观目的；只有在越来越
多地占有抽象财富成为他的活动的唯一动机时，他才作为资本家或作为人格化
的、有意志和意识的资本执行职能"②。因此，将资本的本性作为自己灵魂的人
正是资本家。"客观内容"即自我增殖，成为"其他的主观目的"，也就是资本家与
其目的融为一体，为此必须要献出生命，必须奋勇前进，如果放松大意或者偷工
减料的话，就会立即失去资本家的资格，被其他人取代，只有一门心思作为运动
G—W—G′贪婪的承担者，资本家才能在社会上获得成功，得到财富与荣
誉。③ 资本家的"目的也不是取得一次利润，而只是谋取利润的无休止的运动"。
不顾一切的贪婪者、资本家和货币贮藏者之间的共通点就在于"这种绝对的致富
冲动，这种对价值热烈的追求"。他们的区别在于"货币贮藏者是发狂的资本家，
资本家是理智的货币贮藏者。货币贮藏者通过竭力把货币从流通中拯救出来所
谋求的无休止的价格增殖，为更加精明的资本家通过不断地把货币投入流通而
实现了"④。

　　综上所述，资本可定义为处在不断运动状态中的能够实现价值增殖的价值。
在资本流通（G—W—G′）中，资本的内在本质就蕴藏其中，主要表现为"价值不
断地从一种形式转化为另一种形式，在这个运动中永不消失，这样就转化为一个
自动的主体。如果把自行增殖的价值在其生活的循环中交替采取的各种特殊表
现形式固定下来，就得出这样的结论：资本是货币，资本是商品。但是实际上，
价值在这里已经成为一个过程的主体，在这个过程中，它不断地变换货币形式和
商品形式，改变着自己的量，作为剩余价值同作为原价值的自身分离出来，自行

　　① 马克思，2004：《资本论》第 1 卷，人民出版社，第 176 页。
　　② 马克思，2004：《资本论》第 1 卷，人民出版社，第 178 页。
　　③ ［日］宫川彰，2011：《解读〈资本论〉（第一卷）》，刘锋译，中央编译出版社，第 122 页。
　　④ 马克思，2004：《资本论》第 1 卷，人民出版社，第 179 页。

增殖着"①。因此,在马克思主义经济学中,资本将自身以一种预付的方式投入到再生产过程中,是一种为了实现价值增殖的剩余价值。可以说,资本就是由社会的剩余劳动转化而来,其形成条件主要有:(1) 社会的剩余劳动只有在市场中通过交易才能实现为剩余价值;(2) 此类剩余价值只能通过预付的方式来购买生产要素(生产资料和劳动力),并将获得的使用价值投入到社会的再生产过程之中;(3) 在此过程中,不变资本是以机器设备等形态存在的并向产品转移自身劳动价值的资本,而可变资本则是以劳动力形态存在的并能够生产出剩余价值的资本。②

(二) 资本的扩张本性

马克思主义经济学将资本的扩张本性定义为:剩余价值一旦转化为资本,投入到社会经济系统内部而使其得到增殖,从而使整个社会经济系统不断扩张。整个《资本论》的主题便是揭示资本的内在扩张本性,以及这种扩张产生的巨大动力和深刻危机。③

1. 资本扩张性的内涵

资本的扩张来源于人类劳动,在制度的保证下,资本作为一种经济权利,通过购买劳动力使用权并使生产出来的价值大于购买劳动力所耗费的价值,由此获取超过的部分——"剩余价值",从而不断增殖,增加资本的权利,使其不断向外扩展。在资本的不断扩张与演变的历史进程中,商业资本是资本的最早表现形态,是为了获取商业利润而从事商品的经营买卖的资本形态。市场是商业资本运动的舞台,市场越大,商业资本运动的空间就越大。随着资本的不断扩张,国内市场空间已经不能满足商业资本的运动,成为其发展的障碍,为了追求更多的利润,资本势必冲破国内市场的束缚向着更宽广的舞台——世界市场不断进取。制度方面,资本推翻了束缚其自身发展的以血缘政治为核心的封建制度,建立了以资本为核心的资本主义制度,商业资本开始转化为产业资本。产业资本通过工业革命带来的机器化大生产获取更高额的利润,从而提高了资本主义生产力,进一步加快了产业资本的扩张速度。进而,资本又从生产领域向流通、服

---

① 马克思,2004:《资本论》第1卷,人民出版社,第179—180页。
② 鲁品越,2006:《资本逻辑与当代现实——经济发展观的哲学沉思》,上海财经大学出版社,第51页。
③ 鲁品越,2006:《资本逻辑与当代现实——经济发展观的哲学沉思》,上海财经大学出版社,第58页。

务业扩张,以致主宰生产、流通、服务的金融业扩张,从实体经济演化到虚拟经济,以致虚拟资本和虚拟经济制约并操纵实体经济。因此,资本的扩张本性在资本主义历史进程中以不同的形式一直支配着整个资本主义经济的发展。

资本的扩张力来源于未资本化的资源(包括处女态、封闭态和闲置态的资源[①])被资本化后其自身社会属性的异化。人们将未资本化的资源与货币结合并投入到生产过程中,便使得其成为以追求赚取更多货币为目的的资本。资源被资本化后尽管保留了其自身的自然属性,但社会属性却出现了根本的变化:其一,资源被赋予了人格意志,成为人们经济扩张意志的载体和手段;其二,资源被资本注入了社会性,由此在社会流通网络中进行优化配置,从而取得进一步的经济扩张;其三,充满着资本化资源的社会资源流通市场,不断吸收新增价值,并将其再次转化为资本,从而促进资源能够进行无休止的扩大再生产,造成经济无限扩张;其四,资源的资本化的生存需要驱使社会经济体系必须不断流动与扩张;最后,竞争压力导致资本的内部扩张最大化。[②]具体来说,未开发或闲置的资源一旦被资本化后,便被赋予了人格意志,尤其负载了人们追求价值增殖的意志。被资本化的资源流入社会资源系统后,资源的市场流动表面是物的流动,是物与物的关系,是资源按照其自身属性进行的技术配置,然而其背后反映的是人们的利益关系:人们追求最大限度的资本增殖,驱使资源进行市场流动。同时,人们消耗资源进行生产,不再是以消费为目的,而是为了价值增殖以获得更多的资源。因此,新增价值不再被全部消费掉,而是被投入到没有止境的资本循环过程中,以获得更多的新增的剩余价值。当现有的经济条件或环境无法满足资本的扩张欲望,越来越多的新增剩余价值转化为资本,并成为社会经济体系中扩大再生产的新增资本后,为了生存,这些新增资本必须寻求新的出路,不断地在原有的社会资源系统中开拓新的市场、新的资源流通渠道,驱使社会经济系统不断扩张。

2. 资本的扩张悖论

从资本的特征和本质上来看,资本最根本的特性在于其价值增殖,在流通中

---

① 处女态是指资源尚未开发,尚未被人们所发现或利用;封闭态是指资源已经被开发利用,但封闭于自给自足的自然经济体系中,没有收回成本以及实现价值增值的渠道。闲置态是指在市场经济建立之后,由于产品过剩或呆账坏账太多,无法进行再生产循环,导致部分机器设备等资源闲置。未实现资本化的资源缺乏流动性和增殖性,因而也就不具有经济扩张动力。(鲁品越,2006:《资本逻辑与当代现实——经济发展观的哲学沉思》,上海财经大学出版社,第59—60页。)

② 鲁品越,2006:《资本逻辑与当代现实——经济发展观的哲学沉思》,上海财经大学出版社,第60—63页。

谋求无休止的价值增殖。无论是商业资本、产业资本还是生息资本的运动,其目的都是为了价值增殖。资本是一种以价值为主体的运动,资本的生命在于运动,只有在不断的运动中,才能发生价值增殖,它对价值增殖的无休止的追求,决定了其要不断地、周而复始地循环和周转。而这一切都是由资本的扩张本性所决定的。在客观世界里,无休止的资本扩张运动将越来越多的资源纳入到社会经济系统和货币体系当中,形成巨大的社会生产推动力和不断扩张的社会经济系统。但是,资本内在运动也存在相当深刻的内在矛盾,制造出社会经济系统、社会结构、人与自然的关系等层面的冲突,由此引发了一系列危机,最终造成社会经济扩张难以持续,此即"资本的扩张悖论"[①]。

据马克思的分析,能够被资本支配和使用的"自然力"有三种:一是劳动力,即人类生命的"自然力";二是自然界的"自然力",如水力、矿藏、土地肥力等自然资源;三是"社会劳动的自然力",即人们的劳动关系中所蕴含的生产力,如协作和分工等等。[②] 资本利用上述第一种"自然力"即劳动力生产剩余价值,通过延长劳动时间来增加剩余价值劳动时间的部分来获得尽可能多的"绝对剩余价值";资本使用自然的、社会劳动的"自然力"进行剩余价值生产,通过不断提高劳动生产率,缩短劳动者的必要劳动时间,由此提高剩余劳动时间的比重,从而获得尽可能多的"相对剩余价值"。资本在以上三种自然力的共同作用下,通过不断的扩张来追求最大化的剩余价值。

在市场经济系统中,资本主要通过剩余价值最大化和资本最大化来推动自身的不断扩张。在追求剩余价值最大化过程中,资本家通过雇用工人来生产并占有剩余价值,而激烈的市场竞争压力要求资本家不断扩大生产规模,并尽可能地压低雇用工人的成本(工资)。由此在绝对剩余价值生产中,这一趋势表现为工人的"绝对贫困化",而在相对剩余价值生产中,表现为工人的"相对贫困化"。资本通过不断扩张对人的"自然力"——劳动力的过度使用,推升了贫困化人口的增长,过剩的贫困人口进一步降低了市场的有效需求,资本的扩张空间也进一步缩小,由此形成了深刻的经济社会危机和冲突;资本扩张对自然界的"自然力"——自然资源的无穷尽的掠夺和消耗,造成了自然资源的日益枯竭以及生态环境的日益恶化,由此形成了人类社会与自然界的激烈冲突,造成生态危机;资

---

① 鲁品越,2006:《资本逻辑与当代现实——经济发展观的哲学沉思》,上海财经大学出版社,第104页。

② 张雄、鲁品越主编,2007:《中国经济哲学评论》,社会科学文献出版社,第228页。

本对社会劳动的"自然力"——社会关系的无止境开发,造成了人类本身的改变,产生了让人片面发展的社会分工体系和与之对应的社会文化系统,人逐渐沦为"单面人",由此形成了人本身在社会性发展方面的危机。以上充分体现了资本扩张存在内在的自我否定性。

二、资本主义生产方式的固有矛盾

利润率下降与危机的关系问题在于:利润率下降到底是危机的原因还是危机的结果。然而,危机趋势并没有和利润率下降趋势直接联系在一起,而是与利润率下降趋势规律内部的根本矛盾联系在一起:矛盾的一方是"绝对发展生产力的趋势,而不管价值及其中包含的剩余价值如何,也不管资本主义生产借以进行的社会关系如何",矛盾的另一方是"保存现有资本价值和最大限度地增殖资本价值"这一目的。[①] 这一矛盾可以具体表现为三个方面:剩余价值的生产条件和实现条件的矛盾、生产扩大和价值增殖的矛盾,以及人口过剩与资本过剩所包含的矛盾。危机可以由这些矛盾的相互作用引发。

第一,剩余价值生产与剩余价值实现之间的矛盾。当剩余劳动量对象化在商品中,剩余价值就生产出来了。但是"随着表现为利润率下降的过程的发展,这样生产出来的剩余价值的总量会惊人地膨胀起来。现在开始了过程的第二个行为,总商品量,即总产品,无论是补偿不变资本和可变资本的部分,还是代表剩余价值的部分,都必须卖掉"[②]。如果卖不掉,剩余价值就不能实现,通常就会表现为生产过剩危机趋势。因为"进行直接剥削的条件和实现这种剥削的条件,不是一回事。二者不仅在时间和地点上是分开的,而且在概念上也是分开的。前者只受社会生产力的限制,后者受不同生产部门的比例和社会消费力的限制"[③]。为了满足越来越多的剩余价值的实现,资本家势必会疯狂地寻找新的市场,这样使得资本积累很容易被利润率下降趋势作用所打断。剩余价值生产与实现之间的矛盾引发生产与消费的矛盾,"生产力越发展,它就越会和消费关系的狭隘基础发生冲突。在这个充满矛盾的基础上,资本过剩和日益增加的人口过剩结合在一起是完全不矛盾的;因为在二者相结合的情况下,所生产的剩余价值的量虽然会增加,但是生产剩余价值的条件和实现这个剩余价值的条件之间

---

①　马克思,2004:《资本论》第3卷,人民出版社,第278页。

②③　马克思,2004:《资本论》第3卷,人民出版社,第272页。

的矛盾,恰好也随之而增大"①。

第二,生产扩大和价值增殖之间的矛盾。马克思指出:"就所使用的劳动力来说,生产力的发展也表现在两方面:一方面,表现在剩余劳动的增加,即再生产劳动力所必须的必要劳动时间的缩短上。另一方面,表现在推动一定量资本所使用的劳动力的数量(即工人人数)的减少上。"②生产力的这两方面的发展对利润率下降起着相反的影响,但是"……靠提高劳动剥削程度来补偿工人人数的减少,有某些不可逾越的界限;所以,这种补偿能够阻碍利润率下降,但是不能制止它下降"③。然而"只有生产力的提高(它总是和现有资本的贬值同时并进的),通过利润率的提高使年产品中再转化为资本的价值部分增加时,它才能直接增加资本的价值量"④。劳动生产力提高后通过提高相对剩余价值或减少不变资本的价值,增加了资本的价值量。但是,现有资本的贬值和可变资本与不变资本比率的下降同时发生,二者既引起利润率的下降又阻碍这种下降。也就是说,利润率上升和下降趋势的相互作用表现为资本主义生产方式在矛盾中的发展:生产力的提高→利润率下降→资本价值量的增加→资本贬值的发生→阻碍利润率下降→资本的进一步积累。但是,"现有资本的周期贬值,这个为资本主义生产方式所固有的、阻碍利润率下降并通过新资本的形成来加速资本价值的积累的手段,会扰乱资本流通过程和再生产过程借以进行的现有关系,从而引起生产过程的突然停滞和危机"⑤。

第三,人口过剩与资本过剩的矛盾。马克思通过对利润率下降趋势的分析推导出人口过剩伴随的资本过剩,他指出:"所谓的资本过剩,实质上就是指利润率的下降不能由利润量的增加来抵消的那种资本——新形成的资本嫩芽总是这样——的过剩,或者是指那种自己不能独立行动而以信用形式交给大经营部门的指挥者去支配的资本的过剩。资本的这种过剩是由引起相对过剩人口的同一些情况产生的,因而是相对过剩人口的补充现象,虽然二者处在对立的两极上:一方面是失业的资本,另一方面是失业的工人人口。"⑥利润率的下降和资本的生产过剩引发资本家的内部矛盾,"在任何情况下,一部分旧资本必然会闲置下来,就是说,从其资本属性来看,就其必须执行资本职能和自行增殖来说,必然会

---

① 马克思,2004:《资本论》第3卷,人民出版社,第273页。
② 马克思,2004:《资本论》第3卷,人民出版社,第275页。
③④ 马克思,2004:《资本论》第3卷,人民出版社,第276页。
⑤ 马克思,2004:《资本论》第3卷,人民出版社,第278页。
⑥ 马克思,2004:《资本论》第3卷,人民出版社,第279页。

闲置下来。究竟是哪部分会这样闲置下来,这取决于竞争斗争"①。在资本顺利扩张和平均利润率形成时,竞争则表现为资本家之间的兄弟情谊,使他们按照各自的投资比例来分配共同的赃物。但在面临分配损失时,各资本家则会通过竞争斗争尽量减少自身的损失量,并力图把它转嫁到别人头上。马克思认为,在竞争斗争中,损失是按照特殊的优势或已经夺得的地盘而极不平均地、以极不相同的形式进行分摊的结果,一个资本闲置下来,另一个资本被毁灭,第三个资本只受到相对的损失,或者只是暂时地贬值,等等。资本过剩所引发的竞争导致商品的生产过剩,市场上的商品只有通过大幅地降低其价格来完成自身的流通过程和再生产过程,然而"一定的、预定的价格关系是再生产过程的条件,所以,由于价格的普遍下降,再生产过程就陷入停滞和混乱"②。生产过程的停滞会带来大量工人的失业,使得在业工人工资下降。这样,不变资本的贬值和工人工资的下降又成为利润率上升的要素,为以后的生产扩张准备了条件。资本的绝对生产过剩不是指一般的生产资料和生活资料的绝对生产过剩,而是指它们不能作为资本按照资本主义生产过程的发展需要的剥削程度来进行增殖。因为"资本的生产过剩,从来仅仅是指能够作为资本执行职能即能够用来按一定剥削程度剥削劳动的生产资料——劳动资料和生活资料——的生产过剩;而这个剥削程度下降到一定点以下,就会引起资本主义生产过程的混乱和停滞、危机、资本的破坏。资本的这种生产过剩伴随有相当可观的相对人口过剩,这并不矛盾。使劳动生产力提高、商品产量增加、市场扩大、资本存量和价值方面加速积累和利润率降低这些情况,也会产生并且不断产生相对的过剩人口,即过剩的工人人口,这些人口不能为过剩的资本所使用,因为他们只能按照很低的劳动剥削程度来使用,或者至少是因为他们按照一定的剥削程度所提供的利润率已经很低"③。然而,相对资本价值增殖而言,资本过剩和人口过剩以及商品过剩又是相对的。正如马克思所说:"生活资料和现有的人口相比不是生产得太多了。正好相反。要使大量人口能够体面地、像人一样地生活,生活资料还是生产得太少了。……对于人口中有劳动能力的那部分人的就业来说,生产资料生产得不是太多了。正好相反。"④

---

①　马克思,2004:《资本论》第3卷,人民出版社,第281页。

②　马克思,2004:《资本论》第3卷,人民出版社,第283页。

③　马克思,2004:《资本论》第3卷,人民出版社,第284—285页。

④　马克思,2004:《资本论》第3卷,人民出版社,第287页。

由以上资本主义生产方式的固有矛盾所反映出其自身发展的限制为：(1)"劳动生产力的发展使利润率的下降成为一个规律，这个规律在某一点上和劳动生产力本身的发展发生最强烈的对抗，因而必须不断地通过危机来克服"。(2)"生产的扩大或缩小，不是取决于生产和社会需要即社会地发展了的人的需要之间的关系，而是取决于无酬劳动的占有以及这个无酬劳动和对象化劳动之比，或者按照资本主义的说法，取决于利润以及这个利润和所使用的资本之比，即一定水平的利润率"①。尽管资本主义生产总是竭力克服它所固有的这些限制，但是它用来克服这些限制的手段，只会使这些限制以更大的规模重新出现在它面前。马克思指出："资本主义生产的真正限制是资本自身，这就说：资本及其自行增殖，表现为生产的起点和终点，表现为生产的动机和目的；生产只是为资本而生产，而不是反过来，生产资料只是生产者社会的生活过程不断扩大的手段。以广大生产者群众的被剥夺和贫穷化为基础的资本价值的保存和增殖，只能在一定的限制以内运动，这些限制不断与资本为它自身的目的而必须使用的并旨在无限制地增加生产、为生产而生产、无条件地发展劳动社会生产力的生产方法相矛盾。手段——社会生产力的无条件的发展——不断地和现有资本的增殖这个有限的目的发生冲突。"②这也是生产扩大与价值增殖之间的冲突的具体表现，即一种资本主义生产手段和目的之间的矛盾，同时反映出资本主义所运用的生产方式发展的生产力与资本主义生产关系之间的矛盾。最终，资本主义生产方式的这些固有矛盾造成了资本主义生产的三个主要事实：(1)"生产资料集中在少数人手中，因此不再表现为直接劳动者的财产，而是相反地转化为社会的生产能力，但首先表现为资本家的私有财产"。(2)"劳动本身由于协作、分工以及劳动和自然科学的结合而组织成为社会的劳动"。(3)"世界市场的形成"。由此，马克思根据对利润率下降趋势规律内部矛盾的推导，得到这样的结论："在资本主义生产方式内发展着的、与人口相比惊人巨大的生产力，以及虽然不是与此按同一比例的、比人口增加快得多的资本价值(不仅是它的物质实体)的增加，同这个惊人巨大的生产力为之服务的、与财富的增长相比变得越来越狭小的基础相矛盾，同这个不断膨胀的资本的价值增殖的条件相矛盾。危机就是这样发生的"③。

---

① 马克思，2004：《资本论》第3卷，人民出版社，第287—288页。
② 马克思，2004：《资本论》第3卷，人民出版社，第278—279页。
③ 马克思，2004：《资本论》第3卷，人民出版社，第296页。

三、资本主义生产方式所造成的过度积累：资本积累和贫困积累

资本主义生产方式所造成的过度积累和危机趋势表现为："危机好像只能由各个不同部门生产的不平衡，由资本家自己的消费和他们的积累之间的不平衡来说明。然而实际情况是，投在生产上的资本的补偿，在很大程度上依赖于非生产阶级的消费能力；而工人的消费能力一方面受工资规律的限制，另一方面受以下事实的限制，就是他们只有在他们能够为资本家阶级带来利润时才能被雇佣。一切现实的危机的最后原因，总是群众的贫穷和他们的消费受到限制，而与此相对比的是，资本主义生产竭力发展生产力，好像只有社会的绝对的消费能力才是生产力发展的界限。"①

具体地说，在资本主义社会中，生产和扩大再生产的最终目的都是对剩余价值的无限贪婪和追求。进入机器大生产时代后，资本家通过不断扩大生产规模和扩张生产能力来达到这一目的。然而，由于生产无政府状态的存在，不断的扩张势必会造成生产过剩趋势，并给市场带来激烈的竞争。这种竞争又驱使资本家采用新的生产方式并且压低工人工资："工厂制度的巨大的跳跃式的扩展能力和它对世界市场的依赖，必然造成热病似的生产，并随之造成市场商品充斥，而当市场收缩时，就出现瘫痪状态。工业的生命按照中常活跃、繁荣、生产过剩、危机、停滞这几个时期的顺序而不断地转换。……除了繁荣时期以外，资本家之间总是进行十分激烈的斗争，以争夺各自在市场上的份额。这个份额同产品的便宜程度成正比。除了由此造成的资本家竞相采用替代劳动力的改良机器和新的生产方式以外，每次都出现这样的时刻：为了追求商品便宜，强制地把工资压低到劳动力价值以下。"②

这个过程既是资本主义生产和再生产的过程，同时也是资本积累的过程。马克思认为，对剩余价值的贪婪和追求或者资本的积累具有一个"绝对的一般的规律"，即"执行职能的资本越大，它的增长的规模和能力越大，从而无产阶级的绝对数量和他们的劳动生产力越大，产业后备军也就越大。"③在掠夺利润的过程中，各种不同规模的资本之间通过竞争不断积累，表现为较大的资本通过不断提高劳动生产率或发明新技术以及扩大生产规

---

① 马克思，2004：《资本论》第3卷，人民出版社，第547—548页。

② 马克思，2004：《资本论》第1卷，人民出版社，第522页。

③ 马克思，2004：《资本论》第1卷，人民出版社，第742页。

模来战胜较小的资本,最终达到资本的不断增长和集中。同时,社会劳动率的提高又带来不变资本的相对增加和可变资本的相对减少,从而导致减少对劳动力的使用。

因此,资本积累的一般规律决定了资本主义社会必然走向两极分化,一方面是资本权力和财富的不断增长和集中,另一方面是构成劳动后备军和工人阶级贫困阶层的"相对过剩人口"的增长。也就是说,"这一规律制约着同资本积累相适应的贫困积累。因此,在一级是财富的积累,同时在另一极,即在把自己的产品作为资本来生产的阶级方面,是贫困、劳动折磨、受奴役、无知、粗野和道德堕落的积累。"①资本的积累使得越来越多的资本支配劳动者所生产和转移的劳动价值最终积累在产品资本中,它需要日益庞大的市场空间来将其转化为货币资本,从而实现资本的循环再生产。同时,全社会的贫困的积累必然造成市场空间增长速度日益减小,小于资本扩张要求的市场扩张速度,使全社会的购买力日益相对萎缩,造成可扩张的市场空间日益萎缩。② 可以说,这就是资本原生态危机——过剩性危机的根本原因。

由此可见,马克思对资本主义经济危机的分析深刻地揭示了资本主义经济在自由放任阶段的发展规律和危机趋势:

第一,生产过剩是机器大工业时代和市场经济条件下资本主义生产方式和资本积累内在矛盾的产物,因此波动和周期性危机是资本主义市场经济固有的常态;市场经济消除过剩、恢复平衡的自发机制并不是主流经济学所认为的资本家会按照供需规律主动降低产量,而是通过竞争淘汰落后的产能。

第二,虽然生产过剩危机表现为资本主义生产方式和资本积累内在矛盾所产生的生产过度和消费不足的矛盾,但矛盾的主要方面不是消费不足而是生产的无限制扩张。

本节在资本主义基本矛盾的基础上,对资本主义经济危机的深层原因进行了深刻的剖析。马克思关于经济危机的研究突出说明了周期性经济危机的严重后果不在于某一次危机的经济后果,而在于其长期趋势引发的社会后果。经济周期是市场经济固有的现象,但问题在于市场经济对经济波动的自发调节并非如古典经济学所说的,可以通过价格机制迫使资本家主动消减产能来恢复生产和消费的平衡,因此能够有效防止危机;而是通过激烈的竞争造成企业大量破

---

① 马克思,2004:《资本论》第 1 卷,人民出版社,第 743—744 页。
② 鲁品越,2015:《鲜活的资本论:从深层本质到表层现象》,上海人民出版社,第 314 页。

产、工人大量失业这样的危机来维持资本主义生产方式,其长期趋势是社会两极分化,最终会导致社会的崩溃,即马克思的预言:这种社会崩溃会表现为无产阶级的革命和资本主义生产方式的灭亡。从而根本消除周期性经济危机,消除危机的根本方向是:一方面通过消除剥削来增加社会需求,更重要的是根据社会需求来抑制资本主义生产的无限制扩张。

综上所述,本章在对资本主义的基本矛盾与经济危机进行分析的基础上,对马克思关于经济危机的具体原因和深层原因做了系统的梳理和概述。

首先,对经济危机的古典形式进行了论述。主要以萨伊"无危机论"、西斯蒙第的经济危机论以及马尔萨斯的危机论为代表,对资本主义社会是否发生普遍性的生产过剩危机进行了简要的分析。其中,萨伊认为,商品的社会总供给恒等于商品的社会总需求,货币只是交换的媒介,交易相当于物物交换,普遍的生产过剩是不可能的。西斯蒙第和马尔萨斯都赞成资本主义生产过剩的经济危机是不可避免的,因为在现实中,一方面资本主义生产有无限扩大的趋势,另一方面劳动群众在社会总收入中的份额不断减少。尽管古典经济危机理论未触及资本主义经济危机的本质,但为马克思经济危机理论提供了科学的成分。

其次,马克思关于经济危机具体原因的分析主要包括三种观点:第一,比例失调论。在生产的无政府状态下,任何一家企业在进行生产决策时都会影响到其他企业,当一家企业出现生产过剩时势必会影响其本身产品的销售,从而不能获得相应的利润,由此造成该企业生产规模的萎缩,造成失业。而失业会影响工人对商品的购买行为,让其他企业的产品实现也出现困难,这样又会使更多的工人失业,让更多的企业的产品实现进一步出现困难,最终引发普遍的生产过剩危机。因此,由生产的无政府状态造成的不同工业部门之间商品生产的比例失调,是周期性经济危机的成因。第二,消费不足论。一方面,生产力水平的不断提高使得资本有机构成也相应地不断提升,从而造成社会相对人口过剩,失业人数增加;另一方面,资本主义社会对抗性的分配关系使得大多数人只能在相对狭小的空间内进行消费,造成了劳动人民有支付能力的消费需求的下降,由此形成狭隘的消费和市场,进一步激发了剩余价值的生产和实现的矛盾,导致了生产相对过剩和危机的出现。第三,利润率下降趋势理论。利润率下降可能会导致投资下降,从而危害资本主义生产,或者对中小资本不利,加速资本集聚,加强危机趋势,但是否会导致具体的危机,并不清楚。资本积聚所引起大量的分散的小资本的投机的失败是危机发生的原因。

最后，本文认为马克思关于经济危机深层原因的解释集中在资本的本性、资本主义生产方式的固有矛盾以及由此产生的过度积累——资本积累和贫困积累等三个方面。资本本性主要表现为资本的扩张本性。剩余价值一旦转化为资本，投入到社会经济系统内部而使其得到增殖，从而使整个社会经济系统不断扩张。资本主义生产方式的固有矛盾表现为一方是"绝对发展生产力的趋势，而不管价值及其中包含的剩余价值如何，也不管资本主义生产借以进行的社会关系如何"，另一方是"保持现有资本价值和最大限度地增殖资本价值"这一目的。资本主义生产和再生产的过程，同时也是资本积累的过程，资本主义危机趋势表现为生产过剩是机器大工业时代和市场经济条件下资本主义生产方式和资本积累内在矛盾的产物。一方面，资本的积累使得越来越多的资本支配劳动者所生产和转移的劳动价值最终积累在产品资本中，它需要日益庞大的市场空间来将其转化为货币资本，从而实现资本的循环再生产。另一方面，全社会的贫困的积累必然造成市场空间增长速度日益减小，小于资本扩张要求的市场扩张速度，使全社会的购买力日益相对萎缩，造成可扩张的市场空间日益萎缩。这就是资本原生态危机——过剩性危机的根本原因。

第四章　资本主义经济
危机的演变

━━━━━━━━━━━━━━ ▌ ━━━━━━━━━━━━━━

　　观察西方资本主义经济发展史,经济危机总是不可避免、周而复始地发生。不间断地周期性爆发的经济危机给资本主义世界带来了沉重的打击,并引发了一系列的社会矛盾。19世纪后期,马克思对资本主义的命运做出了预言:资本主义的基本矛盾和阶级斗争必然会导致资本主义的灭亡。这预言的有力证据就是资本主义社会周期性爆发的经济危机。然而,在资本主义社会的发展历程中,资本主义统治阶级总能找到一种方法或理论来缓释经济危机带来的风险,由此避免资本主义社会的崩溃。

　　因此,本章首先从理论和实践两方面,对资本主义统治阶级如何应对经济危机进行了深入的研究。主要包括:熊彼特的创新理论、凯恩斯国家干预理论、罗斯福新政以及新古典自由主义等。随后,剖析了资本主义社会应对由生产方式固有矛盾引发的经济危机的路径,由此展开对如何扩大消费以及消费社会的特点的研究,并指出随着现代消费社会的发展,资本主义基本矛盾发生了一些新的变化,给资本主义带来新的问题和危机,如环境问题、国际金融危机以及主权债务危机等。

第一节　资本危机的原生态与应对措施

　　马克思指出:"一切现实的危机的最后原因,总是群众的贫穷和他们的消费受到限制,而与此相对比的是,资本主义生产力竭力发展生产力,好像只有社会的绝对的消费能力才是生产力发展的界限。"①资本主义生产方式的内在矛盾——资本追求价值增殖与全社会人类生存与发展的需要的矛盾、社会化生产力与生产方式的无政府状态的矛盾是资本主义爆发资本原生态危机——过剩性危机的根本原因。然而,在资本主义发展的历史进程中,资本主义统治阶级为了应对过剩性经济危机带来的风险,总能寻求到为其服务或适应其发展的理论武器。接下来,本小节将就资本主义社会如何应对生产方式固有矛盾的理论及其实践进行深入的探讨。

一、过剩危机：资本危机的原生形态

早期,资本主义经济危机就是生产过剩危机。这种"过剩"并不是社会生产的东西过多超出了劳动者的实际需要,而是由于此时劳动人民的贫困化,对这些东西缺乏购买能力,而出现的"过剩"。资本主义这种所谓的生产过剩,不是绝对的过剩,而是相对的过剩。

马克思主义学者们普遍认为,资本主义经济危机的根源在于资本主义制度和它所固有的基本矛盾,即生产社会化和生产资料的资本主义占有形式之间的矛盾。在资本主义制度下,社会化的生产资料和劳动产品,并不归全体劳动者所有,而是被少数资本家所占有。这就是资本主义社会的基本矛盾。它是生产力和生产关系矛盾在资本主义制度下的具体体现。

资本主义社会的基本矛盾主要有两种表现形式：一是表现在无产阶级与资产阶级之间的矛盾,二是表现为个别企业生产的组织性与整个社会生产的无政府状态之间的矛盾。资本主义的生产就在它所固有的基本矛盾及其两种表现形式中运动着。如此一来,造成了资本主义生产无限扩大的趋势和劳动人民有支付能力的需求相对缩小之间的尖锐对立,当这个矛盾积聚到一定程度而被激化时,即商品大量堆积而无法找到购买者的时候,资本主义生产过剩的危机就会突然爆发。同时,在资本主义制度下,危机的爆发具有十分明显的周期性。也就是说,在一段时期过后,由资本主义基本矛盾决定的各种矛盾又会重新激化出来,又会导致新的经济危机的爆发。

资本主义市场经济过剩危机早就引起了社会各界的关注,在马克思之后,对经济周期研究最具影响的分析有两位：熊彼特和凯恩斯。接下来,就熊彼特的

---

① 马克思,2004：《资本论》第3卷,人民出版社,第548页。

"创新"与经济周期理论以及凯恩斯对经济周期理论的批判进行进一步的探讨。

(一) 熊彼特的"创新"与经济周期理论

熊彼特是继马克思之后对现代资本主义的经济发展与社会变迁进行最广博的、最能发人深思的分析的学者。1911年出版的《经济发展理论：对利润、资本、信贷、利息和经济周期的探究》所提出的"创新"理论无疑是他思想精髓之所在。

熊彼特推崇瓦尔拉斯的一般均衡理论，并在静态均衡理论基础上，探索研究动态的均衡理论。熊彼特深信在经济体系内部存在一种能源，这种能源能够打破经济体系内部原本维持的均衡状态。这种事情一旦发生，那么势必存在一种能阐明并非由于经济以外的因素而使经济体系发生从一个均衡推向另一种均衡的变化的纯经济理论。熊彼特就是要创立这样的理论。

通过对动态的均衡理论的研究，熊彼特提出了关于危机的理论，更准确地说是关于周期性的商业波动的理论。熊彼特将"周期性"定义为两种情况：第一，仅仅是繁荣与萧条之间相互交替，每一次繁荣后跟随着又一次的萧条，每一次萧条之后又是另一次繁荣。第二，仅仅是用来描述周期的实际长度。在危机发生的可能性方面，熊彼特认为，危机的同一性主要是取决于对经济系统和个人影响的相似性，危机可归纳为一种使先前的经济发展过程停止的时间，危机在其本质上可能是也可能不是同一种现象，并不一定都能做出纯粹的经济解释。相反，危机的真正原因很有可能存在于经济领域之外，也就是说危机是外界干扰经济领域的结果。危机是经济生活使其适应新环境的过程。[①] 危机对经济实体的干扰并不存在普遍特征。不同的情况下，干扰会以不同的方式爆发。熊彼特指出，这些干扰有时会出现在供给端，有时则出现在需求端：供给端主要体现在技术生产领域或者信贷关系方面；而需求端主要出现为需求方面的变化，比如时尚风格的变化或者消费者购买力的变化等。危机有时表现为信用制度的崩溃，尤其对资本家的信用制度造成极大的影响，而有时则以工人或土地所有者遭受损失为特征，并以不同的方式将企业家卷入其中。[②]

由于并不是所有的危机都是纯粹的经济现象，通过对经济系统的研究并不

---

① ［美］熊彼特，2009：《经济发展理论：对利润、资本、信贷、利息和经济周期的探究》，叶华译，中国科学社会出版社，第270—271页。

② ［美］熊彼特，2009：《经济发展理论：对利润、资本、信贷、利息和经济周期的探究》，叶华译，中国科学社会出版社，第272页。

都能对危机形成的原因及结果进行解释。在经济发展的过程中,受到外界冲击的经济体很容易出现危机,很多的偶然事件以及一些外界的因素也经常被用来解释危机。比如:突然变化的关税制度、战争以及自然灾害等。熊彼特不接受危机总是外界环境影响的结果这一观点。他如是说:"如果这是正确的,那么就不会有真正的危机经济理论,我们也将无所作为,只能简单地证明这些事实,或者至多不过是试着对危机的那些外在原因进行分类。"①因此,为了寻找危机的一般规律,熊彼特首先舍弃了所有来自外界的危机的原因,试图寻找一种产生于经济体系内的纯经济特征的原因。

从某种意义上说,熊彼特的经济危机或者经济周期理论就是他的"创新"理论,他围绕"创新"这一核心概念,对经济周期的起因和过程进行了深入的研究分析。熊彼特认为,"新的组合"或"创新"的概念包括下面五种情况:(1)引进一种具有新特性、能够吸引消费者的产品,也就是说消费者当前并不熟悉且日后产生新的效应的产品。(2)采用一种新的生产方法,这种方法当前在制造业还未通过经验检验,并不以新的科学发现为基础,且可以存在于商业上处理某种产品的新方式之中。(3)在一国内,打开某一个制造部门从未进入过的新市场。(4)在供给端,对原材料或半制成品的某种新的来源进行控制,并忽略这种来源本身的属性。(5)成立任何一种新的组织,由此造成新的垄断或打破旧的垄断。②

熊彼特认为,创新是经济发展中真正重要的因素,是资本主义经济的发展以及其中必然产生的经济周期的根源。创新的力量能让经济摆脱原来的运行轨道,并导致一种非连续性的经济过程。创新本身是一个不连续的过程,在资本主义经济发展过程中,这种不连续性还会按照某种规律重复出现。然而,正如熊彼特所言,"每一种新的组合都有招致明显的失败的风险"③,使得创新所带来的任何变化不可能顺利地实现。熊彼特如是说:"在任何情况下都存在着一种危机,它是繁荣与萧条交替变化时期的波浪式运动的要素,或者,不论怎么说,它都是

---

① [美]熊彼特,2009:《经济发展理论:对利润、资本、信贷、利息和经济周期的探究》,叶华译,中国科学社会出版社,第274页。

② [美]熊彼特,2009:《经济发展理论:对利润、资本、信贷、利息和经济周期的探究》,叶华译,中国科学社会出版社,第85页。

③ [美]熊彼特,2009:《经济发展理论:对利润、资本、信贷、利息和经济周期的探究》,叶华译,中国科学社会出版社,第275页。

有规律的,如果不是必要的事实;这类危机自从资本主义时代开始就渗入经济生活。"①熊彼特用创新自身出现的周期性来解释经济周期,并认为经济的周期性波动根源于创新。

熊彼特应用"创新"的概念对商业社会内生的周期现象进行了说明,大致可分为三种模式:(1)经济周期"纯模式";(2)四阶段周期模式;(3)三个层次的经济周期模型。

熊彼特经济周期"纯模式"只包括上升期和下降期两个阶段。在经济周期"纯模式"中,熊彼特并没有考虑"创新"活动所带来的各种从属现象,如投机现象的出现、投资者心理变化等。熊彼特认为,种种从属现象将大大加强周期的振幅,并把这种诱发出来的各种从属现象的总和称为"从属波"。正是由于"从属波"的引入,熊彼特建立了四阶段周期模式,即把资本主义经济周期分为:繁荣、衰退、萧条和复苏四个阶段。如果把导入"纯模式"的创新所直接引起的经济上升称为"第一次浪潮",那么随后产生的"从属波"对经济上升的推动则称为"第二次浪潮"。如果"第一次浪潮"不伴着"第二次浪潮"("从属波"),那么就只会形成上升和下降(繁荣和衰退)两种局面。引入"第二次浪潮"后所产生的繁荣景象与"纯模式"的繁荣有着本质的区别:"第二次浪潮"中的很多投资机会与"创新"并无关系,信用的扩张也同创新无关。在繁荣景象导致的经济过热后,势必有一个调整的过程,这时就进入衰退阶段。但由于没有"创新"的介入,此时经济不会像"纯模式"那样直接从衰退走向繁荣。而是依然保持一种对经济继续衰退的预测,由此打破"纯模式"中的第二次均衡,进入到未曾出现过的第三个局面。这个阶段熊彼特称之为"异常整理阶段"。这个不均衡的过程就是所谓的"萧条"。② 在萧条期,并不是所有的企业都倒闭,反而使得存活下来的企业由于其他同行的倒闭,甚至还扩大了自己的企业规模。随着经济环境的好转,比如财政开始援助、极低利率的刺激以及行业整顿的结束等,经济从萧条步入复苏阶段。而要想使经济再次从复苏进入繁荣阶段,必须再次出现"创新"。以上就是熊彼特应用"创新"对资本主义四阶段经济周期的解释说明。熊彼特认为,"创新"并不是按照时间均匀分布的方式出现,而是在每一段时间间隔里成组或成群地不连续地出现。而且不同时期的创新所带来的影响大小不一,有时小,有时大。它

---

① [美]熊彼特,2009:《经济发展理论:对利润、资本、信贷、利息和经济周期的探究》,叶华译,中国科学社会出版社,第 276 页。

② [日]金指基,1996:《熊彼特经济学》,林俊男等译,北京大学出版社,第 116 页。

们有时"带来较短的波动",有时则"导致较长的潜在高涨"。因此,创新这种特性势必造成长短不一的经济周期。

根据经济周期的跨度不同,熊彼特将长短不一的经济周期大致整合为三种:第一种是时间跨度在 50 年以上的经济长周期(长波),它由俄罗斯经济学家尼古拉·D.康德拉季耶夫于 1926 年首次提出,故又名为"康德拉季耶夫周期";第二种是时间平均 9 到 10 年的中周期(中波),它由法国经济学家克莱门·朱拉尔于 1860 年首先提出,故又名为"朱拉尔周期";第三种是时间平均 3 到 4 年的短波,由美国经济学家约瑟夫·基钦于 1932 年首次提出,故又名为"基钦周期"。因此,熊彼特认为,一个"康德拉季耶夫周期"存在着约 6 个"朱拉尔周期",一个"朱拉尔周期"存在着约 3 个"基钦周期"。熊彼特把"康德拉季耶夫周期"、"朱拉尔周期"和"基钦周期"综合起来建立了三层次的经济周期模型。在整个经济体系中,三者之间相互关联相互影响,形成了复合循环过程。由于某一重大创新的出现"导致了较长的经济潜在高涨",从而使得经济处于一个长期波动的经济繁荣局面,此时,一些小的短期的波动更容易进入到经济上升阶段。然而,在长波的萧条阶段,一些正处于繁荣阶段的短波对此时的萧条存在着抵消作用。在这个复合循环中,三者或增强或降低彼此之间的冲击效应。

综上所述,熊彼特的经济周期理论从"纯模式"出发,导入"第二次浪潮"("从属波"),再到最后的三层次复合循环模式,这样,熊彼特的经济周期理论更加具有现实意义。

(二) 凯恩斯对经济周期理论的批判

在马克思之后,凯恩斯对新古典经济学的经济周期理论进行了批判。与马克思不同,凯恩斯批判的出发点不是为了批判资本主义,而是为了挽救资本主义,马克思的批判使他看到,经济周期本身并不可怕,但与之相联系的失业问题则已经危及资本主义,而且这个问题无法被市场经济本身有效地克服。为了克服危及资本主义的大量失业问题,凯恩斯从失业问题着手,旨在找到经济周期的一般规律,既非像马克思那样揭示经济周期的长期趋势,也不是经济危机的各种具体原因。

凯恩斯的经济理论的核心可以说就是"有效需求"理论。他认为,从经济总量的视角看,失业的问题可以归结为社会总供给和社会总需求的失衡问题。他认为,社会总供给实质上是一定的就业量所生产的全部商品和劳务的市场卖价,而社会总需求实质上是一定的就业量所生产的全部商品和劳务的预期市场卖价,当社会总供给等于社会总需求、生产出来的全部商品和劳务都能够在市场上卖掉的时候,社会的总供给与社会的总需求便处于均衡状态,此时的社会总需求可称为有效需求,而社会就业量则可称为充分就业。[①] 不过,充分就业并非市场经济的常态,因为在大多数情况下,社会总供给和社会总需求并不等同。当社会总需求低于社会总供给时,有效需求不足,就业量就会低于充分就业,经济便处于衰退乃至危机的状态。所以我们可以根据社会总需求下降或有效需求不足的因素来探讨大量失业和经济危机的原因。

那么,有效需求为什么会不足呢? 在凯恩斯看来,社会总供给等同于国民总收入,因此可以划分为用于消费的收入与用于储蓄的收入两部分,与此相对应,社会总需求则可以划分为消费需求和投资需求两部分。如果人们将可用于消费的收入全部消费掉,将全部储蓄都用于投资,那么社会总需求就会等于社会总供给,就不会发生有效需求不足的情况,也不会发生大量失业和经济危机。

但是,就消费需求而言,它不仅取决于收入,还取决于消费心理倾向,收入的增长会导致消费的增加,但由于人们的消费心理倾向,消费的增加幅度会随着收入的增长而递减,由此导致消费需求不足。就投资需求而言,它取决于资本边际效率和利息率,当资本边际效率或投资收益大于利息率或投资的机会成本时,将诱发人们进行投资,而当资本边际效率下降至等于利息率的时候,投资便将终止。然而,在供给价格大致稳定的情况下,资本边际效率取决于资本资产的预期收益,因此依赖于投资者在心理上对未来的预期和信心,由于未来的不确定性(包括信息和知识的有限性)和心理预期方面的各种非理性因素,如急功近利和投机的心理、乐观和悲观的情绪、积极行动的动物本能等等,人们对未来的预期和信心会发生急剧的变动,由此导致资本边际效率的剧烈变动和投资需求的不足[②];同时,在货币供应量基本稳定的前提下,利息率取决于流动性偏好(人们在心理上总想保存一定量的现款以便应付不时之需),而流动性偏好的增加不仅会导致利率上升和投资需求的下降,而且其本身也会阻碍人们将全部储蓄用于投资而造成投资需求的不足。由于上述各种原因,有效需求往往不足,进而导致失业的增加,引起经济波动乃至经济危机。

采取什么方法来克服失业问题和危机呢? 在凯恩斯看来,要克服失业问题

---

① ［英］约翰·梅纳德·凯恩斯,2004:《就业、利息和货币通论》,高鸿业译,商务印书馆,第30页。
② ［英］约翰·梅纳德·凯恩斯,2004:《就业、利息和货币通论》,高鸿业译,商务印书馆,第157页。

和经济危机,就必须提高有效需求,消除总需求不足带来的非自愿失业。根据上述有效需求原理,导致有效需求不足的因素有:决定消费需求的消费倾向和收入水平,以及决定投资需求的资本边际效率和利息率。

凯恩斯指出:"如果我们详细考察任何一次实际的经济周期的过程,那么,我们会发现,它非常复杂,而且,为了对它做出完整的解释,我们所论述过的每一个因素都是必要的;特别是,我们将会发现,消费倾向的波动、流动性偏好状态的波动以及资本边际效率的波动都起着各自的作用。"[①]然而,由于市场本身无法控制这些因素,便只能由政府实施各种政策来进行调控,消除总需求的不足。对于消费需求不足,政府可以通过减税和降息等财政货币政策来刺激消费。对于投资需求不足,政府虽然可以通过降息和增加货币供应量的货币政策来刺激投资,却无法控制对投资具有关键作用的资本边际效率这个因素,所以只能通过借债进行公共投资的财政政策来消除投资需求的不足。

凯恩斯理论不同于新古典经济周期理论的主要之处在于,凯恩斯修改了资本决策者的完全理性假定,而代之以部分理性人的假定。新古典经济学将资本决策者看成完全理性人,具有市场的完全信息和充分的计算能力,因此能够对市场经济价格体系中的各种变动做出快速而合理的反应,从而使得市场体系能够有效地进行调节,使经济波动不会发展为危机。

二、凯恩斯的国家干预理论

1936年2月,凯恩斯的《就业、利息和货币通论》(简称《通论》)问世,它对于西方宏观经济学理论的发展具有里程碑的意义,标志着现代宏观经济学的开端。无论是从凯恩斯的个人贡献还是从他的综合分析著作来看,凯恩斯的《通论》都对现代宏观经济的兴起至关重要。[②] 因此,凯恩斯的《通论》与马克思的《资本论》以及亚当·斯密的《国富论》也被众多经济学家称为资本主义世界的三大经济学理论。凯恩斯的理论之所以备受瞩目在于,它提出了挽救当时资本主义经济大危机的经济政策——国家对经济进行直接干预的经济主张,即凯恩斯的国家干预理论。凯恩斯认识到传统的以"自由放任"为主导的资本主义市场经济模式已经过时,需要进行历史性的改革,只有以国家干预调节为主导、具有一定组

---

① ［英］约翰·梅纳德·凯恩斯,2004:《就业、利息和货币通论》,高鸿业译,商务印书馆,第325页。
② 罗伯特·W.狄蒙德、罗伯特·A.蒙代尔、亚力山德罗·维尔切利,2012:《七十年后再读凯恩斯通论》,王汉昆译,中国金融出版社,第265页。

织性的资本主义才能获得现代的生存。1929—1933 年的经济大危机把凯恩斯及其学说推向了历史的前台,凯恩斯的理论和思想成为当时资本主义的救命稻草,并由此传播开来。

(一)凯恩斯国家干预理论的产生与兴起

早期凯恩斯也曾信奉自由经济理论,并认为"自由放任"的方式是人类最有效益的组织经济活动的方式,是人类幸福的"永恒通道"。然而,随着资本主义的不断发展,其自身暴露出来的各种固有矛盾也日趋激化,并引发了严重的社会动荡和危机,传统资本主义已经岌岌可危。凯恩斯意识到这一点,开始对自由放任的资本主义进行批判,并否定了过往人们所确信的现代资本主义能够在维持现有的生活水平条件下逐渐引领经济持续发展的看法。他认为,以个人主义为特征的资本主义已经到了需要改变的紧要关头,传统的"自由放任"信条已经无法再次获取成功,无法与现有的经济体系结构相适应,因此,此时需要将现行的经济体制从无政府状态转变为一种有意识地按照社会公平和社会稳定的要求管理和引导经济力量的制度。新的历史元素的加入,比如世界一体化进程的重要突破、社会主义革命运动的兴起与传播、第二次科技革命的飞跃发展等,都预示着人类社会面临着新的变革。接下来,结合具体的时代背景对凯恩斯的国家干预理论的产生进行进一步的探讨。

1914 年爆发的第一次世界大战对凯恩斯的早期信任传统自由放任的资本主义思想造成了强烈冲击,催生了他对传统资本主义的怀疑与批判。随后俄国发生的社会主义革命给全世界产生了巨大的反响,各国纷纷出现了社会主义思潮,更加深他对传统资本主义的怀疑。当然,凯恩斯是反对无产阶级革命并站在资产阶级这边的。他通过对旧的传统的资产阶级思想的批判,建立了自己的国家干预理论,由此来避免资本主义的灭亡,并促进了资本主义的进一步发展。

除了以上历史事件因素外,凯恩斯的国家干预理论与资本主义体制内部矛盾激化的经济危机有着密切的关系,凯恩斯的经济理论就是围绕着解决经济危机这个主题而建立的,他的理论经常被看作用来解释资本主义经济发生萧条的理论,因此,凯恩斯经济理论体系在某种意义上说,是危机经济学或萧条经济学。凯恩斯的国家干预主义思想产生于 20 世纪二三十年代英国出现的长期慢性萧条以及后来更普遍的西方国家的经济大萧条中。萧条期间,面对大量的企业和设备闲置,失业率高居不下,物价普遍下跌等问题,凯恩斯认为,究其缘由在于私人垄断资本主义只能制造日益的不公，不可避免地会引起失业、生活水平下降和社会危机，而解决危机的唯一办法只能加强国家对社会生活的干预和调节。[①] 凯恩斯明确表示，只有稳定的经济才能使以个人主义为特征的资本主义有效率地生存下去，政府的政策调节对经济的稳定有着积极的作用。他要求当时政府举办大规模公共工程计划，以此解决大量失业和经济衰退问题，反对当时保守党政府的紧缩政策。凯恩斯通过对英国陷入长期经济萧条的原因的分析，确立了其国家应该主导干预社会经济、限制传统资本主义的自由，以达到保持社会稳定和发展的思想。这样，在 1929 年经济大危机爆发后，凯恩斯对资本主义有了新的认识，并加强了对传统资本主义的批判，指出资本主义社会最大的缺点是它不能提供充分就业以及它任意的、不公平的财富和收入分配方式，资本主义应当树立与社会稳定和社会公正的利益相适应的当代观念，国家只有通过对消费倾向和投资引诱的调整才能避免现存经济系统完全被破坏。

"二战"后，随着西方国家经济的恢复、科技革命的飞跃发展、生产和资本社会化程度的不断提高，促使资本主义基本矛盾日益尖锐，生产过剩危机频繁发作。鉴于此，西方各国政府纷纷对经济进行干预，并收到了良好的效果，促进了经济的进一步发展。从 20 世纪 40 年代后半期到 70 年代初，凡是实行过国家干预经济政策的西方发达国家再也没有爆发类似于 20 年代末的经济大危机。因此，人们曾乐观地以为资本主义经济萧条和危机从此一去不复返了，凯恩斯经济思想也被称为当时最伟大的科学成就，凯恩斯主义经济思想成为那个时期占据主导地位的经济学思想，在经济思想史上被称为"凯恩斯革命"。凯恩斯经济理论思想尤其是他的国家干预理论之所以能够取得成功，最主要的原因在于，它迎合了当时国家垄断资本主义的形成和发展，成为其理论依据。但是，凯恩斯并没有解决资本主义生产方式的固有矛盾，只是对其进行缓和，在矛盾发作的表层进行调整和修补。随着国家垄断资本主义的发展，矛盾必定会以新的形式或方式再次暴露出来，危机依然会像幽灵般的周期性显现。

（二）凯恩斯主义的衰落

凯恩斯主义信徒们认为，凯恩斯国家干预主义思想已经解决了资本主义的所有经济问题，只要在政府干预下，经济周期的波动可以比较温和，充分就业能

---

① 王祖奇，2009：《凯恩斯国家干预资本主义思想的产生与时代》，《学术界》第 6 期。

够持续,市场就能在国内外不断扩张,劳动生产率随新技术的使用不断提高,就不会有什么因素可以阻碍经济的增长。但是,正如前文所述,凯恩斯的经济主张只是暂时地缓和了资本主义生产方式固有矛盾,根本改变不了资本主义经济危机的周期性规律。20 世纪 70 年代中期,以美国为首的西方经济发达国家出现的经济"滞胀"危机给凯恩斯主义信仰者以沉重的打击,并使得凯恩斯经济理论陷入这样一种困境:承认通货膨胀发生的理论却无法同时解释经济停滞现象;而解释经济停滞的理论又无法面对通货膨胀的现实。[1] 面对以"滞胀"为特点的资本主义经济危机,凯恩斯主义政策束手无策。究其原因在于"滞胀"危机是由国家垄断资本主义生产方式固有矛盾所决定的,是资本主义固有矛盾不断积累和日趋激化的结果。也就是说,在生产率不断提高、经济开发不断深入以及政府积极干预的背景下,资本主义本身出现了很多问题,比如生产效率提高导致的失业增加、社会资源的过度开发导致的原材料短缺和成本的上涨、政府过度干预市场导致的政府开支增加以及企业税负负担过重等问题。[2] 众所周知,凯恩斯政府干预理论的声誉是建立在应对和处理资本主义的经济问题基础上的,当它无法对新出现的实际问题做出合理的解释时,它的地位便岌岌可危了。

反观凯恩斯关于经济危机原生态——生产过剩危机原因的解释,主要是围绕"有效需求不足"这一主题而展开的。为了刺激"有效需求",凯恩斯主张实行温和的通货膨胀。他认为,消费者会因为未来商品价格的上涨预期而改变其现实的消费行为,即选择在价格上涨之前便开始购买现实所需商品,如此便刺激了消费需求,并构成了资本运营的良性循环。因此,温和的通货膨胀对经济增长有一定的促进作用。然而,凯恩斯主义的批评者指出,凯恩斯关于预期的观点,只是一种适应性的预期,是随机的、难以用理性解释的。适应性预期是一种后向预期,人们只能利用过去的通货膨胀来简单地预期未来的通货膨胀,不能通过现有的信息以更精确的方式预测未来。同时,从现实来看,通货膨胀这一因素本身就具有不可预期性。因此,消费者无法根据现实的经济情况决定自己的消费行为,反而会因为通货膨胀的剧烈波动而选择储蓄,从而减少了自身的消费需求。20世纪 70 年代初,占统治地位的凯恩斯主义是新古典综合的宏观经济学派,其主要理论是关于菲利普斯曲线的改造和解释。原来用来表示工资增长率与失业率

---

[1]　王志伟,2013:《凯恩斯主义经济理论与近年来的经济危机》,《福建论坛·人文社会科学版》第2期。

[2]　何秉孟主编,2004:《新自由主义评析》,社会科学文献出版社,第7页。

之间关系的菲利普斯曲线被新古典综合派用来解释通货膨胀率与失业率之间的替换关系——失业率高时,通货膨胀率下降;失业率低时,通货膨胀率上涨。可是,70年代出现的经济"滞胀"摧毁了菲利普斯曲线所表达的替代关系,从根本上动摇了新古典综合派的理论思想。

具体来看,从20世纪60年代开始,美国政府积累的财政赤字数额日益激增,1968年达到了252亿美元,为了给政府干预经济政策扫清障碍,只能通过通货膨胀来弥补财政空缺。美国CPI年增长率由1965年的1.7%飙升到了1969年的6.3%,失业率从1969年12月的3.5%上升到了1970年的6.2%,达到了10年来的新高。[①] 20世纪70年代初爆发的石油危机以及随后布雷顿森林货币体系的解体,不仅加剧了美国通货膨胀危机,而且导致了生产成本的大幅上涨和美国经济的进一步衰退。因此,从70年代开始,经济衰退与通货膨胀高企成为美国经济同时面对的两大难题。

综上所述,20世纪70年代后,无论在理论上还是历史实践中,凯恩斯的政府干预理论都深陷困境之中,"凯恩斯主义"风光不再。

三、罗斯福新政

在资本主义经济史上,应对由资本主义生产方式固有矛盾产生的过剩性危机最有影响的实践可以说非"罗斯福新政"不可。从某种意义上来说,"罗斯福新政"是在1929—1933年大危机的背景下产生的。新政的开展分为两个阶段,尽管历时不过两百天,其中所宣扬的一些政策也未得到真正的实施,但是它的基本精神一直延续了36年,并在罗斯福、杜鲁门、肯尼迪以及约翰逊等四位民主党总统执政期间的经济政策中处于支配性的地位。[②] 罗斯福崇尚政府的权力,把它作为人民的希望所在,正如他所说:"面对着这样一个经济专制,美国的公民只能求助于有组织的政府权力。……在现代文明中,政府对公民负有某些义不容辞的责任,其中包括保护家庭和家宅,建立一种机会均等的体制,以及对不幸的人提供援助。"[③]罗斯福之所以这么说,是因为大危机给千百万劳动人民造成了深重的灾难,其中失业工人和老年人受到了最为沉重的打击。而显然资本主义内

---

① 马焕明,1999:《归去来兮凯恩斯——"凯恩斯主义"盛衰演变与现代资本主义经济周期的关系初探》,《史学集刊》第3期。

② 陈宝森,1988:《美国经济与政府政策:从罗斯福到里根》,世界知识出版社,第34页。

③ [美]富兰克林·德·罗斯福,1982:《罗斯福选集》,关在汉译,商务印书馆,第126—127页。

部已经不能通过自我调节来解决失业问题。20 世纪 30 年代整个 10 年平均有 18％的劳动力失业，最高达 25％。大萧条过去的第七个年头——1936 年仍有 16.9％的劳动力、总计约 900 万人找不到工作。由此，资本主义社会矛盾日益尖锐，为了缓释资本主义矛盾带来的风险，美国实施罗斯福新政以来，在发展社会福利事业方面的支出迅速增长。在 1929—1933 年大危机爆发之前，美国的社会福利事业发展远远落后于欧洲国家，联邦和各州用于社会福利的开支较少，1929 年只有 39.21 亿美元，占国民生产总值的 3.9％，内容包括公共补助、保健、医疗、教育、退伍军人津贴和其他社会福利项目。在社会保险方面，只有政府雇员退休金一个项目，私人企业职工是完全被排除在社会保障之外的。罗斯福新政期间通过了社会保障法，社会福利支出迅速增长。1984 年总支出达到了 6 719.72 亿美元，占国民生产总值的 17.8％。与 1929 年相比，社会福利支出实际增长 22.9 倍，平均每年递增 5.9％。[①]

"罗斯福新政"的基本政策精神主要在于：首先，在不颠覆资本主义私有制的前提下，通过运用国家"机器"对社会生产进行干预，政府的基本政策手段包括运用所得税制、预算拨款、发放政府债券和银行贷款等。其次，实行国民收入的再分配，促进国民经济在某些重要领域的发展。最后，政府对一些不利于整个资本主义经济的企业活动进行管理。同时，罗斯福新政需要一种比传统的自由主义更能解释资本主义现状的理论，此时凯恩斯的国家干预理论正好迎合了资产统治阶级的需要。

因此，从某种意义上说，美国率先推出的"罗斯福新政"堪称凯恩斯经济主张最成功的应用。"罗斯福新政"主要从以下五个方面对凯恩斯政府干预理论进行了具体化：(1) 重构金融体系，恢复金融秩序，规范金融市场；(2) 规范企业行为，提供就业机会；(3) 救济失业人员，恢复其信心；(4) 通过加大基础设施建设，来扩大社会救济面，由此提升购买力，刺激消费；(5) 强化制度建设，巩固改革成果。[②]

从具体的历史阶段来看，新政分两个阶段展开。第一次新政（1933—1934 年），特别是第一个"百日新政"，包括范围广泛，标志为旨在既要提供即时救济也要促进复苏的立法的通过。这是试验时间，提供希望的任何想法都可能被试用。

---

① 陈宝森，1988：《美国经济与政府政策：从罗斯福到里根》，世界知识出版社，第 21—22 页。

② 刘银喜、徐天骄，2009：《凯恩斯政府干预理论对化解全球金融危机的启示与借鉴》，《内蒙古大学学报（哲学社会科学版）》第 2 期。

民间资源保护组织(Civilian Conservation Corps,1933 年 3 月)、《农业调整法案》(*Agricultural Adjustment Act*,1933 年 5 月)和《全国工业复兴法》(*National Industrial Recovery Act*,1933 年 6 月)是在新政的这一阶段创建的里程碑。第二次新政(1935—1941 年)因更有意识地转向左派而著称。虽然它继续救济和复苏措施,政府当局急切地推动自己认为会永久提高工人阶级生活水平的改革。《社会保障法》(*Social Security Act of* 1935)和《公平劳动标准法》(1938)都是第二次新政的主要成就。[①] 按照新政的政策实施的性质来看,也可以分为两个阶段,第一阶段为新政实施的最主要任务是"应急",第二个阶段主要用于"改革"。该阶段为了稳定大危机中的经济和保持社会安定而采取了一些应急的措施,包括稳定银行系统、废除金本位、救济失业者等。同时,用于改革的措施包括:建立社会保障制度、对公用事业的联邦管制、兴建公共工程、扩大国家资本、对工农业生产的控制与调节、对银行制度的改革、政府对股票和商品交易的管理、新政为提高社会购买力而采取的措施、以工代赈扩大就业等。这些措施主要是为了解决过去经济和社会结构的不合理,为经济和社会的长期发展奠定基础。

新政的实施对美国经济的发展起到了相当大的作用,并为社会和经济各方面的建设创造了稳定的环境和优良的条件:[②]第一,通过制定失业补偿、老年保险、医疗等方面的制度,在某种程度上,对美国经济社会起到了"安全网"和"稳定器"的作用。第二,实行劳工政策和农业补贴政策,让工人和农场主的收入得到了保障并有所提高,由此缓和了社会贫困化趋势。第三,实行全方位的社会福利制度,转移了一部分剩余价值,在一定程度上缓和了社会贫富差距带来的社会矛盾。第四,增加国防开支,大力发展军工业,促进新兴科技技术的发展,不仅让资本家获得了超额利润,也带来了新兴产业的蓬勃发展。第五,增加政府在基础设施方面的支出,为私人投资创造良好的环境,促进工农业的发展,进一步带动了汽车业、建筑业、第三产业的发展。第六,大力兴办科学教育事业,为新兴产业的发展提供高素质的人才,促进科技发展的同时,政府也无偿为资本家培养了大批高素质的劳动力。

虽然"罗斯福新政"只是一些治标的应急措施,但客观上适时地迎合了垄断资本主义的时代要求,因此取得了巨大的成功,也拉开了西方国家开始实施政府

---

① [美]加里·M.沃尔顿、休·罗考夫,2011:《美国经济史》,王珏等译,中国人民大学出版社,第539—540 页。

② 陈宝森,1988:《美国经济与政府政策:从罗斯福到里根》,世界知识出版社,第40—41 页。

干预经济政策的序幕。其中,罗斯福新政对西方国家影响最大的是其进行反经济危机而实行的以"财政政策为主,货币政策为辅"的经济政策。

以凯恩斯主义为指导思想的罗斯福新政,在面对经济衰退时,最主要的政策措施是通过赤字财政来刺激经济增长。尤其在有效需求不足的情况下,政府可以通过举债实行财政赤字预算,扩大政府消费,提高社会消费倾向,刺激经济增长,增加就业。政府可以通过向金融机构举债,筹集所需资金对经济进行干预。经济运行债务化就此成为西方国家实现经济增长的主要手段之一。

四、新古典自由主义

在资本主义经济思想的发展历程中,任何一种思潮的产生和兴起都是为了解决资本主义所面临的问题和危机,为资本主义发展提供理论依据,由此更好地为统治阶级服务。回顾凯恩斯主义之所以能在当时盛行,是因为它在一定程度上缓和了资本主义的基本矛盾,推动了资本主义的发展。但是,随着资本主义的发展,由资本主义的基本矛盾所决定的各种矛盾出现了新的变化,而凯恩斯主义却无法解决这些新矛盾,资产阶级势必需要新的理论来推动资本主义的继续发展。于是,新古典自由主义或称新自由主义就在这样的条件下兴起了。

接下来,我们从古典自由主义思潮发展历程出发,对新自由主义的产生及其发展到最后的破产进行详尽的分析,来说明新自由主义是如何应对资本主义生产方式的固有矛盾所激化的危机,以及所产生的新矛盾。

(一) 自由主义思潮

在西方资产阶级经济思想发展历程中,自由主义思潮占有极其重要的地位。何秉孟(2014)认为,资产阶级自由主义思潮,发轫于十三、十四世纪欧洲中世纪兴起的文艺复兴时期,已有 700 余年历史,大致可分为三个阶段,即 13—16 世纪文艺复兴时期的人文主义阶段,17—19 世纪自由竞争资本主义时期的兴盛阶段,20 世纪以来自由主义思潮的衰落阶段。

在持续三四百年的文艺复兴运动中,以但丁、达·芬奇、莎士比亚等为代表的资产阶级文学家、艺术家对欧洲中世纪时期的宗教神权和封建专制进行了严厉的批判,并提倡人的自由解放、保障人权等,为新兴资产阶级新的思想和新的文化创造了肥沃的土壤,滋生了资本主义社会经济制度。文艺复兴的以人文主义为核心的自由主义思潮阶段,可以说是传统自由资本主义思潮的启蒙阶段。

17世纪后,自由竞争资本主义开始走上历史舞台。除资产阶级的文学家、艺术家外,以洛克、孟德斯鸠、亚当·斯密、康德和穆勒等为代表的资产阶级的哲学家、政治学家为迎合和促进传统自由资本主义的发展提供了相应的理论依据。其核心范畴包括个人自由、个人人身安全、公正、平等,以及参与选举、参与制定法律和享有法律规定的其他民主权利等。① 而对于古典自由主义思想来说,1776年亚当·斯密的《国富论》的面世,标志着这一政治经济理论体系的创立。从此,古典经济学理论成为自由竞争资本主义经济发展所赖以生存的主导思想。

19世纪末、20世纪初,传统的自由竞争资本主义逐渐转变为国家垄断资本主义,资本主义基本矛盾日趋激化并演化出许多的新矛盾,主要表现为:(1)频繁发生的经济危机;(2)社会贫富差距两极分化加剧,引发无产阶级与资产阶级矛盾日益尖锐;(3)帝国主义宗主国与殖民地、半殖民地之间的斗争越来越激烈等。垄断资本主义为了掠夺更多的财富,进一步加强了剥削,并对反抗阶级进行政治高压甚至进行残酷血腥的武力镇压。由此以宣扬自由、民主、平等、人权等价值理念为核心的自由主义思潮开始受到了社会各界的质疑和批判,失去了昔日的光环,逐步走下了神坛。

(二) 新自由主义的兴起及实践

新自由主义作为一种理论现象产生于20世纪30年代,但经历近半个世纪以后才逐渐被统治阶级所认可,进而发展成为当代资本主义的主流意识形态,并成为国际垄断资本推行全球一体化理论体系的重要组成部分。

新自由主义兴起的原因和20世纪30年代后凯恩斯主义得以盛行的原因一样,都与资本主义危机有着密切的联系。也可以说,新自由主义兴起源于20世纪70年代的"滞胀"危机。以"滞胀"为特点的资本主义经济危机的爆发标志着为国家垄断资本服务的经济理论——凯恩斯主义的终结,同时拉开了资本主义进入国际垄断阶段的历史序幕。以美国为例,资产超过50亿美元的工业大公司,1955年只有8家,到1970年增加到22家,15年增加了14家,增加了将近两倍;到1980年更增至52家,同1970年相比,10年之内增加了30家,翻了一番多。100亿美元以上的巨型公司,1955年有2家,1975年增加到11家,20年增加了9家;1980年增至19家,5年增加了8家。……1954年,20个资本主义国

① 何秉孟,2014:《新自由主义:通向灾难之路——兼论新自由主义与自由主义的渊源和区别》,《马克思主义研究》第11期。

家的 99 家银行控制的国外分行共 1 200 家,美国占 10%;到 1977 年,世界最大的 50 家银行共在海外设分支机构 3 000 家左右,美国占 37%,所占比重增长近两倍,分支机构数由 120 家左右增至 1 100 余家,增长近 10 倍;1979 年美国在海外投资新建和合并企业的资产总额中,银行所占比重为 43.3%,比制造业的资产额要高出两倍多。① 美国的金融垄断资本在 70 年代"滞胀"期间迅速向国际垄断资本转变。因此,新自由主义兴起的根本原因在于适应了当代国际垄断资本扩张的需要,在为国际垄断资本服务的经济学理论中占据了主导地位。据此,以哈耶克和弗里德曼为代表的新自由主义思潮正式登上历史的舞台。

哈耶克的"去政府"理论宣称政府应当放弃对货币发行权的垄断,一旦政府滥用这种权力势必损害市场机制的正常运行,引发通货膨胀及严重的失业问题。他强调私有制是个人在市场中获得自由的根本前提,生产资料只有掌握在我们自己手中,才能自由支配生产。因为,"只是由于生产资料掌握在许多个独立行动的人手里,才没有人有控制我们的全权,我们才能够以个人的身份来决定我们要做的事情。如果所有的生产资料都落在一个人手里,不管它在名义上是属于整个'社会'的,还是属于独裁者的,谁行使这个管理权,谁就有全权控制我们"②。现代货币主义学派的代表人物 M.弗里德曼认为,货币政策比财政政策更具有实际效用,货币供应量的增加是通货膨胀的根源,货币是支配资本主义产量、就业和物价变量的唯一重要因素。他强调实行长期的"单一规则"的货币政策,即中央银行在制定和执行货币政策时要公开宣布并长期采用一个固定不变的货币供应增长率。他反对国家干预经济,主张让市场充分发挥自身功能来调节经济。

20 世纪 70 年代末到 80 年代,新自由主义在西方发达国家最早的实践表现为英国右翼保守党政府所实施的"撒切尔新政"以及美国共和党总统里根政府推行的"里根革命"。他们为医治"滞胀"危机采取的主要措施包括实行国有企业私有化、紧缩货币供给、降低税率、减少财政赤字以及消减社会福利支出、放松管制等等。其中,里根政府于 1983 年签发的《加恩—圣杰曼存款机构法案》,标志着放松金融监管,也即新自由主义从思潮转变为政府政策的开始。

"撒切尔新政"和"里根革命"确实给英美国家经济发展起到了积极的作用,"滞胀"问题也基本上得到了解决。在这种背景下,新自由主义开始向全球蔓延。

---

① 何秉孟,2010:《美国金融危机与国际金融垄断资本主义》,《中国社会科学》第 2 期。

② ［英］哈耶克,1997:《通往奴役之路》,王明毅等译,中国社会科学出版社,第 101—102 页。

不久后,国际机构及美国政府部门(包括世界银行、国际货币基金组织、美洲开发银行和美国财政部等)的官员以及拉美国家的部分学术机构代表于 1990 年在美国华盛顿达成了包括十项政策工具的"华盛顿共识",此举将新自由主义思想推向了极致。

(三) 新自由主义的"破产"

自 1990 年"华盛顿共识"出台后,国际垄断资本便开始打着"新自由主义"的旗号对全球各国尤其是发展中国家进行"侵略",其中主要包括:拉美的阿根廷、东南亚的泰国和印度尼西亚、东欧的俄罗斯以及中东的埃及等国家,并向它们强制推行"华盛顿共识"所制定的经济政策。为国际垄断资本服务的"新自由主义"经济范式自然不会给这些国家带来长远的利益,最终这些国家的经济改革都未取得成功,反而从此踏上了通往灾难的不归之路。如果说新自由主义的失败只是表现在发展中国家,那么由 2007 年美国次贷危机引发的全球金融大风暴说明了发达国家市场经济体同样难逃劫难,这次大危机也标志着新自由主义思潮和政策主张的彻底"破产"。

1. 阿根廷经济改革的失败

20 世纪 80 年代,阿根廷遭遇了债务危机的侵袭,为了摆脱危机不得不接受以美国为首的国际垄断资本的国际金融机构所提出的"结构性调整"改革方案。众所周知,阿根廷的此次新自由主义式的经济改革并未给阿根廷经济带来质的变化,2001 年爆发的金融危机更是将阿根廷拖入了经济严重衰退的泥潭。截至 2002 年下半年,阿根廷失业率急剧上升至 25%,社会贫困人口比重达到了 57%。[①] 从此,阿根廷从一个经济曾位居世界前列的准发达国家,经过短短十几年的"新自由主义"范式的经济改革后,便沦落为拉丁美洲最贫穷的国家之一。

2. 俄罗斯的"休克疗法"

在苏联解体后,俄罗斯逐渐放弃计划经济体制转而实行自由市场经济体制。以叶利钦、盖达尔为代表的俄罗斯政府领导人开始大力宣传"新自由主义"的经济模式,并鼓吹只要通过市场自由化、私有化等政策就能帮助俄罗斯摆脱经济衰退,从而迅速有效地实现向市场经济的转轨。随后,美国哈佛大学经济学家杰弗

---

① 刘迎秋,2009:《国际金融危机与新自由主义的理论反思》,《经济研究》第 11 期。

里·萨克斯依据"华盛顿共识"为俄罗斯政府推荐了名为"休克疗法"的经济改革方案。从 1992 年起,该经济方案开始在俄罗斯全面铺开,其主要内容有:(1)市场自由化。全面放开物价、商品、货币、汇率和外贸进出口等的调控和管制,大大削减乃至取消政府调控经济的行政管理部门。(2)实行紧缩的财政和货币政策。(3)国有企业大规模的私有化。

然而,俄罗斯政府推行的这种新自由主义范式的"休克疗法"并未收到良好的效果,短短几年后,俄罗斯便陷入了前所未有的经济社会危机之中——经济大幅下滑、社会动荡不安、贫富两极分化严重以及政局混乱等。1998 年俄罗斯金融危机的爆发,宣布这场以美国的新自由主义模式改造俄罗斯经济结构的实践以失败告终。

3. 美国新自由主义模式的幻灭

2007 年 8 月,美国突然爆发次贷危机。次贷危机给美国经济带来了巨大伤害,不久后,便演变成为全球范围内的金融大危机。2008 年 9 月爆发的金融危机被公认为自 20 世纪 20 年代末经济大萧条以来人类历史上最严重的金融危机。从 2007 年 9 月到 2008 年 10 月,危机爆发后一年左右的时间里,全球股市大幅下跌:美国道琼斯指数下跌 40%,德国法兰克福 DAX 指数下跌 47%,法国巴黎 CAC 指数下跌 48%,日本日经指数下跌 61%,韩国首尔综合指数下跌 53%,香港恒生指数下跌 64%,俄罗斯 RTS 指数下跌 78%,越南股市下跌 70%,冰岛股市下跌 90%……2008 年十个月内全球股市损失 25 万亿美元,相当于 2007 年美国 GDP 的两倍。[①] 金融危机迅速传导至全球实体经济。全球生产和贸易方面,从 2008 年 9 月到 2009 年中期,全球生产的下降比以往任何时期同样短的时间内的幅度都要大。全球贸易收缩也十分严重,贸易水平在 2008 年大崩盘之后的下降速度比 30 年代大萧条时快得多。[②] 受危机的影响,全球各国的民众深受其苦——不得不改变自己原有的生活方式。美国有一半的中产阶级都在勒紧裤腰带过日子,社会动荡不安,失业和忍受饥饿的人群增加。英国 2008 年底的失业人数将达 200 万,西班牙离婚率下降的原因竟然是人们没钱离婚。[③] 总之,这场由世界上最发达的资本主义国家——美国引发的全球性金融危机将全球人民都拖入了近百年来最严重的经济社会危机的深渊之中。

---

① 宋林飞主编,2010:《全球金融危机观察与思考》,光明日报出版社,第 3 页。
② ［澳］戴维·莱威林—史密斯,2010:《大崩盘》,社会科学文献出版社,第 120—121 页。
③ 孙飞、赵文锴,2008:《金融风暴启示录》,新世界出版社,第 120—121 页。

关于这场全球金融风暴爆发的原因,社会各界出于不同的立足点都给予了详尽的解释,其中也不乏真知灼见。而生成这些原因之一就是美国实施的新自由主义经济模式,也就是说,这场被称为"百年难得一遇的大危机"的直接原因在于新自由主义自由放任的经济政策。这次危机也宣告了新自由主义治理理念和模式的彻底"破产"。

第二节 应对经济危机的路径
——进入消费社会

在 20 世纪 20 年代末爆发世界性的经济大崩溃之前,当代欧美资本主义社会周期性经济危机的发展趋势基本符合马克思的科学分析,财富向少数人聚集,贫困的人越来越多,两极分化严重,社会危机加剧。

但在此之后,欧美的资本主义社会尽管仍然存在着周期性的经济波动,但波动趋向于缓和,两极分化逐渐演变为中产阶级占多数的两头尖中间大的结构,原有的社会经济危机也随之趋向缓和。正如前文所述,其原因在于,一方面,严重的经济社会危机和无产阶级的斗争迫使资产阶级认识到了马克思的警告,在政治法律制度上逐渐发展出了一整套保护劳工权益的法律和社会福利保障制度,遏制了周期性危机的长期趋势造成的两极分化;另一方面,为了防止任何一次危机对社会造成过大的伤害,欧美资本主义社会在经济制度上放弃了自由放任的市场经济,而奉行凯恩斯主义对市场经济进行干预,防止危机恶化,从自由放任的市场经济制度走向以市场交易为基础、政府干预为辅助的经济制度。同时,从上文可知,面对由资本主义生产方式固有矛盾决定的过剩性危机,凯恩斯主义主张政府对经济直接干预,提高财政支出,实行赤字财政政策,尤其是在有效需求不足的情况下,最大限度地扩大消费成为政府对市场进行政府干预的主导。最终,强调消费成为西方发达资本主义国家缓和资本主义矛盾以及推动社会发展的主题。

一、资本主义社会摆脱过剩危机的途径——扩大消费

在市场经济条件下,政府无法通过计划和指令直接干预供给,而只能通过货币和财政政策间接地调控需求,来平稳经济波动的幅度;在经济繁荣时,采取紧

缩的货币财政政策来遏制投资需求,而在经济萧条时,则采取扩张的货币财政政策来刺激消费和投资需求。

归根结底,资本主义统治阶级通过各种手段不断扩张消费,就是为了缓和资本主义的矛盾。在这个过程中,资本主义民主政治的发展在很大程度上消除了贫困,缓和了两极分化,使发达国家步入了"丰裕社会"(The Affluent Society,也称"富裕社会"),为消费的扩张奠定了经济基础,而资本主义经济学和经济政策的发展,则为消费的扩张奠定了理论和实践的基础,由此资本主义社会从工业社会进入了后工业社会,或者说消费社会。接下来,就缓和资本主义矛盾的手段——扩大消费,以及资本主义发达国家如何步入"丰裕社会"做进一步的说明。

(一) 如何扩大消费

当代资本主义社会摆脱过剩性质的经济社会危机的基本途径是,一方面,继续通过市场竞争消除落后的产能来遏制过剩的供给,另一方面,采取各种手段来扩大消费。扩大消费的步骤可归纳为三点:首先,通过消除绝对的贫困并培养广大的中产阶级来提高社会购买力。其次,通过各种公共政策来刺激公共投资和私人投资,发展公共设施和新的产业。最后,通过各种公共政策和广告宣传来刺激消费。

关于贫困产生的原因,西方经济学家们早有研究。古典经济学家亚当·斯密把贫困归结为劳动力市场的供需关系时常变化的结果,唯有通过市场的调节功能来抑制工人人口的增长,才能使人们摆脱贫困。马尔萨斯的人口理论认为贫困人口的快速增长才是资本主义社会贫困的主要原因,他极力拥护资本主义私有制,并宣称私有制不是产生贫困的源头,而是平衡人口增长和生产资料之间的关系的利器。随后,一大批经济学家们都从不同的角度对贫困做出了相应的解释,但都未触及资本主义社会制度的根源。

马克思对无产阶级贫困化及其趋势做出了深刻的解释。马克思认为,工人阶级的贫困的原因应该从分析资本主义制度本身入手,在资本主义雇佣劳动制的驱使下,无产阶级必然面临贫困化的侵袭。在资本主义社会经济制度下,生产资料归资本家私有,工人阶级在失去生产资料后,为了生存而受到资本家的雇佣,并为其生产剩余价值。然而,在资本主义生产过程中,由于外部竞争的压力,资本家不得不在雇佣劳动制的基础上无限度榨取劳动者生产出来的剩余价值,以便进行资本积累,继续扩大生产规模,争取在竞争中存活并取得胜利。如此一来,势必会造成无产阶级在无限度的剥削中而成为贫困的一方。随着资本的不断积累和资本有机构成的不断提高,劳动力市场供大于求的现象将持续恶化,最终造成大量的相对过剩人口,这样失业便成为资本主义社会普遍现象,工人阶级越发贫困。

国内外学者从贫困化的程度上将贫困分为绝对贫困和相对贫困。即认为绝对贫困是收入难以维持最低物质生活水准的生活状况,又叫生存贫困。相对贫困是比较社会其他部分人的生活水平而言,部分人处于社会水准的最下层,它是相对的、动态的,具有不平等性和主观性。[①] 而经济学家加尔布雷思从"富裕社会"的角度对贫困进行了定义。他认为,富裕社会中人的贫困主要包括两个方面的含义:一是绝对贫困。在富裕社会中,尽管这种社会发展阶段已经具备了消除大规模贫困的能力与手段,但还不能确保贫困的消除。二是相对贫困,即尽管社会整体富裕了,但仍有一部分人的收入低于社会共同体的平均收入,在此情况下,即使他们的收入足以生产,他们也依然是贫穷的。他们既达不到共同体一般的评价标准,其生活层次又超出了共同体可接受的范围。[②]

然而,马克思从剩余价值理论出发对相对贫困和绝对贫困做出了辩证分析。就相对贫困而言,马克思认为随着资本主义经济的发展,工人的工资的增长速度远远落后于剩余价值的增长速度,长期来看,呈现下降趋势,势必造成无产阶级经济地位的下降。因为,虽然工人的生活的绝对水平依然照旧,但他的相对工资以及他的相对社会地位,即他与资本家相比较的地位,却会下降。相对贫困是否改善与工人的生活水平的高低没有关系。自资本家利用相对剩余价值的生产取代绝对剩余价值的生产成为主要手段以来,随着资本的不断积累和劳动生产率的提高,工人所获得的财富与资本家榨取的剩余价值相比日趋萎缩,相对剩余价值的生产决定了无产阶级相对贫困的趋势不可改变,它绝对地、无条件地存在于资本主义发展过程的始终。也就是说,资本主义社会无法消除相对贫困,因此,它只能在绝对贫困方面做文章。无产阶级绝对的贫困在资本主义社会表现为无产阶级对生产资料的绝对的一无所有,具体特征为工人阶级的实际工资下降、社会失业人口剧增以及大量工人生活在"贫困

---

① 杨丽艳,2006:《马克思的无产阶级贫困化理论及其当代发展》,《马克思主义研究》第2期。
② 刘合波,2013:《富裕社会中的贫困:加尔布雷思的政治经济思想研究》,《哲学研究》第9期。

线"以下等。

更值得提出的是,绝对的贫困被认为与资本主义社会周期性爆发的危机有着密切的联系,也就是说,绝对贫困只是阶段性地存在于资本主义经济发展过程中,危机中所产生的绝对的贫困也可以得到暂时的解决。因此,在面对过剩危机时,为了扩大消费,资本主义社会的统治阶级可以通过消除绝对的贫困并培养广大的中产阶级来提高社会购买力。

对于中产阶级的定义,《21世纪资本论》作者经济学家托马斯·皮凯蒂说:"一些人使用'中产阶层'这个术语时指代非常宽泛,包含那些显然属于社会最上层的人(也就是收入最高的那10%),甚至包含接近最顶层的人(收入最高的1%)。一般来说,中产阶层的定义如此宽泛,是为了指出即使这些人占有的资源明显超过社会平均数,但也相当接近这个平均数。'中产阶层'一般指多数过得好但离真正的'精英'还很远的人。"[①]具体来看,1956年美国技术人员和经济管理人员(即白领工人)开始超过从事生产的人员(即蓝领工人)。到80年代美国的蓝领工人比例继续下降到30%,90年代降到5%。欧美国家的阶级和阶层结构由"二战"之前的"两头大、中间小"的哑铃结构逐渐转变为当代的"中间大、两头小"的橄榄球结构。

在资本主义工业化进程中,随着生产力的发展,生产过剩和消费不足这对"孪生兄弟"成为资本主义生产遇到的最大麻烦。大生产需要大消费进行匹配,否则生产过剩的结果就是严重的危机。正如前文所述,当面临生产过剩危机时,凯恩斯主义的国家干预理论要求政府通过大规模的公共工程的计划来解决社会失业问题,由此消除危机带来的绝对贫困。不管在什么时期,凯恩斯主义对绝对贫困问题进行国家干预的观点基本上都得到了认可。通过各种公共政策来刺激公共投资和私人投资,发展公共设施和新的产业,最终达到消费的扩张。

广告作为消费社会的一种符号的存在,发挥着自身所具有经济社会与生活的媒介功能。通过对一个时代广告的观察和研究,甚至有可能发现这一时代的市场性质以及当时的经济社会结构和运动规律。因为,广告是为了将上市的产品(即商品)转入消费者手中的一种信息,从而得以表现那一时代的生活方式以及价值观和"价值感觉"。[②]

---

① [法]托马斯·皮凯蒂,2014:《21世纪资本论》,巴曙松等译,中信出版社,第255页。
② [日]堤清二,1998:《消费社会批判》,朱绍文等译,经济科学出版社,第39—40页。

为了吸引消费者并激起他们购物的欲望。首先,广告通过对具体事物的特征以"物像化"①的方式表达出来,创造出与事物相近的东西,由此影响人的意识和行为。其次,当广告激发一批人的购买欲,并使其得以满足时,通过"欲望的模仿"②作用自然会唤起其他一批人的欲望,唤醒人们对市场商品(尤其是非必需品)的消费。人进入市场开始购买商品后,人便成为广告作用的对象。资本为了追逐利润,必然抛弃现实中以使用价值为基础表现不突出的商品来吸引顾客的方式,而是将广告赋予商品虚假的夸张的所谓价值来吸引广大顾客,由此最大限度地提高相应商品的消费量。

(二) 步入"丰裕社会"

加尔布雷思认为,"丰裕社会"是一个经济不断发展的社会,它已经具备了消除绝对贫困的力量。丰裕社会的形成与现代科学技术革命密不可分,科技革命使得社会生产力发生了革命性的变化,为丰裕社会的建立提供了强大的物质基础。

首先,科技技术革命将科技的物化和人化作用于生产力的各个构成要素,极大地提高了生产力质量和结构,导致劳动工具和劳动对象发生彻底变革,以及劳动者素质的不断提高。第一次科技革命使得机器大生产代替手工业。第二次科技革命提高了劳动工具的精密性,并用能源动力方面的创新代替了体力劳动。第三次科技革命在脑力劳动领域取得了质的飞跃,自动化系统的发展不仅解放了劳动者的双手,也开始解放人的大脑,并使得社会产业结构发生了根本的变化,发达国家开始步入了服务经济、信息经济和知识经济时代。劳动对象的变革包括扩大劳动对象的范围、提高劳动对象的质量、加速劳动对象的生产和再生产以及提高劳动对象的利用效率。劳动者从适应机器大生产时期的以一般技能为主的技术性劳动者,开始向适应智能型工具的以脑力劳动为主的智能型劳动者转变,劳动力结构发生了根本的变化,市场对高学历、高知识型劳动者的需求日益增长。其次,科技技术革命使得生产力规模得到空

---

① "物像化"(Reification)其来源是指抽象的概念的具体化,但在自由市场经济中,它的含义变了。在资本制生产式社会中为了获得商品和货币而制造商品,把它放在市场上贩卖,为获得货币而进行广告宣传,这种社会行动的结构,不管它是"真正的"还是"模仿的",都必然要求"物像化"。([日]堤清二,1998:《消费社会批判》,朱绍文等译,经济科学出版社,第58页)

② 看到别人的欲望得到满足,也唤起了自己的欲望——在绝对欲望衰退的社会里,这种唤醒作用被看为是蛮有人情味的。([日]堤清二,1998:《消费社会批判》,朱绍文等译,经济科学出版社,第45页)

前扩大以及极大地提高了生产效率。具体数据来看,社会的固定资本总量方面,至 1980 年,美国的固定资本总量比 1950 年扩大两倍以上,比 1913 年扩大 5.3 倍,比 1870 年扩大近 44 倍。在同一期间,联邦德国的资本总量分别扩大 4.6 倍、7.2 倍和 29.4 倍。美国、联邦德国、法国和英国的固定资本总量在 1950—1980 年的 30 年间增长的幅度远大于 1913 到 1950 年 37 年间增长的幅度。在平均单位劳动力所负荷的固定资本量来看,在 1913—1950 年期间,美、德、法、英和意大利等国其资本量增长了约 1.3 倍,年均增长 1.8%;而在 1950—1978 年间增长约 5 倍,年均增长 4.8%。经济总量来看,1980 年美国国内生产总值比 1950 年增长了 1.7 倍,比 1938 年增长近 4 倍,比 1913 年增长 6.5 倍,比 1870 年增长 42 倍。在同一期间,联邦德国国内生产总值的增长幅度分别为 3.5 倍、3.3 倍、6.2 倍和 23 倍。[①] "二战"后,资本主义世界经济增长速度超过了其他历史任何时期的发展。在劳动生产率方面,1950—1973 年,美国劳动生产率年均增长 2.6%,与 1913—1950 年持平,但高于上一世纪(1870—1913 年)2%。联邦德国在这三个时期年均增速分别为 1.9%、1.1% 和 6%;西方 16 国总体平均则为 1.6%、1.8% 和 4.5%。[②]

科学技术革命的成功给生产力带来了巨大的发展,势必要求资本主义国家对生产关系进行相应调整,由此缓和资本主义内部的矛盾。随着工业化进程的不断深入,资本主义民主政治也得到迅速发展,民众越发渴求民主制度,开始大力支持民主制度的建设,资产阶级与无产阶级之间的冲突也开始有所减弱。在劳资关系方面,企业开始实行管理民主化——允许工人代表参加企业的管理和参加工人工资的谈判。在分配关系方面,西方发达资本主义国家开始出现了收入分配兼顾"公平"、收入均等化以及社会福利制度普遍化的趋向。随着繁荣福利国家的出现,民众在包括政治在内的所有生活领域中都将自主和自我表现作为高度优化目标。经济水平的不断提高和民主政治的文化模式的出现,使得民众更加可能要求民主政治,更有技能去获取它。[③]

因此,在这个过程中,资本主义民主政治的发展在很大程度上消除了贫困,缓和了两极分化,使发达国家步入了"丰裕社会",为消费的扩张制造了良好的制

---

① 俞红、姚顺良,2005:《当代欧美国家的社会与文化》,国防工业出版社,第 41—42 页。
② 俞红、姚顺良,2005:《当代欧美国家的社会与文化》,国防工业出版社,第 43 页。
③ [美]罗纳德·英格尔哈特,2013:《现代化与后现代化:43 个国家的文化、经济与政治变迁》,严挺译,社会科学文献出版社,第 215 页。

度环境和经济基础。

二、现代消费社会的特点

随着工业化进程的不断深入以及社会分工的持续发展,以福特主义为代表的资本主义大规模工业生产方式,直接推动了 20 世纪大众消费社会的繁荣。同时,现代消费社会的文化和经济也发生了翻天覆地的变化,其中主要表现为符号消费和高度发达的金融市场。

(一) 现代消费社会的文化特征——符号消费

自人类开始生活以来、在产业社会之前的消费便开始满足于人们的生活之中,然而随着社会的发展和不断进步,如果再来考察人们生活方式的历史形成过程,就会发现家庭与教育、性与死亡以及财产等这些存在的概念和方式与之前的社会相比已发生了很大的变化。日本经济学家堤清二先生指出:"在产业社会中,人们通过工资把自己的劳动力同货币交换,再拿货币去购买商品,从而把本来作为'个人生活过程'的消费纳入巨大生产系统的机械性动作的一部分重复地进行着。……在所谓的消费中消费行为的整体已成为构筑市场的符号,变成了资本的作用对象。"[①]

符号消费是指消费者在进行商品的选择和消费的过程中,不仅仅只获得或追求商品的使用价值,同时也关注商品背后所蕴含的且能给消费者带来精神意义上的一些具有象征性的附加值,比如个性特征、社会地位和权利等。

符号消费将具有某种有意义的东西通过符号表达出来,并通过广告、促销等手段刺激消费者对此种符号化商品的需求。商品的生产,一方面需要通过技术的不断提高,促使其自身的使用价值能够充分实现,另一方面为了占领市场获得更多的利润,需要不断加速其交换价值的实现,保证相应的消费数量。在市场经济的竞争体制下,资本作用下的符号消费得以充分发展,它要求商品生产依照社会发展历史阶段的相应文化及符号的内在规律,在技术手段的帮助下赋予商品以文化和符号的元素,使其具有特殊意义,并在与其他商品竞争中取得优势,从而获得更多的利润。

在现代商品生产中,技术化、商品化以及符号化构成了其不同的三个层面。

---

① [日]堤清二,1998:《消费社会批判》,朱绍文等译,经济科学出版社,第 17 页。

首先,商品生产的技术化的目的是通过不断提高生产效率,以一种最经济的方式将生产要素转化为生产品;其次,商品生产的商品化的目的是极大的提高流通速率,以一种极快的方式将商品销售出去,从而产生最大的利润;最后,商品生产的符号化是为了赋予商品本身的更高的象征意义,以一种理念或高附加值的方式来赢取消费者的欢心,从而最大限度地促进消费。可以看出,商品生产的技术化、商品化和符号化分别代表着其自然规律、市场规律以及文化规则等。在不同的时代,商品被赋予的符号化程度不一样。在物资匮乏、生产落后的年代,生存消费是首要目标。随着现代消费社会的发展,经济、技术和服务水平的不断提高,人们的基本需求得到满足后,便开始追求精神上有意义的那部分消费。也就是说,人们的消费行为开始热衷于符号消费。

符号消费的一种主要表现方式可称为"炫耀性消费"(Conspicuous Consumption),受经济全球化以及西方消费文化的传播,这种消费开始超越生存消费迅速崛起。西方制度经济学家凡勃伦认为,由于不同的物品自身负载着不同且丰富的意义,比如:风格、品位、财富、地位、权利等,消费者购买商品,也就是购买品牌符号,购买物品在系统中的意义。因此,人们对商品的消费不再仅仅以消费的使用价值为目的,而是以炫耀消费品的象征意义为目的。法国思想家让·鲍德里亚洞察到"消费社会"的发展规律,进一步揭示了消费社会的特质是从"物的消费"过渡到"符号消费",即从重视对物的消费功用性逐渐转到重视物的消费所具有的意义。[①] 鲍德里亚在《消费社会》一书中指出:"人们所消费的不同款式、不同价格的物品因为它们分别标志着由不同职业、不同人群所使用,所以人们就通过消费不同的物品来界定自己与物品相符的身份,将自己与某种类型等同而与其他人相区别,即人们消费的不是物品的使用价值而是符号价值。"[②]

欧洲大陆呈现的文化多样性与其经济的发展有着密切关系,欧债危机的爆发原因与欧洲文化必然存在内在联系。在欧洲传统价值观的影响下,南欧、北欧国家所不同的消费观是欧债危机爆发的文化因素之一。……因此,南北欧国家的这种价值观差异导致了南北经济不平衡及社会结构的不同,具体表现为:北欧人追求财富,南欧人追求享受;北欧人从事生产制造,南欧人进行消费;北欧储

---

① 何小青,2007:《符号消费与广告伦理》,《湖南师范大学社会科学学报》第1期。
② [法]让·鲍德里亚,2006:《消费社会》,刘成富、全志钢译,南京大学出版社,第135页。

蓄,南欧借贷;北欧出口,南欧进口;北欧经常账户盈余,南欧赤字频现。[1]

(二) 现代消费社会的经济特征——高度发达的金融市场

自 20 世纪 50 年代以来,消费社会经济的不断发展带来了高度发达的金融市场,全球金融资产规模迅速扩张。2014 年 IMF 发布的金融稳定报告显示,截至 2012 年底,全球金融总资产约为 273.8 万亿美元,比 2002 年 106.44 万亿美元增长了 1.5 倍多,比 2008 年全球 GDP 总额(72.10 万亿美元)高出了 3.8 倍(如图 4.1),虚拟经济的增长远远超出了实体经济。全球影子银行规模从 2002 年的 26 万亿美元上涨至 2013 年的 75.2 万亿美元。在美国,战后(20 世纪 50 年代至 70 年代)美国的金融资产流量对 GDP 之比平均为 257 倍,1980—2007 年这一比例飙涨至 418 倍;即使是非金融公司的金融资产与实体经济资产占比也迅速从 70 年代的 40% 多上涨至 90 年代接近 90%。[2]

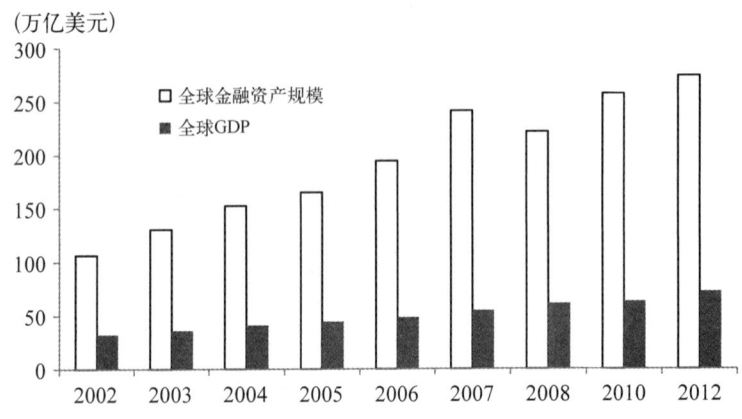

图 4.1 全球金融资产规模与全球 GDP 总额对比图

资料来源:东方财富 Choice 金融终端《IMF 全球金融稳定报告》。

1. 金融创新的虚拟化

正如前文所述,熊彼特的创新理论认为,创新是资本主义经济增长和发展的动力,没有创新就没有资本主义的发展。马克思认为,资本的本性在于无限度地追逐剩余价值,资本通过不断扩张支配着资本主义的发展。金融创新是金融活动参与主体为适应变化的经济金融环境,面对新出现的市场机会和风险,为达到

---

① 李奇泽,2014:《欧债危机与中国经济》,人民出版社,第 56—57 页。
② 何秉孟,2010:《美国金融危机与国际金融垄断资本主义》,《中国社会科学》第 2 期。

一定目标,通过各种技术手段,在制度、组织、业务、技术、产品、交易等多个方面进行变革的过程。[①]

金融创新有效地将资金转化为各种资本,并缓释了金融风险,为资本在循环中不断增殖创造了新的环境。资本无需通过实体经济,直接进入货币自身循环就能创造出更多的货币(G—G′)。随着实体经济领域资本利润率不断下降,资本开始涌入虚拟经济[②]领域,并以金融平台为主要依托大肆掠夺利润。因此,在虚拟经济主导下的现代经济条件下,金融创新最突出的表现为其自身创新的虚拟化。

随着金融资本的不断扩张,国际金融市场呈现出形形色色的"金融创新产品"(或称"金融衍生品")。尤其是在进入 20 世纪 90 年代后,随着信息技术和网络技术的迅猛发展和广泛应用,金融创新产品日趋多元化、结构化以及复杂化(如表 4.1 所示)。金融创新产品的创新目的大致有两方面,一方面为投资者或机构缓释风险,另一方面为投机者带来盈利。但是,为了获得高额的回报,贪婪的金融资本利用高杠杆举借高于自身资产数十倍甚至数百倍的银行贷款去购买这些虚拟化的金融衍生品,使得原本以规避风险为主的金融衍生品异化为追逐以利润为生的投机工具。其中最具代表性的就是信用衍生品市场,信用衍生品的诞生将近代金融创新的虚拟化程度推向新的高潮,而这种集高杠杆、保密性、交易性、灵活性以及债务的不变性为一身的信用衍生品受到了投机资本的追捧,信用衍生品的规模从 2000 到 2008 年增长了近 100 倍。

表 4.1　90 年代的主要金融创新产品

创新时间	创　新　内　容	创　新　目　的	创　新　者
1991	保证回报率投资(GROI)	盈　利	瑞士银行
1993	股权连接证券(ELKS)	盈　利	美国
1994	自动可转换股权股份(ACEC)	盈　利	美国
	信用衍生交易	创造信用	瑞士银行

---

① 王庆华,2011:《金融创新理性的思考》,上海远东出版社,第 22 页。

② 虚拟经济是指虚拟资本以金融平台为主要依托的各种活动。虚拟经济是与实体经济相对应而在经济系统中存在的经济活动模式,包括结构及其演化。虚拟经济是经济中的软件。虚拟资本的概念最初是马克思提出的,现已扩展到包括信用资本、知识资本和社会资本。虚拟经济的发展大体上可以分为以下五个阶段:闲置货币的资本化,生息资本的社会化,有价证券的市场化,金融市场的国际化及国际金融的集成化。(成思危,2009:《虚拟经济的基本理论及研究方法》,《管理评论》第 1 期。)

（续　表）

创新时间	创 新 内 容	创新目的	创 新 者
1995	复合赎回累积优先股(PERCS)	盈　利	美国
1996	用证券化为企业并购融资	避　险	英国
1997	抵押担保证券	避　险	荷兰
1998	信用违约互换	转移风险	国际互换和衍生品协会
1999	欧元期货合同	避　险	芝加哥商业交易所
	欧元期权合同	避　险	费城股票交易所

资料来源：王庆华，2011：《金融创新理性的思考》，上海远东出版社，第35页。

　　金融创新在极大提高效率、加速资本流动以及促进金融市场发展为实体经济创造有利条件的同时，也暴露出其与生俱来的逐利性、复杂性以及虚拟性所产生的一系列问题甚至危机。在美国，为了维持高消费、高负债和高杠杆的虚拟经济发展模式，美国金融机构将各种债务（包括政府债务、公司债务以及消费抵押债务等）和一些不具有偿付能力的贷款打包起来，并在信用评级公司的帮助下被再次投放给投资者，从而放大了系统风险，最终酿成了危机。在欧洲，希腊就利用美国投资银行高盛为其设计的一款名为"货币掉期交易"的金融创新产品，掩饰了自身高达10亿欧元的债务，从而逃脱了欧盟的监管，成功加入了欧元区。这也为其成为欧债危机的导火索埋下了引线。

　　2. 金融高度自由化

　　金融自由化是指发达国家对金融机构、金融业务、金融市场等方面取消或放宽管制，从而对国内外开发金融市场的过程，其内容包括利率自由化、汇率自由化、金融业务自由化、金融管理自由化等，其中利率自由化和汇率自由化是金融自由化的基础。[①] 国际资本可根据各国间利率差异进行自由流动。金融自由化过程也是国家对金融市场放松管制的过程。随着浮动汇率的实行以及金融创新的不断深化，发达经济体纷纷加快了金融自由化改革的步伐。

　　20世纪80年代起，一系列法案的推行宣布各发达国家进入全面推动金融自由化的进程。在美国，1980年的《存款机构放松管制和货币控制法》和1982年的《存款机构法》的实行标志着美国金融领域脱离政府管制的开端。随后，《国

---

① 余文烈、吴海山，2014：《当代资本运动与全球金融危机》，海天出版社，第136页。

际信贷监督法》《金融机构改革、恢复和加强法》《联邦存款保险公司改善法》,以及《外国银行加强监督法》等法案的制定及实行推动了美国金融自由化的发展。

尽管西方发达国家推行金融自由化进程的速度和特点有所不同,比如:大洋洲的新西兰和澳大利亚推行的是全面迅速的自由化,在10年内全面放松了金融管制;美国和日本则是推行渐进型的自由化,逐步放松对金融的管制;德国和英国等欧洲国家推行的是证券市场的国际化和多样化以及管理制度的改革。但是,经过一系列改革后,西方发达国家的金融市场结构都发生了根本的变化,大大促进了全球金融市场的发展。与此同时,发展中国家为了迎合发达国家的金融自由化进程,也相继进行了金融自由化改革,并向发达国家的国际垄断资本开放了自己的金融市场。正如前文所述,在新自由主义经济主导的发达经济体中,国际垄断资本通过削弱其他国家的经济主权、金融主权,为其在该国的"圈钱",进而控制他国经济扫清障碍。法国学者弗朗索瓦·沙奈在《资本全球化》一书中说:"资本主义作为世界体系,在它扩张以及在体系运转中的每一稳定阶段中,实力最强的国家实际上都可以在国际上居高临下地强行推行它们的规则、制度和政治准则,而'接受'国只有在统治国的政治作用因一些情况暂时被削弱时,才能摆脱这些规则、制度和准则。"[1]金融高度自由化打开了金融全球化的大门,加速了国际垄断资本在全球范围内的运转。统一的金融市场规则、全球性的证券市场以及宽松的金融市场管制为金融资本在全球范围内的扩张提供了良好的环境和制度基础。

在欧洲,经济与货币的统一将金融自由化改革和金融重组的浪潮从欧洲各国的国内推向欧洲全境,甚至扩大到了整个世界。随着欧洲经济一体化进程的不断深入,欧洲各国有实力的金融机构开始扩大其自身规模以求在整个欧洲范围内发展。欧洲境内资本无国界的自由流动加剧了欧洲各国金融机构之间的竞争,促使许多大型金融机构开始加速兼并重组的进程,国际金融市场的大变革也拉开序幕。比如:在美国,1997年添惠发现收购了摩根士丹利,保险业巨头的旅行者集团收购了所罗门。在欧洲,1996年英国的汇丰集团(The Hongkong and Shanghai Banking Corporation,HSBC)和米特兰银行(Midland Bank)合并;1997年,德国的巴伐利亚联合银行(Bayerische Vereinsbank)与巴伐利亚抵押汇兑银行(Bayerische Hypotherken & wechsel Bank)达成了合并的协议;1997年

---

① [法]弗朗索瓦·沙奈,2001:《资本全球化》,齐建华译,中央编译出版社,第16页。

瑞士的瑞士银行公司吞并了瑞士联合银行，成立了在管理资产方面高达 1.3 万亿瑞士法郎的瑞士联合银行集团；1999 年法国的巴黎国民银行与巴黎银行合并为法国巴黎银行，2002 年法国的农业信贷银行与里昂信贷银行合并；2005 年意大利联合信贷银行收购了德国裕宝联合银行，2006 年意大利联合银行与排名第三的圣保罗 IMI 银行达成了合并协议。[①] 欧洲发达国家国内的金融机构进行兼并重组后，那些由此实力变得更加雄厚的金融机构开始向国外进行扩张，将金融战争从欧洲扩大至全球。随着金融机构日益巨型化、金融自由化不断深化以及世界经济持续增长，全球性的金融泡沫化也越来越严重，最终酿成大错。

3. 经济运行的债务化

工业化的发展，不仅生产出丰富的商品，而且不断刺激消费者的需求，形成了高消费社会。比如：在美国，美国以占世界 6% 的人口，消费了占世界 1/3 的资源，美国人均消耗的物质是印度人均的 60 倍，美国人均汽油使用量是卢旺达公民的 1 000 倍，美国 2 亿人口对地球能源的利用量，相当于发展中国家 200 亿人口的利用量。[②] 这足以代表西方发达国家高消费的水平和规模。

随着现代消费社会的发展，经济的长期繁荣使得人们的消费习惯和态度发生根本的变化。市场充斥着刺激消费的广告、商家推出五花八门的促销方式和企业大肆鼓吹的消费理念等都在不断改变着人们的生活方式。其中，消费信贷或称负债消费方式的出现，在激起人们极大的消费欲望的同时也逐渐改变了西方发达国家的经济发展模式。因此，为了维持高消费的生活方式，西方发达国家形成一种负债经济发展模式，个人进入借贷消费，国家政府进入负债运行。从全球债券市场来看，2001 年全球债券规模仅为 41.8 万亿美元，而到了 2012 年底上涨至近 100 万亿美元（如图 4.2）。债券成为国际垄断资本"圈钱"最为依仗的金融工具：一是鼓动借贷消费可暂时缓解因劳动大众贫困加深、社会购买力不足导致的生产相对过剩危机；二是可从借贷消费的劳动大众身上进行再次榨取；三是通过将各种债券（包括坏账、死账债券）再次打包成一系列的金融创新产品投向市场，以此转嫁损失。[③]

---

① ［日］太田康夫，2011：《全球金融攻防 30 年：欧洲债务危机的来龙去脉》，蔡林海、松原香理译，经济科学出版社，第 65—70 页。
② 俞红、姚顺良，2005：《当代欧美国家的社会与文化》，国防工业出版社，第 51 页。
③ 何秉孟，2010：《美国金融危机与国际金融垄断资本主义》，《中国社会科学》第 2 期。

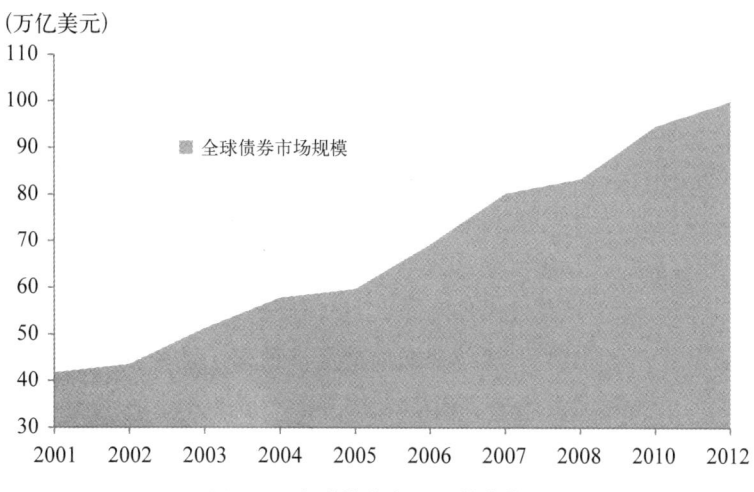

（万亿美元）

■ 全球债券市场规模

图 4.2　全球债券市场规模变化图

资料来源：东方财富 Choice 金融终端《IMF 全球金融稳定报告》。

第三节　新金融环境下出现的
新问题和新危机

回顾资本主义 250 年的发展历史，按照金融市场与现代政治的各种繁杂的标准来看，资本主义内在经济政治体制也只发生过四次真正的变革。这些变革与资本主义内在危机有着密切联系，具体表现为：以 1803—1815 年的拿破仑战争为基础的第一次资本主义转变；第一次世界大战后 30 年代经济大危机催生的第二次资本主义转变；20 世纪六七十年代全球性通胀危机为背景的第三次资本主义转变；2008 年爆发的全球性金融大危机促成的第四次资本主义转变。全球著名的经济评论专家阿纳托莱·卡列茨基认为，资本主义体系之所以能够历经马克思准确预测的数次周期性危机而不消亡，原因在于"资本主义是一种适应性体系，它会随着环境的改变而不断变化和发展，当这一体系受到深刻危机的严重威胁时，便会演变为一种更适应新环境的新形式，以替代原有的形式。资本主义不会崩溃，因为它会迂回"[①]。

然而，资本主义转变的深层原因始终是由资本主义基本矛盾所决定的，只是

---

① ［英］阿纳托莱·卡列茨基，2011：《资本主义 4.0：一种新经济的诞生》，胡晓姣等译，中信出版社，第 18 页。

随着资本主义经济和社会的变化,资本主义内在的基本矛盾也相应地发生了一些变化。尤其在进入消费社会以后,当代资本主义经济的这种变化,其根本特征为强调消费,其后果则是过分消费,整个资本主义社会发生了一些不同于自由放任的资本主义或工业资本主义的变化。首先,社会的贫富分化从金字塔形的阶层结构演变为两头小中间大的阶层结构,中产阶级取代无产阶级成为人数最多的社会力量。其次,由于生产力的发展,产能过剩的传统制造业在整个国民经济中的比重日益缩小,而被称之为服务业的各种新经济产业日益壮大。最后,经济发展的重心从生产转为消费,无论是政府的经济政策还是企业的经营管理,其中心都在于如何开拓新的市场来刺激需求和消费。唯一不变的是,扩大消费的目的,并不是为了满足社会的需求,而是为了资本的增殖。

随着现代消费社会的发展,在新金融环境下,资本主义的基本矛盾出现了一些新的形式,比如:企业追逐利润与社会利益的矛盾、虚拟资本盲目扩张与中小投资者利益的矛盾以及社会福利资金不足与政府债务负担过重的矛盾等。同时,由这些矛盾相应产生了一些新的问题和危机,主要分别表现为环境问题、国际金融危机和主权债务危机。接下来,就这些新问题和危机进行简要的说明。

一、环境问题

随着整个社会阶层结构的变化和无产阶级人数的减少,无产阶级和资产阶级的阶级斗争虽然仍然存在,但已不构成社会的主要矛盾。资本增殖所产生的基本矛盾转化为企业为了利润损害各种社会利益的矛盾,其中尤以环境问题最为突出。

企业存在于一定的社会环境中,必须承担相应的社会责任。社会责任国际(Social Accountability International,简称SAI)将"企业社会责任"定义为:企业社会责任区别于商业责任,它是指企业除了对股东负责,即创造财富之外,还必须对全体社会承担责任,一般包括遵守商业道德、保护劳工权利、保护环境、发展慈善事业、捐赠公益事业、保护弱势群体等等。[1] 然而,随着生产力的发展,面对日益残酷的市场竞争,企业资本只有通过不断扩张才能得以生存和发展。企业资本在扩张的过程中,将越来越多的资源(包括人力资源、自然资源等)纳入到资

---

[1] 李立清、李燕凌,2005:《企业社会责任研究》,人民出版社,第25页。

本体系中,使之成为劳动者生产剩余价值的载体,形成劳动产品从而推向市场,以实现资本扩张的目的。其中最突出的表现是对自然资源的消耗。为了获取更多的利润,贪婪的企业资本将自身的社会责任抛在了脑后,开始无限度地开采自然资源,尽管这在一定程度上促进了经济的发展,但也带来了日益严重的环境问题,比如:臭氧减少、海洋环境的退化、全球变暖、土地退化、固体废物和危险废物、生物多样化受到威胁、森林被毁、淡水的数量和质量下降等。

随着企业规模的不断扩大以及企业国际化经营的发展,仅仅依靠国内的资源和资本进行扩大再生产已经不可能了,于是出现了以跨国公司为代表的大型国际垄断企业资本开始在全球范围内进行资源掠夺的活动,给自然环境带来了严重的负面影响。一些跨国公司成为许多自然环境灾难的制造者。例如,1987年美国联合碳化物公司在印度博帕尔的农药厂发生爆炸,使有毒物质泄露,造成了6 400人死亡,13.5万人受伤,并迫使20万人迁移的惨重灾祸。[①] 2010年,英国石油公司在美国墨西哥湾租用的钻井平台"深水地平线"发生爆炸,导致大量石油泄漏,酿成一场经济和环境惨剧。海洋生物学家们认为,这次泄漏事件对整个生态系统和建立在其上的经济活动都造成了严重伤害。另外,一些跨国公司为了建立全球资源流通网络,试图对一些资源丰富的国家的资源进行控制,并进行掠夺性开采,造成了这些国家的资源大量的流失。例如,日本跨国公司从20世纪70年代起大量砍伐菲律宾热带森林,并将木材出口到日本,最终造成了菲律宾森林资源的枯竭。还有一些跨国公司,利用各国环境标准的差异性,将严重污染产业转移到其他环境标准低的国家,把这些国家当作"污染避难地"。据美国《未来50年的展望》一书中披露,美国计划在50年内,将有污染、耗费人力和烟囱的工艺全部迁出美国本土,向发展中国家转移。[②]

二、国际金融危机

随着消费社会的出现,经济增长或者说剩余价值生产和实现的动力转变为:(1)不断地推出新技术和新产品来刺激消费;(2)生产资本向金融资本转移,一方面为消费提供金融服务,另一方面转移多余的生产资本。但这样的资本转移引发了新的社会矛盾,即危害中小投资者利益的大资本冒险和投机热潮的进一步兴起,从而引发金融危机。2008年的国际金融危机就是一个典型

---

① 王守安等,2002,《环境经营:企业突破绿色壁垒的策略选择》,企业管理出版社,第432—433页。
② 王守安等,2002,《环境经营:企业突破绿色壁垒的策略选择》,企业管理出版社,第433—434页。

的案例。

马克思主义理论家鲁道夫·希法亭将金融资本定义为："转化为产业资本的银行资本，即货币形式的资本。对于所有者来说，它总是保持货币的形式；它由所有者以货币资本、生息资本的形式投放出去，并总是能以货币形式收回。"①对于货币资本来说，其本性是追求分割未来剩余价值，其价值由其投资的产业的未来价值增殖能力所决定，而不是追求这些货币资本本身的价值，也往往不一定要兑现其本身价值。于是出现了将这种分割未来剩余价值的能力进行证券化的金融信用（利息或股息），而"货币资本本身"（本金）则被虚拟化了。这样的货币资本便成为"虚拟资本"。② 最初的虚拟资本以股票、国家债券和银行空头汇票等形式存在于资本主义经济体系之中。马克思指出："银行家资本的最大部分纯粹是虚拟的，是由债权（汇票），国债券（它代表过去的资本）和股票（对未来收益的支取凭证）构成的。……即使是对收益可靠支取凭证（例如国债券），或者是现实资本的所有权证书（例如股票），它们所代表的资本的货币价值也完全是虚拟的，是不以它们至少部分地代表的现实资本的价值为转移的；既然它们只是代表取得收益的要求权，并不是代表资本，那么，取得同一收益的要求权就会表现在不断变动的虚拟货币资本上。"③

虚拟资本通过对实体资产（金银货币、国家财政、企业资产）证券化而获得更强的营利能力，并将这种营利能力从实体资本中抽离出来，成为一种虚拟的未来能够带来剩余价值增值的资本。但是，为了实现真正价值的增殖，虚拟资本又必须重新回到实体经济中去，通过向实体资本的转化而获得相应的增殖能力。一旦一些虚拟资本脱离实体经济，它们将通过不断转化而形成一个不发生任何实体生产过程的货币流转体系，即虚拟经济体系。在虚拟经济体系中，虚拟资本的经营活动只会停留于货币流通体系内部，并不会参与实际的投资，因而也不会发生真实的资本增殖的现象。④ 虚拟经济体系主要的特征之一表现为虚拟资本的投机性，即实体资产证券化的产物——股票、债券和汇票等在其持有者之间不断地卖出和买进，以此赚取其中的差价，但并未流入到实体经济中去。

20 世纪 70 年代以来，随着金融创新的不断深化，作为金融资产的虚拟资本

---

① ［德］鲁道夫·希法亭，2009：《金融资本：资本主义最新发展的研究》，商务印书馆，第 252—253 页。

② 鲁品越，2015：《鲜活的资本论：从深层本质到表层现象》，上海人民出版社，第 423 页。

③ 马克思，2004：《资本论》第 3 卷，人民出版社，第 532 页。

④ 鲁品越，2015：《鲜活的资本论：从深层本质到表层现象》，上海人民出版社，第 424—426 页。

被再次证券化,从传统的金融工具内衍生出来成为"金融衍生工具"。比如:华尔街的投资银行通过对住房贷款的再证券化,把发放的房贷加工成"按揭抵押债券"(Mortgage Backed Securities,MBS)和"债务抵押凭证"(Collateralized Debt Obligations,CDO)"等各种金融衍生品,出售给社会大众,由此回收房贷资金,以便进行再次的放贷和投机,并由此反复。这样的金融产品在全球化的金融市场上层出不穷,由此造成了虚拟资本无休止的盲目扩张。然而,"这种虚拟的银行家资本,大部分并不是代表他自己的资本,而是代表公众在他那里存入的资本——不论有利息,或者没有利息"[①]。在追逐利润最大化的过程中,贪婪的金融资本利用各种不正当手段对金融产品的价格进行操纵和炒作,从而损害了中小投资者的利益。

三、主权债务危机

随着资本主义社会矛盾的日益积累,为了缓和贫富两极分化,政府对市场经济的干预发展为社会福利体系的建设。但在资本主义私有制的条件下,其资金来源不可能来自剥削的部分而仍然来自全社会,贫富两极分化的表现形式发生转移,表现为社会福利体系的资金不足并且演变为主权债务危机。2010年爆发的欧债危机就是这方面的典型案例。

从20世纪中叶起,为了缓释贫富两极分化给社会稳定带来的风险,西方发达资本主义国家开始着手为劳动者建立全方位的社会保障制度和普遍的社会福利体系。为当时资本主义统治阶级服务的"凯恩斯主义"理所当然地成为建立社会福利体系的理论依据。凯恩斯主义提出通过国家干预,扩大公共福利支出和建设公共基础设施等措施,促进经济增长,实现充分就业,实行累进税制和最低工资制来缩小贫富差距。在实践方面,罗斯福新政的出台和实施推动了社会保障制度在发达国家的全面应用。罗斯福的论点是:(1)社会保障是大机器生产的需要;(2)新增社会保障项目应包括失业、养老、家庭保险、实现家庭平安、生活保障和社会保险;(3)以"普遍福利"为核心的社会保障制度作为建国方针;(4)实现"以工代赈"的现代社会救助,反对消极的救助行为;(5)实行以地方为主的失业保险和强制性多层次的养老保险;(6)社会保险必须以促进自我保障意识为前提;(7)社会保障项目应逐步展开。[②]

---

① 马克思,2004;《资本论》第3卷,人民出版社,第532页。
② 顾俊礼,2002;《福利国家论析:以欧洲为背景的比较研究》,经济管理出版社,第11页。

西方发达国家高福利体系的健全及完善给这些国家带来很多积极的地方。主要表现如下：第一，"高福利"带来了"高消费"，从而极大地刺激了社会需求，促进了社会生产的空前发展。第二，社会福利制度保障了大多数人的最低经济要求和生活需要，使西欧社会在相当长的时间内保持相对稳定，起到了"社会安全阀"的作用，并且缓释了资本主义经济危机带来的风险。第三，促进了第三产业的发展。在一定程度上，抑制了劳动人民的绝对贫困化和社会贫富差距的扩大。①

但是，西方发达国家人口老龄化的加剧、医疗保险支出的增长加快、劳动力成本的高企以及失业人口的增多，一方面造成了这些国家的社会保障的增长率普遍超过了经济的增长率，另一方面，造成了这些国家的再分配超过了税收，使国家财政出现了巨额赤字。当西方发达国家的生产迅猛增长、经济长期高涨时，全方位的社会保障制度才有可能比较顺利地实施，一旦经济从高速发展转入低速增长甚至衰退时，社会福利体系的资金不足和政府债务负担过重的矛盾就会被激化，最终引发国家主权债务危机。

综上所述，本章主要是围绕着资本主义经济危机的演变而展开。

众所周知，由资本主义生产方式固有矛盾不断激化而产生的生产过剩性危机是资本危机的最初形式，为了在不触及资本主义制度的前提下应对过剩性危机，在马克思之后，熊彼特和凯恩斯对资本主义经济危机做了全面而深入的解释。从某种意义上说，熊彼特的经济危机或者经济周期理论就是熊彼特的"创新"理论，他围绕"创新"这一核心概念，对经济周期的起因和过程进行了深入的研究分析。熊彼特用创新自身出现的周期性来解释经济周期，并认为经济的周期性波动根源于创新。为了克服危及资本主义的大量失业问题，凯恩斯从失业问题着手，旨在找到经济周期的一般规律。为了应对生产方式的固有矛盾，凯恩斯的国家干预理论做出了最初的解答，并成为日后资本主义统治阶级处理经济危机最常用的理论武器。凯恩斯认为，解决危机的唯一办法只有加强国家对社会生活的干预和调节。而资本主义应对过剩性危机的最具影响的实践是"罗斯福新政"，也是凯恩斯主义政策在西方社会的成功应用，凯恩斯认为有效需求不足是资本主义经济危机的主要原因，因此，罗斯福新政的最终结果表现为强调消费成为西方发达资本主义国家缓和资本主义固有矛盾以及推动社会发展的

---

① 王云龙、陈昇、胡鹏，2010：《福利国家：欧洲再现代化的经历与经验》，北京大学出版社，第93页。

主题。

所以,资本主义统治阶级通过各种手段不断扩张消费,就是为了缓和资本主义的矛盾。在这个过程中,资本主义民主政治的发展在很大程度上消除了贫困,缓和了两极分化,使发达国家步入了"丰裕社会",为消费的扩张奠定了经济基础,而资本主义经济学和经济政策的发展,则为消费的扩张奠定了理论和实践的基础,由此资本主义社会从工业社会进入了后工业社会或者说消费社会。但是,随着现代消费社会的出现和发展,当代资本主义社会的基本矛盾出现一些新的变化,其中包括:企业追逐利润与社会利益的矛盾、虚拟资本盲目扩张与中小投资者利益的矛盾以及社会福利资金不足与政府债务负担过重的矛盾等。由此也给资本主义社会带来了新的问题和危机,如环境问题、金融危机以及主权债务危机等。

第五章　欧债危机的深层次原因：资本主义基本矛盾的演变

由第四章的内容可知，当代资本主义的新型危机（金融危机、生态危机和主权债务危机）是由资本危机原生态——过剩危机演变而来，欧洲发达国家爆发的主权债务危机的根本原因仍然是资本主义基本矛盾。随着资本主义社会的发展，资本主义的基本矛盾出现了新的变化，经济危机的形态也由此发生了转变。在此次欧债危机中，资本主义基本矛盾最突出的转变表现为：社会福利资金不足与政府债务负担过重之间的矛盾。也就是说，在刚性的高福利制度与不合理的产业结构及人口结构相互作用下，欧洲高福利制度使得政府财政不堪重负，最终形成债务危机。

本章首先对福利国家的产生、矛盾以及危机进行分析，并从资本主义制度异化的角度对债务危机的产生做出解释，主要包括：金钱政治下的选举制度、竞争性多党制下的高福利制度以及欧盟民主赤字等。在此基础上，着重对欧债危机是资本主义基本矛盾在欧洲高福利体系以及经济结构失衡等条件下的当代表现形式进行解释，并结合欧洲的实际情况和实证数据，对其内部的虚拟经济与实体经济的矛盾、资本扩张空间与经济结构空心化的矛盾、资本主义的福利化与资本追逐利润最大化的矛盾进行由深层本质向表层现象的说明，由此将矛盾的长期积累和集中爆发确立为欧债危机的根源。

第一节　福利国家的矛盾及危机

20世纪是福利社会高速发展的世纪，英国的"人民预算"和美国的"罗斯福新政"给西方发达国家新的福利制度的建设提供了良好的经验。在西欧工业社会中,在第二次世界大战废墟上建立起来的制度后来被泛指为"福利国家"。自20世纪下半叶起,福利国家成为西欧社会的时代精神和基本制度,并发展为占主导地位的国家功能。[①]

一、贫富差距产生福利国家

在美国,经济学家着重开始对福利国家的研究,主要源于对社会贫困问题的研究。其中主要事件为1964年美国政府发动的"向贫困宣战"。1961至1963年美国南方的民权运动使美国的贫困问题成为人们日益关注的焦点。这个被美国经济学家加尔布雷思称为"丰裕社会"的国家,此时面临着贫富差距显著等问题的侵袭。"向贫困宣战"运动加速了美国社会福利和社会保障的立法进程,美国政府于1964年颁发了《食品券法案》以及1965年的"医疗保健"和"医疗援助"计划,更重要的是,该运动推动了经济学家们对贫困和社会福利问题的研究进程,促进了人力资本理论和劳动经济学的发展,从而带动了主流经济学的一些分支学科开始对医疗保健和教育政策的研究分析,经济学家开始关注诸如失业保险、养老金计划和其他形式社会保障问题中"供给方面的因素"的研究,同时,对国家干预功能和经济作用的争论及对私有化的辩论等等都将社会福利的供给和提供方式的研究联系在一起。[②]

（一）福利国家产生的历史背景

17世纪,手工业和商业在英国的集中造就了相对的世界市场,以及市场对手工业产品的需求,由此促成了当时大工业的产生。工业革命给资本主义社会带来了巨大财富的同时,也造成了贫富差距与财富增长的同比扩大。1801年,占英国总人口比例仅1.1%的最富有的人占国民总收入的25%。1848年,1.2%的最富有的人占国民总收入的40%。体力劳动者的收入在国民总收入中的比例由1803年的42%降至1867年的39%。[③]

工业革命时期,奉行自由竞争、优胜劣汰、生存竞争、优富劣贫的传统"自由资本主义"思想进一步激化了资产阶级与无产阶级之间的矛盾,引发了诸多的现

---

① 顾俊礼,2002:《福利国家论析:以欧洲为背景的比较研究》,经济管理出版社,第66—67页。
② 郑秉文,2003:《经济理论中的福利国家》,《中国社会科学》第1期。
③ 王云龙、陈界、胡鹏,2010:《福利国家:欧洲再现代化的经历与经验》,北京大学出版社,第3页。

实危机。为了缓解资产者与无产者之间的矛盾,制造稳定的社会生活环境,西方国家都采取了相应的措施。在欧洲,17 世纪初,英国以《旧救济法》为基础建立了所谓的"微型福利国家"①,通过加强中央政府的社会行政管理和利用强大的国家机器来解决当时工业社会早期社会剩余人口和社会贫困问题。随着工业化进程的深入、工人贫困的加剧以及工人运动的兴起,英国中央政府开始意识到传统的家庭纽带、教会、行会和慈善机构根本无法提供能够让社会安定的服务,只有通过改革,才能使社会维持稳定,为工业社会的发展扫清障碍。19 世纪末,为了维护国家的统一以及缓和资产阶级和无产阶级之间的矛盾冲突,德国通过了《社会保险法》,采取社会保险的方法来进行社会干预,由此来适应德国工业社会的迅猛发展。德国的保守主义者强调国家的理性,国家为统治者的福利服务,也为国家整体的福利服务,工业化和阶级分裂必然造成的社会革命性冲突只能由国家来解决。作为一个复合结构的国家机器,在寻求阶级合作的基础上,维持资本主义制度的延续性。德国的《社会保险法》中政府干预成为调和阶级矛盾的基本措施。

最终,西方发达国家在国家观念或国家政策上基本上保持着如下的共识:(1) 由政府出面提供与个人及家庭收入相应的最低收入保障;(2) 政府有责任帮助个人和家庭抵御社会风险(如疾病、老龄和失业)可能带来的危机;(3) 政府保证所有的国民个人(无论其社会地位的高低)享受尽可能最好的,没有确定上限的社会服务。这三个方面的政策的发展导致了福利国家的出现。②

(二) 福利国家的概念及分类

在西方的学术语境中,福利国家与欧洲发达国家是同义词,福利国家是经济社会不可逾越的历史阶段。词源学上,"福利国家"一词,出现于 1914 年,英国主教特珀尔用"战争国家"(warfare state)一词称呼法西斯德国,用"福利国家"(welfare state)来称呼与法西斯主义暴政浴血奋战的西方民主国家。③ 福利国家被看作一整套公民的法律权利,它把强制性的社会保障计划变成了国家组织起来的服务(如健康和教育等),以满足多样化的需要和应对各种突发事件。福

---

① 马舍曾经将英国民族国家形成初期的"旧济贫法"称为"微型福利国家",他在做这个定义的时候强调的不是"福利",而是国家功能的发展变化。(顾俊礼,2002:《福利国家论析:以欧洲为背景的比较研究》,经济管理出版社,第 74 页。)

② 顾俊礼,2002:《福利国家论析:以欧洲为背景的比较研究》,经济管理出版社,第 79 页。

③ 王云龙、陈界、胡鹏,2010:《福利国家:欧洲再现代化的经历与经验》,北京大学出版社,第 4 页。

利国家的干预方法包括官僚制统治、法律调节、汇兑。福利国家不仅仅限于社会保险、公费医疗、家庭福利或社会救济计划，它是社会保障和社会政策的加总。作为一种国家形态，福利国家突出的形态特征表现为以福利手段来强化现代国家的社会功能。从某种意义上说，福利国家是一个政治学的概念，而社会福利是社会学概念，福利本身则作为一种经济学概念而存在。因此，福利国家是一种包罗了政治、经济、文化和社会的实践。

"二战"后，英国伦敦经济学院院长贝弗里奇爵士通过对战后的和平道路的研究，向英国政府提交了一份名为《社会保障及相关服务》的报告，以此作为英国全体公民实行福利制度的指导原则，设计了一套堪称"从摇篮到坟墓"的社会福利体系，并建议在社会福利保障体系中应该包括社会救助、社会保险以及社会自愿保险等，由此满足居民生活的各方面的需要。在此报告的基础上，英国政府建立了覆盖全体国民的高福利制度，并先后颁布了一系列社会保险法案，最终于1948年宣布建成了"福利国家"。随后，欧美各国纷纷开始建立自己的福利国家制度，但由于受各方面因素的影响，各国的福利制度都有着一定的差异。

丹麦著名的学者哥斯塔·埃斯平-安德森（Gosta Esping-Andesen）认为，福利国家的各种变体并不是线性分布的，而是依据体制类型而成簇分布。安德森将福利国家分为三个簇群：①第一个是"自由的"福利国家。在这种福利体制中居支配地位的是资力审查式的救助、有限的普遍性转移或有限的社会保险计划。这种福利制度主要是迎合低收入人群，通常是依靠国家救助的工人阶层。这种模式的原型有美国、加拿大和澳大利亚等，即主要是在盎格鲁-撒克逊国家的历史中确立的制度。第二个是保守的并且"法团主义"色彩很浓的福利国家。传统的家庭关系在社会保障制度中占有重要位置，市场化和商品化的自由主义原则在这种福利国家体制中从未过分突出过。这种法团主义与国家结构相结合，随时准备取代市场而成为福利提供者；因此私人保险与职业附加福利是真正居于边缘地位的。另一方面，国家强调地位差异，意味着再分配的效果可以忽略不计。这种福利制度最初发生在德国并得到长期发展，后来发展到奥地利、法国和意大利等国家。第三个是"社会民主主义"的福利国家。社会民主论者并不允许国家与市场之间以及工人阶级与中产阶级之间的二元分化，是追求最高水平实

---

① ［丹麦］哥斯塔·埃斯平-安德森，2010，《福利资本主义的三个世界》，苗正民、腾玉英译，商务印书馆，第37—40页。

现平等的福利国家,而不是其他制度所追求的在最低需要层次的平等。首先,这意味着服务与福利必须满足新中产阶级最具差异性品味的层次;其次,通过保证工人充分享受境遇较好的人所能享受的权利来实现平等。所有的社会阶层都纳入到一个普遍的保险体系之中,而福利则根据设定的收入而累进。这一模式排挤了市场,并因此形成了基本上是支持福利国家的普遍团结。所有的人都受益,所有的人都是依赖者,而且所有的人都觉得有义务为其支付。

表5.1　西方福利国家福利体系特征对比分析

福利类型	自由型福利国家	保守、团体型福利国家	社会民主福利国家/斯堪的纳维亚
国家代表	瑞士、美国、加拿大与澳大利亚	法、德、意、西班牙、希腊、葡萄牙、奥地利、比利时	挪威、瑞典和芬兰
理　念	市场会消除不平等,政府过多干预会降低效率	保守主义,威权体制对于社会以及个人是更好的选择	社会民主主义,认同个人主义及社会权利的平等
福利提供	市场,政府作为补充(质量不佳)	国家安排与管理,自治联合的社团基金	以社会民主为主要政治力量建立渗透个人生活各方面的普遍福利国家
福利特征	济贫法体系、补救型福利	德国的社会保险法传统模式,普遍主义。	以社会民主为主要政治力量建立渗透个人生活各方面的普遍福利国家
	低税率、低补贴	私人服务部门无硬性约束,税收负担适度	高税负、高福利补贴
	政策有利于促进市场竞争	着眼于维持秩序及社会阶层地位	福利根据公民个人需要提供
	福利体系对人口组成结构不敏感	福利体系对就业率及人口结构敏感	福利体系对人口结构不是很敏感
社会特点	自由主义市场传统,政府相对弱势	劳动力的过度商品化、非人化是令人厌恶的,强力政府	自由保护主义传统
	新教影响较深	天主教及威权保守传统的影响较深	集群式的国家社会契约传统
	中产/商业阶级具有相当的政治力量	传统家庭男主外作为福利体系基础	政治上工人与农民阶级联合,左翼占上风

（续　表）

福利类型	自由型福利国家	保守、团体型福利国家	社会民主福利国家/斯堪的纳维亚
结　果	较高程度不平等，儿童贫困率较高，对长期发展不利	维持了社会阶层的分层化，劳动成本高、就业缺乏弹性，年轻人长期失业、基金存在的问题等使得社会保险财政不断陷入赤字	管理复杂，高度政府驱动，成本高昂，官僚体制化；对大众普遍的服务与支持有利于个人、家庭的发展及社会的稳定
改　革	采取弹性工资制，工作导向的福利政策	发展出来保护核心工人与援助非主流人群的二元福利体系，对退休者提供资金补贴或提前退休促使劳动力供给减少	就业扩展的战略，对主要社会津贴进行消减，延长养老金缴费年限。工作导向的福利，社会投资战略促进就业和家庭发展
改革存在缺陷	低生产力劣等工作增加，就业者无发展机会，造成低于贫困线收入持续贫困的后工业无产者	由于工会、雇员、雇主的抵抗，政府为实现政策灵活性而做出的努力多数都被阻止或抵制了	没有避免高失业，但职业流动及就业改善使劣等的服务工作只有作为失业者或新出校门者暂时的过渡，有可能兼顾效率与平等

　　资料来源：胥丽，2012：《债务危机背景下西方福利国家模式的困境与启示》，《江西社会科学》第6期，第186—190页。

（三）福利国家的特性

1. 去商品化

　　埃斯平-安德森运用"去商品化"这一概念对社会福利制度进入了深入的研究，并按照"去商品化"程度的不同将福利国家分为三种模式。安德森说："这个概念指的是个人或家庭在市场参与之外，仍能维持社会可接受的生活水平的程度。"[1]市场经济的出现试图将一切事物都转化为商品，劳动力也不例外。在劳动力被商品化之后，以雇佣劳动制和社会化大生产为特点的资本主义市场经济，使得劳动者与生产资料分离，绝大多数人成为雇佣劳动者。在这种条件下，劳动者开始依赖于市场。劳动力商品化是阶级分化的成因，当劳动者通过在市场上出卖劳动力而获得工资时，一旦生活中的意外事件使得工资中断，就会使得工人

---

　　① ［丹麦］哥斯塔·埃斯平-安德森，2010：《福利资本主义的三个世界》，苗正民、腾玉英译，商务印书馆，第50页。

陷入绝境。劳动力商品化也是集体团结的障碍,是劳工运动的敌人。当工人如商品一样置于市场经济中,势必会造成工人之间的竞争,从而抑制工资的增长。工人运动的指导原则来自于对去商品化的实现,使得工人摆脱被金钱交易关系所奴役。

因此,如果说工人运动的激烈开展促进了福利国家的发展,那么在福利国家中所实行的高福利政策对劳动力最深刻的影响则表现为"去商品化"。不过值得提出的是,去商品化并不意味着将劳动力的商品属性完全剥离,而只是将劳动力的商品化程度降低了。从某种意义上说,工人所获得的福利确保了其个人生活的基本需要,进而降低了对劳动市场的依赖程度。[①]

2. 社会民主主义实践的历史载体

"社会民主主义"一词最早出现在 1848 年欧洲革命时期。马克思、恩格斯和共产主义同盟成员曾经作为激进的一翼参加这次民主革命,设想要把资产阶级民主革命进行到底并且为向社会主义革命过渡创造条件,因此曾自称为社会民主主义者或社会民主党人。当时的社会主义民主概念主要包括两点内容:工人阶级组成政党,取得政权;实行生产资料公有制,消灭剥削。[②] 因此,社会民主主义是这样一种政治意识形态:主张通过和平的、体制内的政治进程,促进资本主义转化为社会主义。在依据 19 世纪社会主义和马克思、恩格斯基本原理的基础上,社会民主主义与共产主义具有共同的意识形态来源,但剔除了激进主义和集权主义。社会民主主义最初是作为修正主义出现的,对马克思主义基本原理进行了修正,放弃用革命的手段建立社会主义社会。[③]

19 世纪中后期,为了缓和国内阶级矛盾,为经济高速发展扫清障碍,德国政府在"铁血宰相"俾斯麦的带领下,通过给社会劳动保障立法,对工人进行全面的社会保护,使得德国成为当时世界上第一个实行全民社会保障的国家。德国被认为是最早的真正意义上的"福利国家"。但是这一切并没有阻止德国工人运动的高涨,反而促进了德国社会主义工人党的迅猛发展,并领导工人运动取得了一系列合法斗争的胜利,工人生活和地位都得到改善和提高,德国社会民主党派在议会中也开始崭露头角。19 世纪末 20 世纪初,随着社会民主主义思想的不断

---

① 孙慧民,1994:《社会福利政策的本质:社会控制与"去商品化"》,《社会科学》第 10 期。
② [德]托马斯·迈尔,2001:《社会民主主义的转型:走向 21 世纪的社会民主党》,殷叙彝译,北京大学出版社,第 2—3 页。
③ 王云龙、陈昇、胡鹏,2010:《福利国家:欧洲再现代化的经历与经验》,北京大学出版社,第 6 页。

升华,社会民主党开始成为西欧国家议会大党。

凡是在工业革命开始对社会产生影响的地方,那里的生活现实都带来了贫困和显著的不平等、剥削,拒绝给社会的多数人提供自由权利和享受物质利益的自由机会以及符合人的尊严的工作和生活条件。社会民主主义的推动力就是针对这一现实生活的。[①]　因此,以社会底层工人群众的利益为出发点,社会民主主义坚持先进的普世性和人民性理念,力图建立一个团结互助,共同工作和生活的,自由和平等的人们组成的社会。1912年,德国的社会民主党成为国会的第一大党,通过社会民主党的不断努力和资产阶级的妥协让步,德国工人阶级享受到了当时全欧洲最好的社会福利待遇。社会民主党傲慢地称之为"德国模式"——经济增长与和平的阶级关系之间相互促进。随后,西欧其他国家的社会民主主义政党都纷纷效仿德国模式,试图以福利国家为载体建立和发展社会主义。"二战"后,在战争的废墟上,面对战后复兴的历史重任,通过民主选举的合法途径,西欧国家社会民主党相继执政。这些社会民主主义政党在施政中,坚持五条原则,即政治自由主义、混合经济、福利国家、凯恩斯经济学以及平等信念,其核心就是构建福利国家,福利国家也成为社会矛盾的政治解决方式。在当代语境中,社会民主主义一直遵循着线性的现代化模式——也就是所谓的"社会主义道路",福利国家是一个长期的公民权演进过程所达到的最高峰,是社会民主主义在战后西欧复兴的历史性实践。[②]

二、现代福利国家的矛盾

作为各阶级在意识形态上、政治上和经济上相互妥协的成果,福利国家与凯恩斯主义经济政策制定的逻辑是相同的。凯恩斯主义认为,高福利的发放或建立高福利制度不会给整个政府和经济系统带来沉重的负担,这些举措会重新唤醒经济发展的动力,从而阻止经济进一步的衰退,并起到社会稳定的作用。尽管凯恩斯主义福利国家应对和控制了西方发达资本主义社会所存在的一些社会和经济的问题,但它不可能解决所有问题,进一步地说,通过福利国家的制度性手段所能解决的问题不再是最主要的、最紧迫的问题。[③]　20世纪70年代后,以凯

---

①　[德]托马斯·迈尔,2001:《社会民主主义的转型:走向21世纪的社会民主党》,殷叙彝译,北京大学出版社,第7页。

②　王云龙、陈界、胡鹏,2010:《福利国家:欧洲再现代化的经历与经验》,北京大学出版社,第11—12页。

③　[德]克劳斯·奥菲,2006:《福利国家的矛盾》,郭忠华等译,吉林人民出版社,第172—174页。

恩斯主义干预理论为主导的现代福利国家遭遇到了一系列的矛盾与危机,出现了诸如财政赤字、经济"滞胀"等难以解决的问题,从而引发了西方学者对福利国家的批判,以克劳斯·奥菲、古夫为代表的新马克思主义理论家对福利国家的矛盾和危机进行了深入的思考。

奥菲对"矛盾"的概念做出如下解释:"矛盾是特定生产方式所具有的破坏自身赖以存在的前提条件的趋势。换句话说,矛盾在这样一种情况下变得明显:特定生产方式的结果与其持续存在的前提条件之间出现冲突,或存在的必要条件变得不可能存在,而这种不可能存在又是必要的。所有马克思主义的原理都无一例外地以这种矛盾概念为基础来试图阐明资本主义的本质。"[1]奥菲认为:"在某种程度上,福利国家已经成为一种不可逆转的结构,废除它与废除整个政治民主、联盟以及从根本上改变政党体系没有什么区别。……在西方政治舞台缺乏一种强有力的意识形态和组织潜流的情况下(如新法西斯主义和权威主义),超越福利国家、复兴完全市场经济的设想。如玛丽特·撒切尔和罗纳德·里根的例子所表明的那样,他们在入主其办公室时,必须把福利国家作为一套既定的制度方案接受下来,没有哪一个阶级可以强大到有哪怕是部分改变福利国家制度安排的力量。"[2]因此,福利国家主要的矛盾在于尽管资本主义不能与福利国家共存,然而资本主义又不能没有福利国家。

奥菲以"商品形式"为出发点对资本主义与福利国家的关系进行了深入的探讨。他认为商品形式是资本主义社会维持和发展的基本要素:"商品形式是资本主义国家与积累之间的总体平衡点,只有每一个价值单位都以商品形式出现,后者才能够持续下去。在资本主义社会,政治结构和经济结构之间的联系就是商品形式,两种结构的稳定都依赖于商品形式的普遍化。"[3]福利国家是维持资本主义体系存在、运作以及资本主义商品交换关系的必要条件,以政治手段使劳动力、资本能够实现自己的商品形式,实现自己的价值,由此达到维持资本主义积累的目的。但是,资本主义社会的问题在于,资本主义的发展动力似乎存在这样一种持续性趋势,它使价值单位的商品形式不断趋于瘫痪。这种持续性的瘫痪趋势使得劳动力、资本无法实现自己的价值,甚至威胁资本的积累过程。因此,为了维持资本的积累和价值的增殖,福利国家通过制定各种社会政策和措施来

---

① [德]克劳斯·奥菲,2006:《福利国家的矛盾》,郭忠华等译,吉林人民出版社,第129页。
② [德]克劳斯·奥菲,2006:《福利国家的矛盾》,郭忠华等译,吉林人民出版社,第6—7页。
③ [德]克劳斯·奥菲,2006:《福利国家的矛盾》,郭忠华等译,吉林人民出版社,第19页。

保证劳动力、资本等商品形式的实现，促进商品之间的交换。

为了将那些被排斥在资本主义商品形式之外的价值主体回归市场，可通过一种使价值"降商品化"（De-commodification）发展的福利国家战略：给那些不再能够参与市场关系的价值主体以补偿性保护。在这种情况中，那些不再能够参与交换关系的劳动力或资本的主人，被允许在一种由国家人为建立起来的条件中生存下来。尽管他们已经退出了商品形式，但其经济地位仍然得到保障，或者他们的商品形式被"人为"地保护起来而不至于退出。但是，这种"降商品化"对于实际的资本主义商品形式的扩展和维持并没有多大直接成效，而且其成本十分高昂，极大地增加了国家的开支，可能会使国家陷入严重的财政危机。另外，"自 20 世纪 60 年代中期以来，为了解决商品形式的退化，资本主义国家越来越占主导和排他性的战略是：以政治手段建立起一种使合法经济主体能够以商品的形式发挥其功能的条件。这个战略表现在三个维度上：第一，通过教育、培训、促进地区流动性和改善劳动力的适应能力等措施和政策，提高劳动力的可销售能力。第二，通过对资本和产品市场、研究和发展政策以及地区发展政策等的跨国联合，促进资本和商品的可销售能力。第三，对于那些不能依靠自己的力量在商品关系中求得生存的经济领域（根据特定工业、地区和劳动力市场可以看得出来），允许它们成为市场压力的受害者，同时，提高这些领域的现代化程度，使之再成为'适于销售'的商品"①。这种以政治、行政手段来稳定商品形式的过程，被奥菲称为"行政性再商品化"（Administrative Re-commodification）。

然而，福利国家通过"降商品化"和"行政性再商品化"政策来维持和稳定商品形式和交换过程，导致了国家资本主义社会（State Capitalist Societies）的结构性矛盾。这种矛盾存在于经济、政治和意识形态等各个层面。在经济层面上，旨在维持和扩展交换关系的国家政策却开始威胁这种关系的存在。以财政刺激政策、基础建设投资以及共同决策和投资方案的引入等为主的国家政策手段剥夺了资本主义的投资意愿，资本"利益"与国家政策之间的这种系统性的矛盾甚至引发了社会冲突和政治斗争。在政治层面上，由于那些并非由市场机制所直接控制的经济领域积聚了大部分的劳动力和大部分的社会产出，为了维持和普及商品关系，保证资本主义经济的政策运行，国家需要越来越多的不再以商品化形

---

① ［德］克劳斯・奥菲，2006：《福利国家的矛盾》，郭忠华等译，吉林人民出版社，第 22 页。

式运转的组织或机构,比如学校、交通运输部门、医院、福利机构、军事机构等。然而,在资本主义交换关系内部,这些国家化了的非商品化领域内的组织的迅速扩张,不断地侵蚀资本主义商品交换的组织形式。在意识形态层面上,福利国家导致了个人占有欲望的颠倒,即在资本主义商品经济关系中,个人占有欲并不是以个人行动为基础,而是依赖于国家的政策,由政治措施来决定。劳动力与资本的价值的实现,完全取决于国家的发展政策,这种试图稳定、普及商品形式的国家政策和措施,导致了资本主义商品社会在规范和道德品质上出现结构性缺陷。旨在保障和维持劳动力、资本能够实现自己的商品形式的福利国家的政策和措施却导致了这种商品形式的破坏,因此也就说明了福利国家与资本主义难以共存。

另一位新马克思主义理论家高夫认为,福利国家本身就是一个矛盾的综合体。一方面,福利国家要加强社会福利,发展个人力量,对市场力量的盲目运转施加社会控制;另一方面,福利国家又要压制与控制人民,使大众服从于资本主义经济发展与获得利益的要求。福利国家矛盾的根源在于资本主义生产形式之中,福利国家所体现出来的正、负面特质都是资本主义社会生产力与生产关系之间矛盾的彰显。在资本主义体系下,国家有义务满足人们的需要,但同时又受到资本主义经济体系的限制,要维持资本主义的积累过程。福利国家是在国家内部阶级冲突与世界性的国家冲突日益激烈的大背景下发展起来的,是在这两方面的压力下发展起来的。福利国家在发达资本主义国家的普遍发展中也形成了第二个矛盾,即加大国家在社会福利方面的干预程度的同时却无法负担这个成本。最终,造成了福利国家严重的财政危机,这种危机以及资本主义国家面临的经济危机都是由资本主义发展的本质所决定的。[①]

三、现代福利国家的危机

克劳斯·奥菲的《福利国家的矛盾》一书继承了马克思关于资本主义的基本矛盾的分析,从资本主义国家运作的内部结构间的矛盾出发,利用系统论和功能主义的分析方法深入研究,摒弃了单纯意义上的就危机论危机,也不局限于从管理学角度对"危机管理"进行考量,而是提出了动态观察危机的理念,并

---

① 彭华民、张晶,2009:《新马克思主义论福利国家内在矛盾与重组》,《国外社会科学》第1期。

系统地预测和分析了福利国家在应对危机过程中的局限性以及福利国家制度的不可持续性。[1]

奥菲的危机理论是一种系统危机理论。他认为，资本主义的系统具有自我破坏的趋势，但是这种破坏性的倾向可以通过资本主义系统的自身调节来控制，福利国家就是这样一个系统调节机制。福利国家以行政的手段维持资本主义商品形式及其交换关系，使资本主义系统得以正常运行。但是福利国家的这种系统调节是有限的，并没有从根本上解决资本主义内在的矛盾，反而会导致资本主义的危机。在奥菲看来，危机分为两种：偶发危机（sporadic crisis）和过程危机（processual crisis）。偶发危机是指："一种特别剧烈的、灾难性的、令人震惊的和不可预测的事件，因而是必须在'时间的压力下做出决策'的过程，被看成一个事件或一系列事件，他们被限制在一个时间点或一个极短时期内。当某些事件发生在系统所确定的边界'之外'时，它就将危及系统的存在。"[2]然而，偶发危机并不能厘清可预防与不可预防以及时间与系统的协调与不协调之间的逻辑区别。这样，过程危机是指："在产生'事件'的机制这一更高层面上，危机是违反社会过程之'语法'（grammar）的过程，是系统所面临的'抵消性'发展趋势，意味着危机的结果是相当不可预知的，但可以把系统的危机发展趋势与系统的特征联系起来。"[3]现代福利国家的危机就是一种过程性的危机。由于福利国家实际上违反资本主义商品交换关系的"语法"，它的政策与措施使资本主义商品交换原则面临着抵消性的趋势，这种危机存在于资本主义系统运作的整个过程中，是一种难以消除的过程性危机。[4] 奥菲的福利国家危机理论是一种走向政治危机的理论，"这一理论扩展了传统经济危机理论的视域，它不再单纯从生产领域的动力方面去寻找危机的根源。相反，通过考察政治系统在防止和弥补经济危机方面存在的无能为力，它对危机做出了解释。总之，这种无能为力源于国家政策上的自我矛盾的需要：尽管国家政策必须组织因私人生产所导致的功能失调这一社会后果，但它又不能侵害私人生产的首要地位。然而，如果国家政策想要充分有效，它又被迫依赖于这样一些手段：要么违反处于支配地位的资本关系，要么破

---

① 张婷，2015：《奥菲〈福利国家的矛盾〉中的福利国家危机管理理论探析》，《山东大学学报》第3期。

② ［德］克劳斯·奥菲，2006：《福利国家的矛盾》，郭忠华等译，吉林人民出版社，第45页。

③ ［德］克劳斯·奥菲，2006：《福利国家的矛盾》，郭忠华等译，吉林人民出版社，第46页。

④ 陈炳辉，2006：《奥菲对现代福利国家矛盾和危机的分析》，《马克思主义与现实》第6期。

坏政府管理自身的功能性要求——合法性和行政力"①。

奥菲对传统的经济危机理论进行了评价,他说:"传统危机理论(或这一理论的绝大部分)的最为引人注目之处在于,它把危机原因直接或间接地归结为阶级矛盾的持续毁灭性,或者归结为阶级矛盾不能被充分制度化,也就是说,它把危机的原因归结为经济基础问题。"②奥菲的危机理论并不是仅仅从经济系统内部找原因,而是以政治系统与经济子系统以及政治系统与社会子系统之间的关系为立足点,力图说明政治系统无法调节二者之间的对立关系而导致了一种"不可管理性"(ungovernability),不可管理性源于福利国家在经济交换原则和社会规范原则之间难以达到很好的平衡:如果想得到选票和民众的忠诚,就依赖高税收维持高福利,并制定高工资标准,但这些会造成资本外逃、战略性撤资等方式的抵制,最终瓦解政治系统自身的物质基础;就得营造低成本的投资环境,降低税收和工资标准,但是这就意味着在选民福利水平的降低,由此瓦解了政治系统的合法性基础。③为了缓和资本主义系统内存在的矛盾和冲突,福利国家实行了"危机管理",即通过制定国家政策和措施来防止和解决资本主义社会所出现的危机。但是,由于"不可管理性"的存在,福利国家的这种危机管理具有自身的不足和局限,从而产生了"危机管理的危机",它是一种政治的危机,并不是偶发性的危机,而是福利国家自身的过程性的危机。这种危机最主要的表现为现代福利国家的负担过重。例如,人口老龄化、经济增长趋缓、失业率高企等问题,给西方发达国家的福利制度的运行和完善提出了挑战。同时,随着政党竞争、多元民主政治体制的不断发展,加大福利支出成为政客们笼络选民最响亮的口号,长此以往,给获胜后政党的政府预算造成了巨大的压力,从而大大加剧了爆发债务危机的可能性。

第二节　资本主义制度异化催生债务危机

资本主义民主政治在否定封建专制政治、开创人类民主政治方面享有巨大

---

① [德]克劳斯·奥菲,2006:《福利国家的矛盾》,郭忠华等译,吉林人民出版社,第68页。
② [德]克劳斯·奥菲,2006:《福利国家的矛盾》,郭忠华等译,吉林人民出版社,第73页。
③ 焦玉良、张敦福,2012:《福利国家:走钢丝的巨灵——评克劳斯·奥菲〈福利国家的矛盾〉》,《社会科学论坛》第12期。

历史功绩，它对于调节社会矛盾维护社会稳定具有一定的积极作用。西方发达资本主义国家的民主政治制度在形式上是一种以议会为核心的代议制制度。

西方资本主义民主政治基本构造包括五个方面[①]：（1）人民主权。主权即国家的最高权力和国家的本质属性。人民主权的核心思想在于主权属于人民，政府的建立需要人民的统一，其权力也受到人民的监督。同时，政府的权力来自人民，人民就有权要求政府为人民服务。但资本主义的人民主权具有其自身的历史的和阶级的局限性，即主权其实只归属于资产阶级，而人民只在政治上拥有自主权，却丧失了决定上层建筑的社会经济权。（2）分权制衡。所谓分权制衡，就是把国家权力划分和分割为不同的部分，使之相互监督、相互牵制和平衡，以达到权力的正当行使和保障公民权利。就分权来说，包括立法、行政、司法的横向分权，以及中央和地方的纵向分权。就制衡或权力制约来说，各资本主义国家的体制、模式和政治传统存在差异，但精神实质却又相一致。在资本主义制度范围之内，分权制衡是涉及全社会有产者私人利益及其矛盾与冲突的内在逻辑，是资本主义私有制基础上的政治上层建筑的自然而必然的要求，是整个资产阶级借以动态地平衡其利益矛盾与冲突，实现其阶级统治的聪明的、理性的甚至是最恰当的选择，因此的确是资产阶级的历史性的创造。但分权制衡也造成了党派斗争和利益集团冲突不断，官僚主义、形式主义的种种弊端不断显现，权力腐败、权力出租、政治丑闻等现象持续出现。（3）法治。法治即"法的统治"，是指统治阶级按照民主原则把国家事务法律化、制度化，严格依法管理的一种治国理论、治国体系和运行状态。其核心内容是：法律至上，依法治理国家，法律面前人人平等，反对任何组织和个人享有法律之外的特权。"法治"是对"人治"的否定，因而与民主政治有天然的联系。（4）选举制度。选举制度是一国统治阶级通过法律规定的关于选举国家代议机关代表和国家公职人员的原则、程序与方法等各项制度的总称。它具有三个特点：一是被选举者往往是代议机关的代表或议员；二是形式上采用普选制；三是有一套比较完整的以法律为指导。因此，选举制与资产阶级的议会制度以及政党制度紧密相联。（5）政党制度。政党是由阶级社会中一定阶级或阶层的中坚分子组成的，为实现其经济利益和政治目的，特别是为取得和保持政权而奋斗的政治组织。它具有五个特征：有鲜明的阶级性；有明确具体的政治纲领；有明确的政治目标；有定型的组织系统；由领袖集团

[①]　刘俊奇，2014：《当代资本主义的发展与危机》，中国社会科学出版社，第131—138页。

主持。政党与利益集团的不同之处在于——政党以夺取和保持政权为主要目的，利益集团则以影响国家政策为主要目的。

随着现代资本主义制度的发展，其民主政治制度近年来发生了异化，其中最为突出的是选举制度和政党制度。具体表现为：民主规则和选举被人为操纵，富人主导政治，民众参与力度逐渐下降，宪法赋予公众的权利不时受到侵犯。[①]

一、金钱政治下的选举制度

"一人一票"的选举制度是资本主义民主政治的逻辑起点，是民主生活不可或缺的前提。在当代资本主义社会中，竞争性选举一直是推动资本主义民主制发展的核心力量。它为资本主义民主政治的运行和发展提供了四大支撑[②]：（1）有效容纳政治参与。即让公民行使公民权，获得有效的民主生活，同时促进政府在经过重新选举洗礼后与社会的平衡和协调。（2）沟通整合利益关系。选举实质上是一种利益表达的方式，因而构成利益冲突的大舞台，又成为利益协调与整合的重要机制。（3）表明和维持国家政权的合法性。（4）实现权力的和平转移。由于竞争性选举促使掌控政治权力的竞争公开化、制度化和规范化，因而从一定程度上实现了权力的和平转移。

尽管"一人一票"的选举制度在推进资本主义民主进程中起到了不可低估的作用，但本质上这种选举制从来不是代表人民的民主，即实现真正的民主——人民的统治。因为，供选择的候选人并不由人民直接选出，而是提前由垄断资本力量决定后，再供选民进行选择。这样，选民的选票就早已被限定在了既定的框架之内，无论结果如何，选举的结果都不是真实民意的表达，代表的只是选举获胜方——资本集团的利益，而选民只是这些资本利益集团用来投票"选主"的工具。因此，正如列宁所言，资本主义的民主选举不过是每隔几年决定一次究竟由统治阶级中的什么人来压迫人民和统治人民。尽管资本主义民主选举的本质如此，但是，在形式上资本主义统治阶级却做得有模有样，政治家的当选必须都是由选举产生。在选举过程中，为了获得成功，政治家只有拉拢选民获得足够的选票才能当选。公共选择理论认为："选举过程实质上就是交易过程，作为公民的投票人和作为政治家的总体（包括议员、首脑、州长），都是追求利益最大化的理性经济人，他们在追逐利益的过程中，行为的本质也是一种交易，作为公民的投票人，

---

① 张尔升，2012：《矛盾转化、制度异化与债务危机》，《经济动态》第6期。
② 刘俊奇，2014：《当代资本主义的发展与危机》，中国社会科学出版社，第161页。

在既定的选举规则和程序下,依据个人利益最大化的追求,从两个以上候选人中,选出能给本人带来最大满足预期的对象来,从而将选票投给他,作为政治家的总统虽然是公共利益的代表,但其首要目标仍然是自身利益的最大化,其表现形式就是获得足够的选票当选。"①这样一来,选举就很容易遭到金钱的腐蚀,从而形成民主选举与金钱政治之间的矛盾。

金钱政治是资本主义私有制对其民主政治和政治生活的决定作用,是资本以金钱对国家权利的一种有效控制,它所展现的是资本主义社会的"财富的无限权力",最鲜明地体现在选举上。② 因此,西方竞争性民主在形式上是"一人一票",其实质是"一元一票",即在"选民——政党和政客——金主"这样一个三角形中,真正决定者是"金主"。因为,如果没有大量金钱的支持,公民的选举权就无法实现。而选举的绝大部分开销都花费在为拉拢选民而进行的宣传和动员上。西方的政治民主选举由此变成了一场"民主秀",成为由"金主"——私人垄断资本争夺对社会控制权的政治游戏,它表现在：由资本力量的角逐决定谁担任候选人,同时由资本力量的博弈状况决定哪个候选人当选。③

二、竞争性多党制下的高福利政策

代议民主制或议会民主制之所以对西方资本主义民主政治具有决定性意义,是因为：第一,它以人民主权为前提和直接基础,是人民主权的恰当表现和借以实现的根本形式；第二,它是在非直接民主时代或无力实现直接民主的条件下,实行和实现民主的根本途径,因为其形式上的意义具有超时空的性质,并不受社会性质的限制。然而,在资本主义民主政治中,代议制始终是资产阶级研究出来对人民进行统治的一种制度。通过人民选举选出代表组成议会后,议会也并不归人民所掌控,选民与代表之间也失去了联系。同时,随着作为代议制的副产物的政党的不断演化,在发达国家,资产阶级政党在组织竞选、掌控政权、制定政策、控制社团中起着决定性的作用,并呈现出加强的趋势。尤其在西欧国家中,代表资产阶级利益的党派政治几乎无孔不入。政党不断将议会政党化,利用议会的合法性使自己成为国家政治的中心。这样,竞争性多党制就成为西欧资本主义民主制度的根本特征,议会制民主实质上成为政党制民主。在当代资本

---

①　张尔升,2012：《矛盾转化、制度异化与债务危机》,《经济动态》第 6 期。
②　刘俊奇,2014：《当代资本主义的发展与危机》,中国社会科学出版社,第 162 页。
③　鲁品越,2013：《为什么说西式竞争性民主是资产阶级民主》,《高校理论战线》第 2 期。

主义条件下,政党政治即通过政党行使国家权力或干预政治的政治制度,获得了更加广泛、更加充分、更加深厚的合法性。政党政治成为资产阶级民主的标志,是资本主义民主制度协调运作的工具,也是资本主义政治制度的自我调整机制。[①]

在现实政治生活中,不同的政党代表不同的阶级阶层和利益,无论哪个政党的上台都是以维护该党派自身利益为出发点,力图在竞选中获胜,从而获得可以自主分配的国家权力,实现其利益。因此,政党的第一要义就是赢得选举,从而上台成为执政党。这样,组织和拉拢选民成为各政党的至上原则。所有的政党,为了获得选票,在竞选中获胜,都会为选票而许诺。尤其在欧洲,为了获得相对贫困的选民的选票,政治家推行高福利政策,利用高福利承诺争夺选票,最后发展成"为许诺而放肆许诺",因此做出很多不切实际的承诺。因此,一旦上台后,新政府势必面临严重的福利支出负担。同时,政党为了刺激经济,在财政支出方面容易达成共识,即通过举债来刺激经济增长,由此造成了政府财政状况的恶化以及债务的不断增长。

在竞争性多党制的驱使下,代议民主的缺陷主要反映在三个方面:第一,大众的选举热情容易受少数人的蓄意煽动,进而导致流氓政治、激情政治、暴民政治等民粹主义倾向;第二,利益集团的垄断力量过于强大,从而使公共政策偏离公共利益的轨道;第三,由于竞选的压力使得政客过分夸大承诺迎合选民,造成了社会福利政策脱离经济发展的实际水平,进而导致福利超载,甚至由此引发危机。[②]尽管随着西方发达资本主义社会的发展,人民选举越发理性,其社会体制内的民粹主义倾向日益衰弱。但是,由于代议制民主与政党政治之间的矛盾不断激化,政党政治内的利益集团问题以及福利超载现象仍然是代议制民主体制内难以解决的问题。

一国或地区的财政收入的多少直接决定着该国或地区的福利体系的建设,而较高的经济发展水平及其税收是政府财力的基本保障。因此,一国的福利支出水平应当适应其经济的发展水平,即在理想的状态下,二者应当保持基本一致。一旦福利供给过剩或其规模超出了经济发展水平,就会出现福利超载现象,在一定程度上会给经济带来很多不利影响,高福利体系制度这种自我否定趋势使得政府在制定福利政策的过程中,需要充分考虑高福利制度是否阻碍了宏观

---

① 刘俊奇,2014:《当代资本主义的发展与危机》,中国社会科学出版社,第155—156页。
② 吴雨欣,2011:《选举民主问题国内研究现状述评》,《行政论坛》第2期。

经济的发展。尤其在经济下行或经济陷入萧条期后，在政府财政收入锐减的情况下，福利刚性的存在很难让福利需求进入下行区间，此时，政府继续推行相关的公共政策将变得十分困难。

"二战"以后，随着代议民主制的发展，尤其在全球局势日趋稳定的情况下，民众对自身权利的意识也愈发强烈，同时，在全球化进程中，各国的社会与福利政策之间可以随时进行比照，这也给政府实施相关政策造成了压力。在权利意识增强和国际比照压力的双重夹击下，使得公众对社会福利的需求普遍等于、甚至高于本国经济发展水平。一旦执政党提出降低社会福利水平的议案，势必会面临巨大的社会和舆论压力，甚至影响其政治地位，带来政治风险。尤其在下一轮竞选中，西方各国的政党面对压力会开始迎合选民的意愿，而选民的要求归根结底在于自身的利益得到满足，这样使得高福利政策成为政治家手上获取选票最有效的砝码。最终，在福利共享的驱使下，福利水平只会不断向上提高，却很难在经济下行或萧条的时候进行相应的调整。因此，总体上说，在代议民主体制下，政府很难协调社会经济持续发展与福利政策长远规划之间的关系，即无法以经济健康发展为前提来实施普惠式高福利政策。

对于福利制度的改革，实行代议民主制的国家的执政集团一般都会显得十分谨慎，尤其在竞选阶段，考虑到选民的情绪和意愿，通常都不会去降低现有的社会福利水平。然而，随着经济全球化的推进，各国或地区都无法摆脱周期性经济危机的侵扰，甚至会加快危机的传播和加剧其破坏力。此时，经济增长的放缓和下行会给政府的财政收入带来沉重的打击，社会收入也逐渐缩减。但出于竞选的压力，执政党很难从社会经济的实际出发，对福利政策进行相应的调整，甚至可能会推出更吸引选民的福利政策来获得更多的选票，以此延续其政治生涯，最终使得政府负债累累，财政金融风险高企，由此成为债务危机爆发的重要原因之一。

三、欧盟民主赤字

加拿大学者米什拉认为："全球化不仅威胁着击败福利制度，从其不受管制和非民主的特征来看，它也威胁着击败民主制度，并出现了双重赤字，即社会福利赤字和民主赤字。因此，在社会福利政策上的斗争其实是全球化与民族国家民主制度之间的斗争。"[1]

---

① ［加拿大］R·米什拉，2007：《社会政策与福利政策：全球化的视角》，郑秉文译，中国劳动社会保障出版社，第104页。

1979年,英国议会、欧共体委员会官员大卫·马昆德(David Marquand)首次提出了"民主赤字"的概念。他认为,有关终止理事会全体一致投票原则的建议将会剥夺具有民主合法性的成员国的监管权力,如果欧洲议会不能填补这一空白,民主赤字就会产生。卡尔海因兹·纳瑞泽(Karlheinz Neunreither)则给出了更广泛也更为详细的概念,他认为"民主赤字"包含三个显著的要素:首先是欧盟机构或者说是议会的民主赤字;其次是欧洲政党和大众媒体的参与不足,导致有关欧盟信息在传达民众时带有政治偏向性;最后是欧洲民众远离决策层,无法参与到欧盟事务中去。[1]

欧盟"民主赤字"主要表现在以下几个方面:[2](1)选举制。西方民主政治的推进离不开选举制的进步与完善,它体现了一种意识形态,即只有公民选举出来的公共权利才能称之为合法。它以一种非暴力、和平的方式主导着符合公民意愿的社会权利,并赋予符合公民意愿的党派上台执政。但是,欧盟并不是一个"超国家"的民主制政体,各民族国家的公民并不能直接参与到欧盟的议会选举,而且欧盟的政治议题仅仅是指一些成员国的欧洲政策,很少有涉及全欧洲人民的政策提案。欧洲议会分散的选票也使得欧洲公民在选择中的民主权利得不到充分的发挥,更谈不上能对欧盟的政策主张有所影响。(2)代议制。在某种意义上说,代议民主制就等同于西方民主制,也就是说,人民选举的代表们在议会中行使相关的权力。议会的权力是代议民主制的核心。但是,欧洲议会所被赋予的权力却远远低于成员国国内议会的权力,欧洲议会实质上只是一个介于监督咨询与立法之间的机构,只拥有有限的立法权。对于欧委会主席及其委员的人员推荐,也是由成员国议会决定,欧洲议会不具备选择权。(3)政党制度。就某个议题而言,为了平衡各方的权益,少数派也可以通过组建政党来博取自身的利益。这种通过政党制度实现各方利益表达的机制是西方民主制不可或缺的要素。这种竞争性多党制的优势在于,各方可以通过竞争和对立,达到相互监督制衡的作用。同时,政党间不同的政见和政策方针也给选民带来了选择的空间。但是,在欧盟层面,并没有组建全欧洲范围的政党。虽然,议会内部也存在政党联盟,但各政党联盟也无法组成强有力的民主力量。在欧洲议会的选举中,这些政党联盟多关注的是本国的政策主张,并没有从全欧的角度考虑问题。(4)司

---

[1]　薛晶洁、陈志敏,2011:《欧盟"双重民主赤字"问题与成员国议会在欧盟决策中的参与》,《国际观察》第4期。

[2]　林民旺:2007:《论欧洲联盟的"民主赤字"问题》,《国际问题研究》第5期。

法机制。西方民主宪政原则规定：国家的司法权、立法权和行政权三权分立，并分别由司法机关、立法机关和行政机关接管。在欧盟中，立法权归欧盟最高决策机构——欧盟部长理事会接管，行政权归欧盟委员会接管，而欧洲议会的权力只是停留在监督和咨询上。欧洲法院的人员组成也是由各成员国推荐，部长理事会决定的。因此，三者之间的权力失衡注定了欧洲司法机制的独立性相对薄弱。

在欧洲，由于欧盟与成员国的双层结构中市场与社会的主导地位不同，即在欧盟层面，政策的制定由市场决定，而在成员国层面，政策的制定是由民主制下的社会需求决定。这样就产生了以市场逻辑为主导的欧盟政治活动和以社会需求为主的国家层面与民主政治之间的矛盾。[①] 欧盟成立之初，共同市场的发展促进了成员国的经济增长，欧盟和成员国的结构性矛盾并不明显。但是，随着欧洲一体化进程的深入，欧盟层面的政策开始向成员国政府延伸甚至施压。比如，欧盟通过《马斯特里赫斯特条约》的制定，对成员国的政府开支和债务规模进行约束，对成员国的社会政策进行干预。尤其在欧债危机爆发后，欧盟通过援助计划要求危机国对社会政策各方面进行全面改革，其中最主要的是要求削减占据成员国财政支出主要地位的社会福利支出。这样，欧盟根据市场需求做出的政策决定遭到了成员国民众的强烈反抗，导致了潜在的社会不稳定因素剧增，各成员国都出现了不同程度的大罢工以及游行甚至骚乱。为了平息动荡，一些成员国甚至出现了以"全民公投"来决定是否接受欧盟的政策要求，由此也造成了欧盟与成员国政府之间的分歧越来越大。

欧盟的民主赤字源于其自身同一性的缺失、机制性质模糊以及合法性结构特性等。首先，欧盟并不被全体欧洲人民所认同，欧盟各成员国的公民只对本国有认同感，也就是说，欧盟并没有构建出同一的欧洲认同。各成员国与公民之间本身的共同体感薄弱是造成欧盟的民主缺失重要原因之一。毫无疑问，绝大部分欧洲人民对于自身民族认同强于欧洲认同，而欧盟也并非等同于欧洲，欧盟作为国家联合体的观念并不真实，欧盟只是由社会精英造出来的，而对于普通大众而言，并没有太多的参与感。尽管欧洲在文化、历史、地理以及价值观上具有同源性，但欧洲各国在认同欧盟上也具有一定的差异。其次，欧盟对于自身的定位模糊。最早的煤钢共同体主要还是以经济合作为主，政治合作为辅。随着经济的发展和欧洲一体化进程的不断深入，欧盟的超国家性质才逐渐显现出来，并促

---

① 张俊，2014：《福利困境、"去民主化"和欧洲一体化：欧洲政治转型的路径》，《欧洲研究》第1期。

进了各国在经济、外交以及司法等方面的合作。但是,欧盟仍是一个定性模糊的经济、政治一体化组织,即既不是区域合作机制,也不是具有主权意义的联盟国家。正是这种不清晰的定位,造成了欧盟民主制的真空,即如果实现全面贯彻代议制民主来构建欧盟,就不存在民主赤字问题,如果只是建立处理问题合作机制,欧盟也就不需要民主机制。因此,随着欧盟在欧洲经济、社会、文化等政策方面扮演的角色越来越重要,民主赤字是其构建过程中亟需解决的问题。最后,欧盟自身合法性结构使然。欧盟的政治合法性来源于成员国的政治合法性,也就是说,欧盟对欧洲政策的制定和实施必须依靠成员国政府的支持,如果成员国内部政府的权威性及合法性不足,无法在国内议会通过,欧盟的政策决定就失去了在相应成员国实施的意义。因此,从某种意义上说,欧盟的合法性依赖于成员国政府的合法性,这样欧盟就无法享有和成员国相同的政治民主。欧盟政策的制度和实施都是与成员国之间的利益互动、互相妥协的结果,成员国之间的利益也都是采取一揽子交易的方式来实现,如果将过多的民主成分引入欧盟内部结构,势必会造成欧盟合法性运行效率的低下,削弱欧盟处置事件的应急能力。

总之,欧盟民主赤字问题将成为萦绕在欧洲推进一体化进程的道路上的一个难题,短时间内难以得到解决。

第三节　资本主义基本矛盾演变的当代表现形式:欧债危机

通过对欧洲福利国家以及资本主义制度异化的分析,并结合上文中对危机形成机制的研究,可以说,此次爆发的欧债危机就是资本主义基本矛盾在高福利体系和经济结构失衡等条件下的当代表现形式。而资本主义基本矛盾的演变具体表现为以下几个方面:第一,虚拟经济与实体经济的矛盾决定了欧洲各国经济发展的重心由实体经济向虚拟经济转移,其中最突出的表现为"欧洲五国"的房地产泡沫、金融业高度发达等。第二,资本扩张空间与经济结构空心化的矛盾决定了在全球化和欧洲一体化的推动下,生产要素地理空间的再配置和产业的转移,其中最突出的表现为南欧国家的产业空心化造成的南北欧经济结构严重失衡。第三,资本主义的福利化与资本利润最大化之间的矛盾决定了高福利水平与经济发展水平的背离,其中最突出的表现为南欧国家不符实际的福利支出与政府负债。最终，当受到外部冲击时，矛盾的集中爆发导致了自欧共体成立半个多世纪以来最严重的主权债务危机。

一、新金融环境下虚拟经济与实体经济的矛盾

鲁品越认为，通过金融化过程，资本主义生产方式的内在矛盾——资本追求价值增殖与全社会人类生存与发展的需要的矛盾、社会生产力与生产方式的无政府状态的矛盾——产生出新的形式。一方面，这些矛盾部分地因金融系统创造的流动性而得到暂时搁置与缓解，并且开拓新的资本扩张空间，大大扩充了资本主义生产方式所容纳的社会生产力。另一方面，也产生了虚拟经济体系与实体经济体系的矛盾，从而使资本主义基本矛盾得到多层面的表现形式。虚拟经济追求用虚拟资本分割剩余价值，这就使实体经济中可供分割的剩余价值不断减少，由此激化了实体经济领域本来就存在的矛盾。[①]

（一）虚拟经济的概念界定

为了更好地理解虚拟经济的定义，首先需要对虚拟资本做一定的了解。马克思认为，虚拟资本是在借贷资本和银行信用制度基础上产生的，即"随着生息资本和信用制度的发展，一切资本好像都会增加一倍，有时甚至增加两倍，因为有各种方式使同一资本，甚至同一债权在不同人的手里以不同的形式出现。这种'货币资本'的最大部分纯粹是虚拟的"[②]。马克思将虚拟资本分为两类：一类是随着信用制度发展而产生的各类信用票据，比如汇票、银行券等；另一类是指由企业或国家发行的各类有价证券，包括以股票、国家或企业为主体的各类债券等。希法亭在马克思对虚拟资本定义的基础上，提出了金融资本的概念，他认为，在股份公司出现和快速发展阶段，金融资本逐渐涌现，并与产业资本相结合而渗入到经济体系的各个方面，由此促进了虚拟经济的发展，使得以信用制度为基础的虚拟经济控制了整个经济运行机制，成为经济发展的主导力量。

成思危认为，虚拟经济是指与虚拟资本以金融系统为主要依托的循环运动有关的经济活动，简单地说就是直接以钱生钱的活动，从系统科学的角度来看，虚拟经济是与实体经济相对应而在经济系统中存在的经济活动模式，其在发展过程中存在五个阶段——闲置货币的资本化、生息资本的社会化、有价证券的市

---

①　鲁品越，2015：《鲜活的资本论：从深层本质到表层现象》，上海人民出版社，第506—507页。

②　马克思，2004：《资本论》第3卷，人民出版社，第533页。

场化、金融市场的国际化以及国际金融的集成化。[①] 而根据刘俊民的观点,在广义上将虚拟经济定义为除实体经济以外的所有经济活动,包括一切金融机构的活动、广告业、教育文化业、体育业、网络经济、房地产业除去建筑本身价值的活动等;在狭义上将实体经济定义为一切以金融资本为依托的活动及房地产的虚拟部分,其中金融市场是一切金融活动的重要载体之一。因此,如果将国民经济三分为虚拟经济、实体经济和一般服务业的话,虚拟经济部门则包括:金融业、房地产业、职业服务业[②]。实体经济部门包括:农业大类、采矿业、制造业、能源供给行业、建筑业、商业、餐饮业、运输业(包括邮政通讯信息业)。一般服务业包括:教育、医疗卫生、旅馆住宿、文体娱乐、社会服务、政府服务、家政服务、其他服务。接下来,将重点对虚拟经济与实体经济的关系进行进一步的研究。

(二) 虚拟经济与实体经济的关系

虚拟经济系统与实体经济系统的有机统一构成了现代经济系统。然而,实体经济作为人类社会赖以生存和发展的基础,依然在全球经济体系中占主导地位,而虚拟经济只是实体经济高度发展的产物,其目的是为了更好地服务于实体经济,但虚拟经济也能够在实体经济体系之外单独运行。20世纪70年代以来,虚拟经济开始高速发展,其增长速度远远高于实体经济的增长速度,并开始脱离实体经济的支持,逐渐演变成泡沫经济[③],受到外部冲击时,泡沫一旦破裂会给实体经济带来严重伤害。从具体的过程来看,虚拟经济的周期性依附于实体经济的周期性。虚拟经济的发展运行与实体经济的发展同样具有周期性,两者间的周期性体现于:实体经济加速增长→实体经济发展受到不稳定因素影响→经济泡沫逐渐聚集→金融资产价格不断上扬→虚拟经济增长速度远超实体经济增速→泡沫经济出现→经济泡沫不断膨胀→外部冲击导致泡沫破裂→金融资产价格急速下降→实体经济遭受严重影响。[④]

实体经济与虚拟经济的协调发展对经济社会的发展具有强大的推动和刺激

---

① 成思危,2003:《虚拟经济与金融危机》,《管理评论》第1期。

② 职业服务业指的是为企业提供商业性高端服务的行业,主要包括咨询评估行业、技术咨询行业、人力咨询行业、计算机服务行业、广告行业、法律服务行业等等。这些商业服务能使企业的商业运作更加有效,其最终目的也是为客户赚钱。

③ 泡沫经济是指在虚拟经济的过度增长及相关交易的持续膨胀后,虚拟经济逐渐脱离实体经济运行需要的过程中,出现的金融证券、房地产价格猛涨,投机交易活动极为活跃的经济现象,这些经济现象会造就社会经济的虚假繁荣。

④ 周莹莹,2013:《虚拟经济与实体经济协调发展研究》,经济管理出版社,第38—39页。

作用。主要原因在于：第一，由于虚拟经济具有积聚社会闲散资金的功能，只要满足条件，各类实体经济体都可以从虚拟经济体中获得其发展所需资金，除通过以银行为主体的各类金融机构贷款或以发行股票、债券为主进行融资之外，还可以利用投资者对虚拟资本品种的青睐和追捧，提高资金的利用率，扩宽融资渠道，使全社会用于经济建设的资金增加，经济建设的规模、质量和速度得到保证。第二，虚拟经济的发展可有效促进资源的合理配置，提高资源的利用效率。由于虚拟资本具有高度流动性，在利润最大化的驱使下，虚拟资本会迅速地从低收益的领域流向高收益的领域，从而促进了资源的优化配置。同时，虚拟经济的发展为存量资本的优化配置提供了有效途径。通过资产充值等产权交易，可以盘活因投资决策失误或市场需求结构转变而闲置的存量资本，实现这些资本在不同实体经济部门之间的进一步优化配置，从而提高社会资本的利用效率。第三，虚拟经济的发展影响了实体经济领域的外部经营环境，可促进实体经济的产业结构升级调整。实体经济的健康发展除需稳定的内部经营环境外，还需要良好的外部经营环境，其中包括全社会的资金总量状况、资金筹措状况、资金循环状况等。虚拟经济的发展，促进了社会资本的优化配置，同时进一步引领资本流向具有良好发展前景的新兴产业，使社会财富由传统产业逐渐向新兴产业转移，为新兴产业的发展提供了融资便利，进而推动了实体经济领域的产业结构升级调整。[1]

然而，当虚拟经济系统发展与实体经济系统发展速度发生背离时，即虚拟经济过度膨胀远远脱离实体经济而无序运行时，虚拟经济对实体经济的破坏力也是有目共睹的。其一，虚拟经济最初依附于实体经济内发展，随着虚拟经济复杂性、介稳性、高风险性、寄生性等逐渐显现，尤其是衍生金融工具的出现使得虚拟经济逐渐脱离实体经济体系，虚拟经济领域成为投机资本进行利益争夺的主战场。投机资本之间的激烈竞争也助燃了经济领域内诸多的不稳定情绪，导致虚拟经济的混乱运行，加剧了市场的风险，扭曲了资源配置，降低了市场运行效率。其二，由于虚拟经济领域具有收益率高、运转速度快等特点，当经济增长下滑以及实体经济领域收益低下时，社会资本将大量流入虚拟经济领域，如此一来，虚拟经济就对实体经济领域的资本产生挤出效应。同时，大量资本流入虚拟经济领域后，容易造成经济的虚假繁荣和经济泡沫的不断积累，给经济的发展带来不

---

① 周莹莹，2013：《虚拟经济与实体经济协调发展研究》，经济管理出版社，第40页。

利影响。其三,虚拟经济的过度繁荣容易形成泡沫经济,对实体经济的发展造成严重破坏。高度发达的金融市场的出现,给投机资本追逐利润提供了优良的环境。然而,虚拟资本的盲目扩张与实体经济的萎缩形成极大的反差,大量的短期行为的投机资本进入虚拟经济领域,不可避免地出现了对金融产品价格的操纵和炒作,金融机构不断制造金融资产价格高涨,这样加剧了社会实体经济枯竭化,即产业资本纷纷从实体经济领域撤出,涌入虚拟经济。

(三)"欧洲五国"虚拟经济的实证分析

随着全球化和欧洲一体化的不断推进,欧元区各成员国的虚拟经济开始快速发展,实体经济却开始逐渐下滑。其中,以金融业和房地产业的发展最为突出。由第一章的分析可知:"欧洲五国"几乎都存在不同程度的房地产泡沫,其中爱尔兰和西班牙最为严重。

在爱尔兰,房屋价格从1999到2007年期间上涨了近4倍,20世纪90年代约5%的国民收入来自于房地产业,而到了2007年这一数据达到了近20%。[①] 爱尔兰的房地产泡沫给经济带来严重的破坏,导致了严重的经济衰退以及银行危机和财政危机。受金融危机的冲击,从2008—2009年仅一年的时间中,爱尔兰国内房产价格巨挫50%～60%。爱尔兰银行业不良贷款比率从2007年的0.8%飙升到2009年的9.0%。坏账的增加使得爱尔兰商业银行贷款进一步减少,银行紧缩贷款加速了房地产价格的下跌。2010年9月,爱尔兰政府宣布,投入到本国五大银行的资金直接将2009年的财政赤字推高到GDP的14.5%,2010年更是高达32%,公共债务可能达到GDP的113%。2010年11月,爱尔兰公开向欧盟和IMF提出援助申请,成为又一个希腊。

在西班牙,2007年用在房地产投资的资金约占其GDP的7%,房地产提供的岗位占整个西班牙劳动力市场的13%,而德国和英国分别仅为6.7%。1997—2007年,西班牙地价上涨了500%,同期欧洲新增房产的60%都来自西班牙。建筑业及相关产业对西班牙国内生产总值增长贡献率达到18%,对地方政府的财政收入贡献更是达到了50%以上。然而,西班牙空置房数量在欧元区国家中最多,空置率达15%,是欧盟平均水平的3倍,即在所建的2 100万套住房中有300万套为空置住房。可以说,西班牙是欧元区成立以来房地产泡沫最

---

① Morgan Kelly, 2009, The Irish Credit Bubble, UCD Centre for Economic Research Working Paper Series, *University College Dublin*.

严重的国家。随后，西班牙房地产泡沫的破灭给西班牙经济以毁灭性的打击。2011 年底，西班牙不良贷款总额约为 1 440 亿欧元（约合 1 785 亿美元），不良贷款率超过 6%；西班牙银行业与房地产业相关资产高达 3 200 亿欧元（约合 3 966 亿美元）。西班牙泡沫经济的崩溃使得西班牙失业率激增，成为欧元区失业率最高的国家。

二、新金融环境下资本扩张空间与经济结构空心化的矛盾

资本具有扩张的本性，从全球视角来看，资本扩张空间的主要表现为资本的全球化，也就是说，全球化的本质是资本扩张的全球化。同时，全球化也是资本主义经济社会发展的必然结果。在资本主义发展的历史长河中，全球化的进程一直孕育其中，并不是一种暂时的状态或现象。资本主义作为既对内又对外不断扩张的经济社会体系，势必将触角渗入世界各国、各社会之中，由此形成多方位互相联结的现代世界系统。在这个系统中，资本的全球化仍然是利润至上的全球化。为了追逐更多的利润，资本主义打破地理位置与民族国家的边界，让商品、服务和劳动能够自由无障碍地交换，从而促进经济社会的高速发展，但其剥削和牺牲世界上绝大多数人的利益的本性不会改变。资本扩张与全球化之间延续着如下关系：一方面，全球化是资本扩张的必然结果；另一方面，全球化又加速和扩大了资本的扩张。全球化绝不是某种自然规律或某种不容选择的线性技术进步的结果。这不过是西方工业国一个世纪以来曾有意识地推行并且至今仍在推行的政府政策的必然结果。①

马克思、恩格斯曾指出："资产阶级，由于开拓了世界市场，使一切国家的生产和消费都成为世界性的了。"②由此看来，世界经济的全球化与资本的扩张本性是分不开的，而资本在数量和规模上的增长，只是资本扩张的一种外在直观表现，资本的扩张更多地体现在它的内涵扩张上，即资本权力的增长及资本关系渗透范围和领域的不断扩大，包括从一个产业扩展至另一个或多个产业，从一个国家内部扩展至国际乃至全世界。资本在不同产业间的扩张，指的是资本为了提高增殖效率而从一个产业向其他一个或多个产业的转移和渗透。通常来说，资本不会一直停留在某一个产业领域，而是追寻利润在不同产业间流动，较高的利润率永远是引导资本流动的根本动因。正如资本的成长史所表明的那样，资本

---

① 张丽璇，2011：《消费主义：全球化时代的资本扩张》，《求索》第 7 期。
② 马克思，2012：《马克思恩格斯选集》第 1 卷，人民出版社，第 404 页。

最早以商业资本的形态出现,当工业领域的潜在利润空间出现后,资本迅速向产业注入,产业资本由此替代商业资本成为居主导地位的资本形态。而当产业资本的利润率日趋下降后,资本又转移到能够获取高额利润的金融领域,以致金融资本的地位提升,成为新的居统治地位的资本形态。这是资本总体在不同领域的渗透转移,对于单个资本来说,资本在不同产业间的扩张表现为一些规模扩大的企业向多元化经营方式的转变。这些大型公司或企业往往不会将经营范围局限于某一个行业,而是不断地开发和投入新的利润更高的行业。现代大型公司集团的经营范围有时跨越产品生产、交通运输和金融机构等多个部门。

为了追求更高的利润率,资本经常在国内利润率不同的部门间转移,只要条件允许,资本就会突破地域和民族国家的界限,在世界范围内寻求更有利的投资场所。通常这个更有利的投资场所就是殖民地、附属国或其他相对落后的国家,因为这些地方资本少、工资低、原料便宜,因而资本利润率高。资本在世界范围内的扩张,早期主要是以资本主义国家从殖民地国家输入廉价生产资料和向殖民地国家输出商品资本来实现的,因此早期的资本国际扩张史,表现为一部血腥的世界殖民史。第二次世界大战结束后,殖民体系瓦解,资本的国际扩张有了新的特点,一方面仍以对外贸易方式进行商品资本的输出,另一方面则加大了货币资本的输出,通过资本的国际流动实现资本的全球化。

经济全球化大大地开拓了新的资本扩张空间,资本的大量输出造就了战后西方发达国家经济的繁荣。但是资本本身具有不可克服的固有矛盾,这种矛盾并没有随着资本的扩张而消失,反而以新的形式表现出来。在欧洲,资本的扩张空间则表现为欧洲一体化。随着欧洲一体化进一步深入,由于南北欧各国经济发展的不平衡,以德国为代表的欧洲核心国的国家垄断资本开始向着欧洲边缘国进行扩张。因此,在全球化和欧洲一体化的双重驱动下,欧洲边缘国逐渐成为垄断资本的输出地,欧洲市场呈现出了"北欧生产、南欧消费"的局面。这样,全球生产要素的地理空间的再配置和产业转移,使得生产要素多流向新兴经济体或北欧国家。发生危机的南欧国家国际竞争力弱,多以服务业为主,在产业向外转移后,出现了经济结构空心化。因此,在资本扩张空间和经济结构空心化的矛盾激化下,欧洲南部国家遭遇金融危机冲击后,扩大财政支出的同时,产业结构空心化带来的税源减少,给欧债危机的爆发埋下了祸根。

具体来看,自1999年欧元区成立以来,"欧洲五国"的制造业占GDP比重大幅下滑,而欧洲经济"领头羊"——德国的制造业占比一直维持在22%上下,基本上没有发生多大的变化。主要原因在于：在统一之后，德国实行了有效的经济、政治体制改革，经济成功进行了转型，劳动生产率整体得到了提高，随着劳动力成本的下降，制造业竞争力大幅提升，再加上欧洲一体化的不断深入，德国成为欧洲乃至全球制造业最发达的国家。

与德国截然不同的是，受地理环境、自然资源等限制，"欧洲五国"缺少有竞争力且可与其他发达国家抗衡的产业，尤其是制造业。而且，在"去工业化"过程中，"欧洲五国"将中低端的制造业陆续向海外转移，导致其大多数支柱产业都是一些顺周期性产业，比如金融、建筑和旅游业等，这些产业对外部经济环境依赖度高，容易受全球性经济危机的影响。

因此，整体上来看，欧元区经济结构形成了以德国制造生产和以"欧洲五国"消费为主的格局，造成这一局面的根源就在于资本扩张空间与产业结构空心化之间的矛盾日益积累，而这种矛盾也是欧债危机内在形成机制的深层本质之所在。

三、新金融环境下资本主义的福利化与资本利润最大化的矛盾

为了应对社会"有效需求"不足产生的过剩性经济危机，西方资本主义发达国家采取了凯恩斯的国家干预政策，直接通过扩大财政支出以达到扩大需求的目的，同时，公共产品的增长促进了社会消费，也提高了社会福利水平。这样，资本主义通过福利化将一部分利润贡献出来，但其最终目的仍然是为了刺激民众的消费，增加民众的消费意愿。也就是说，政府通过扩大财政支出来增加社会公共产品的生产和建立全方位的福利体系，改变社会结构以此培养所谓的"中产阶级"，尽全力扩大内需，都只是为了缓和由有效需求不足引发的过剩性经济危机。

凯恩斯主义及社会福利国家模式虽然为战后西欧经济的恢复和迅速发展做出了巨大贡献，但很快就暴露出其内在的弊端。实行福利国家制度的前提条件是国家具有雄厚的财政实力。国家财政主要来源于税收，而税收取决于企业的经济效益和社会生产的效率，一旦企业的竞争力下降，效率降低，福利就成了无本之木、无源之水，势必难以为继。福利国家的另一大弊端是人们容易对政府产生严重的心理依赖，进而影响社会效率的提高。作为对凯恩斯主义的反思，以"第三条道路"为代表的福利社会主义改革走上了历史舞台。"第三条道路"主张对民主社会主义和新自由主义进行折中与调和，强调有限的国家干预与有限的市场调节相结合，主张社会福利国家中国家责任、社会责任与个人责任的有效平

衡以及社会福利水平与经济发展水平相协调的功能。尽管"第三条道路"作为一种中间道路的社会福利观,目前还没有形成一套比较完整和系统的理论体系,它的折中主义观念也遭到了一些学者的批判,但是,"第三条道路"的确已经看到了现代民主政治以及社会发展中的新问题。例如,新的经济不平衡、更为激烈的竞争、强大的市场力量、贫富差距的不断扩大以及生态环境的持续恶化,等等。"第三条道路"有时也被称为"改良的资本主义"或"福利资本主义"。

然而,以高福利化程度为特点的"第三条道路"并不能摆脱其自身的困境,即福利化政策在缓解发达国家内部的阶级斗争和经济危机的同时,也使资本主义内在矛盾得到更深层次的表现[①]:庞大的社会福利系统需要从社会生产力系统中吸取大量的剩余价值来支撑,而资本主义生产力系统则以最大利润为目的,这二者之间具有深刻的矛盾,即资本主义的福利化与资本利润最大化之间的矛盾。在此次欧债危机中,资本主义的福利化与资本利润最大化之间的矛盾决定了高福利水平与经济增长水平的背离,其中最突出的表现为南欧国家不符实际的福利支出与政府负债。

就社会保障项目而言,"欧洲五国"的福利保障体系也条目众多。比如,希腊的社会保障包含了社会的所有成员,社会保险、社会救助、社会福利构成了社会保障的主要组成部分。而国家强制性的社会保险让每个公民必须缴纳相应的保险金额,但可根据具体数额和享受的标准进行自愿缴纳。爱尔兰的社会保障由中央政府社会保障部统一负债管理,而地方政府负债协助工作,主要项目包括社会保险、社会救助、海外人员福利、退休人员养老金、儿童福利金、生育及收养福利金、疾病护理福利、失业援助等。在爱尔兰居住及工作的人普遍享有社会保险待遇,社会保险包括养老、医疗、生育、工伤、失业等。葡萄牙的社会保障覆盖面广。法定社会保险由雇员、雇主、自雇者按不同比例缴纳相关费用,包括养老、医疗、失业、工伤和家庭补贴等多个项目。西班牙的养老金制度由三大支柱构成:公共养老金、雇主养老金和个人账户,覆盖16岁以上雇员,实行现收现付制。意大利的社会保障可以分为国家缴费型社会保障、非缴费型社会保障和补充保障三大类,其中缴费型社会保障包括基本养老保险和失业保险,是强制性保险,实行现收现付制;非缴费型社会保障包括最低生活保障和公共医疗保障,所有公民不需要缴费都可以享受,资金来源为税收;补充保障包括企业补充养老保险和私

---

① 鲁品越,2015:《鲜活的资本论:从深层本质到表层现象》,上海人民出版社,第505页。

人医疗保险。

从福利开支的最终责任主体看，"欧洲五国"普遍实行现收现付制，政府对福利开支承担最后的责任。希腊的全部社会保障资金中，国家税收提供的占30％，社会保障缴费资金占70％。爱尔兰社会保障支出的大部分来自于财政预算（约53％），47％左右来自于社会保险基金。社会保险基金通过社会保险缴费筹集资金，具体由税务部门负责征收，财政部门负责专户管理并承担最终责任。葡萄牙社会保障费的筹资采取现收现付方式，政府以财政补贴形式承担最终出资责任。西班牙的社会保障体制实行现收现付制，政府负担比较重。意大利的国家缴费型社会保障实行现收现付制，最终由政府财政兜底。

根据此前第四章的分析，"欧洲五国"虽然整体的经济发展水平不及北欧发达国家，但在加入欧元区后其福利支出却呈现赶超之势，表现为"高工薪、高福利、高保障"。而支撑这种赶超的经济来源主要有两个：一是公共借贷，二是欧盟援助。首先，在欧元区成立之初，欧洲中央银行"整齐划一"（one-size-fits-all）的利率政策使得各成员国之间的政府债券利差迅速归零，降低了南欧国家（如希腊、西班牙、葡萄牙、塞浦路斯等）的公共借贷成本，使得这些国家能够获得与核心国家相同的主权信用和融资能力。因此，举债成为南欧国家刺激经济增长以及弥补财政缺口的主要手段。其次，欧盟为经济发展相对落后的成员国提供资金支持，为其经济建设和处理失业等问题给予帮助，比如希腊在加入欧元区后，就得到了欧盟援助基金的支持，促进了希腊经济的高速发展，为其建立全方位的福利体系打下了良好的经济基础。如此一来，南欧国家纷纷向着北欧高福利国家靠拢，为了支撑高福利制度的建设，政府开始向福利系统注入更多的资金。但是，并不是高福利制度本身产生了危机，而是在南欧国家效仿北欧高福利国家建立高福利制度的过程中，福利水平与经济发展水平的失衡导致了危机的发生，而其深层本质正是资本主义的福利化与资本利润最大化之间的矛盾。

也就是说，随着西方发达资本主义国家的福利化进程的进一步深入，当资本主义生产系统迅猛发展以及资本主义经济能够高速增长时，资本主义生产系统才能产生足够的资金或多余的利润来支撑庞大的社会福利系统，一旦经济从高速发展转入低速甚至衰退时，资本主义的福利化与资本追逐利润最大化的矛盾就会进一步激化，即表现为福利超载现象十分严重，福利化程度远高于经济增长水平，最终资本主义统治阶级无力也不愿再支撑如此庞大的高福利系统，由此爆发危机。

因此,本次欧债危机是资本主义基本矛盾在欧洲高福利体系以及经济结构失衡等条件下的当代表现形式,即虚拟经济与实体经济的矛盾、资本扩张空间与经济结构空心化的矛盾以及资本主义的福利化与资本利润最大化的矛盾在欧元区内部的积累和集中爆发,是欧债危机的根源。

综上所述,本章对欧债危机是资本主义经济危机的特殊形式,是资本主义基本矛盾在欧洲高福利体系以及经济结构失衡等条件下的当代表现形式进行了深入的探讨。

首先,工业革命时期,奉行自由竞争、优胜劣汰、生存竞争、优富劣贫的传统"自由资本主义"思想进一步激化了资产阶级与无产阶级之间的矛盾,引发了诸多的现实危机。为了缓解资产者与无产者之间的矛盾,制造稳定的社会生活环境,西方国家都采取相应的措施,最主要的是建立了福利国家。福利国家的特性表现为去商品化以及成为社会民主主义实践的历史载体。福利国家主要的矛盾在于"尽管资本主义不能与福利国家共存,然而资本主义又不能没有福利国家"。福利国家以行政的手段维持资本主义商品形式及其交换关系,使资本主义系统得以正常运行。但是福利国家的这种系统调节是有限的,并没有从根本上解决资本主义内在的矛盾,反而会加剧资本主义的危机。

其次,对资本主义制度的异化催生债务危机进行了详尽的分析和说明。在金钱政治制度下,西方竞争性民主在形式上是"一人一票",其实质是"一元一票",即在"选民——政党和政客——金主"这样一个三角形中,真正决定者是"金主"。代议制民主与政党政治之间的矛盾不断激化,政党政治内的利益集团问题以及福利超载现象仍然是代议制民主体制内难以解决的难题。面临经济衰退和财政危机,社会福利支出仍然保持在高位,甚至继续攀升,以致完全背离经济发展的现实,最终使政府财政难以为继,福利事业随之陷入窘境,最终成为主权债务危机爆发的原因之一。

最后,此次爆发的欧债危机就是资本主义基本矛盾在欧洲高福利体系以及经济结构失衡等条件下的当代表现形式。具体来看:第一,虚拟经济与实体经济的矛盾决定了欧洲各国经济发展的重心由实体经济向虚拟经济转移,其中最突出的表现为"欧洲五国"的房地产泡沫、金融业高度发达等。第二,资本扩张空间与经济结构空心化的矛盾决定了在全球化和欧洲一体化的推动下,生产要素地理空间的再配置和产业的转移,其中最突出的表现为南欧国家的产业空心化以及南北欧经济发展的严重失衡。第三,资本主义的福利化与资本利润最大化之间的矛盾决定了高福利水平与经济增长水平发展的背离,其中最突出的表现为南欧国家的不符实际的福利支出与政府负债。

第六章　新金融环境下欧债
危机对中国的启示

    2015 年是近 25 年以来中国经济增速最低的一年——首次下滑至 6.9％（如图 6.1）。在中国进入全面深化改革期以后,中国经济增速出现下滑会导致"中国经济硬着陆"的论断再次兴起,甚至又出现了大量"唱空"中国的舆论。尤其在全球经济仍然没有摆脱国际金融危机、欧债危机侵扰的形势下,中国经济发展的具体情况以及国家政策的制定和实施备受关注。面对经济危机,中国推出积极的财政政策和稳健的货币政策,虽然取得了一些良好的效果,但在实施过程中仍然面临着许多问题,如地方性政府债问题、贫富差距日益凸显、经济增长结构转型缓慢等。因此,本章欧债危机对中国的启示,主要分为三个部分:首先,对欧债

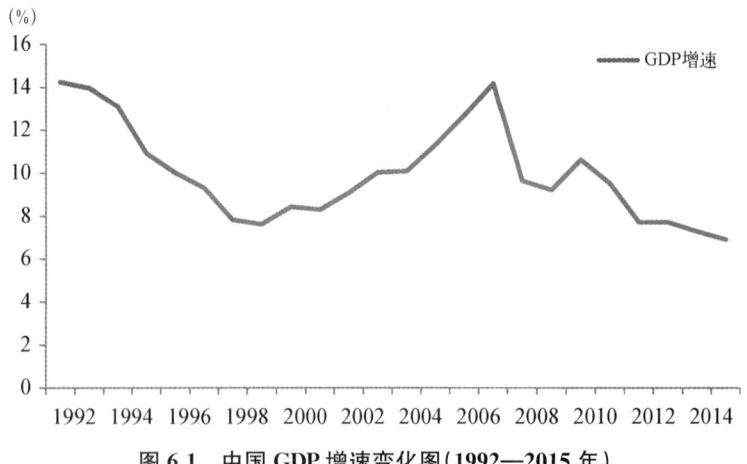

图 6.1　中国 GDP 增速变化图(1992—2015 年)

资料来源: 国家统计局,http://data.stats.gov.cn/easyquery.htm? cn＝C01。

危机与中国地方债危机进行对比,重点分析了二者的本质区别以及具体的债务结构等,并对中国地方债危机的治理和防范提出相关建议;其次,借鉴欧债危机的经验,对中国福利保障体系进行分析并提出相应的政策建议;最后就欧债危机对中国宏观经济结构的启示进行分析。

第一节　欧债危机对中国地方债问题的启示

近几年以来,中国地方性政府债问题日益凸显,对整个中国的财政金融体系的稳定构成了威胁,甚至有些专家指出,未来中国经济面临的最大挑战在于财政金融风险。中国地方债问题与欧债危机有着本质的不同。欧债危机是资本主义的基本矛盾在欧洲内部高福利体系以及经济结构失衡等条件下的当代表现形式,而中国地方债危机的主要原因在于分权制下财税体制的不健全。尽管如此,二者的表现形式是相同的:政府无法支付未来所欠款项,最终需要"最后贷款人"的救助。本节首先对欧债危机与中国地方债问题进行比较,随后对中国影子银行与地方债的风险进行简要概述,最后在分析其风险性的基础上对地方债问题的风险防范和治理给出相关的政策建议。

一、欧债危机与中国地方债问题的比较

为了应对全球金融危机带来的冲击,中央政府宣布了 4 万亿元的经济刺激计划。根据国家发改委公布的数据,4 万亿的投机刺激计划中约 2.82 万亿元来源于地方和社会投资,占总投资额的 70.5%。地方政府为了配合中央的政策也开始进行了大规模的投资,地方政府从资本市场筹资的主要方式是通过"地方政府融资平台"[①]向政策性和商业性银行进行贷款。在宽松的预算约束和银行系统财务风险控制较差的财政金融环境下,积极的财政政策及其产生的地方政府间的恶性竞争导致各级地方政府的债务融资规模以前所未有的速度上升。2013年 12 月披露的全国政府性债务审计结果表明:截至 2013 年 6 月底,全国各级

---

①　根据国发[2010]19 号文件定义:地方政府融资平台指由地方政府及其部门和机构通过财政拨款或注入土地、股权等资产设立,承担政府投资项目融资功能,并拥有独立法人资格的经济实体。其主要表现形式为各种地方城市建设投资公司。

政府负有偿还责任的债务近 20.7 万亿元、负有担保责任的债务近 3 万亿元、可能承担一定救助责任的债务近 6.7 万亿元。为了解地方政府性债务变化情况，审计署对部分地方进行了跟踪审计。审计发现，2013 年 6 月底至 2014 年 3 月底，抽查的 9 个省本级和 9 个市本级政府性债务余额增长 3.8%，比 2013 年前 6 个月平均增速下降 7 个百分点，总体上可控。但是，仍然发现一些问题：一是政府性债务管理制度尚不健全，9 个省本级和 9 个市本级中，2 个未制定政府性债务综合管理制度，9 个未制定政府性债务风险预警制度；二是省本级债务借新还旧数额较大；三是个别地方债务举借和使用不规范，4 个市本级违规由政府担保或不合规抵押融资 157 亿元，违反合同约定将 108.62 亿元债务资金用于房地产开发、项目资本金或其他项目建设等，4 个省市本级通过非公开定向融资工具、私募债等新方式举债 69 亿元。[①]

（一）二者具有本质的差异

从上文的欧债危机爆发的直接原因可知：欧债危机爆发的经济背景和我国地方性政府债务危机相类似，都是在 2008 年金融危机爆发以后，为了应对国际金融危机的冲击以及刺激经济的发展采取了一系列措施，这些措施导致了 2010 年以来自身财政风险的急剧上升。但是我国地方性政府债与欧债危机有着本质的区别。欧债危机产生的深层原因是资本主义的基本矛盾的演变，即虚拟经济与实体经济、资本扩张空间与经济产业空心化以及资本主义的福利化和资本追逐利润最大化这三对矛盾。具体说来，欧债危机的本质在于举债是为了缓解资本主义内部的矛盾，维持资本主义制度而实行高福利制度，但在资本全球化的背景下，欧洲发达经济体失去了原有的竞争优势而发生重大变化的必然结果。

然而，对于中国地方债危机来说，财政分权是导致其产生的主要原因。同时，中国的地方政府债务问题因与分税制度不完善、地方官员激励扭曲、地方融资平台不规范、宏观调控和财政政策需要等问题联系在一起而更加错综复杂。[②] 具体来看，1994 年我国开始实行分税制改革，中央政府与地方政府之间的财权和事权进行了重新的规划，即财权重心上移中央，事权重心下放至地

---

① 新华网，2014-6-5：《跟踪审计表明，地方政府性债务增长有所放缓》，http://www.audit.gov.cn/n9/n484/n487/c13381/content.html。

② 龚强、王俊、贾珅，2011：《财政分权视角下的地方政府债务研究：一个综述》，《经济研究》第11期。

方。分税制并没有做到财权和事权的科学统一,二者的不匹配使得中央政府税收过高,地方政府却丧失了可持续的财政来源。按照分税制改革方案,中央将税收体制变为生产性的税收体制,通过征收增值税,将75%的增值税收归中央,而地方只能获得25%的收益。地方政府财政收入的减少,造成地方财政的失衡,而《预算法》明文规定地方政府需要保持收支平衡。因此,地方政府为了弥补财政缺口,不得不进行举债。随着分税制的进一步落实,各级地方政府滥用举债权、融资渠道不规范以及中央政府对地方政府缺乏监管等,造成了地方债规模的迅速扩大。

(二) 欧洲主权债务与中国地方债务结构对比

在欧洲,主要有四大因素对公共部门的债务的核算产生影响:一是政府机构的覆盖范围,二是债务工具的覆盖范围,三是债务工具的计值方式,四是政府部门交叉持有债务的核算。其中关键的是前两个:政府机构的覆盖范围和债务工具的覆盖范围。政府机构种类主要包括7个类别:(1) 有预算权的中央政府;(2) 中央政府层面的其他具有预算权的机关;(3) 社保基金;(4) 地方政府;(5) 州政府;(6) 非金融分公司;(7) 金融公共公司。债务工具的种类主要包括6个类别:(1) 债务债券(如国库券、短期票据、中长期债券);(2) 贷款;(3) 其他应付账款(如贸易信贷);(4) 基金组织的特别提款权(许多时候被记在央行下);(5) 现金和存款;(6) 保险、养老金和标准化保障机制。[1] 而欧洲各国的举债支出主要用于维持高福利制度、缓解社会贫富差距带来的社会风险等方面。尤其在代议民主制的异化和金钱政治的催发下,竞争性选举夸大了笼络选民的高福利政策,由此恶化了当选后的政府财政状况,出现了严重的福利超载现象,最终引发危机。

从我国地方债务余额的支出结构来看,资金主要投向的是诸如市政建设、土地收储、交通运输设施等项目,唯GDP导向明显(如表6.1)。在地方政府负有偿还责任的债务余额中,市政建设、土地收储和交通运输设施三项累计达68 770.79亿元人民币,占总余额的67.96%,而保障性住房建设、科教文卫、农林水利建设、生态建设和环境保护等公共服务投入累计仅19 035.34亿元,占总余额的18.81%。在地方政府负有担保责任的25 635.39亿元债务余额中,市政建设、土

---

① 张宇燕,2013:《全球智库观点:影响全球经济决策的声音》,社会科学文献出版社,第143—144页。

地收储和交通运输设施建设三项占据了76.19%,保障性住房建设、科教文卫、农田水建设、生态建设和环境保护等公共服务项目仅占12.43%。上述比重在地方政府可能承担一定救助责任的债务中分别为72.38%和20.71%。[①]

表6.1 地方债务余额支出投向情况表

债务支出投向类别	地方政府负有偿还责任的债务(亿元)	地方政府或有债务	
		地方政府负有担保责任的债务(亿元)	地方政府可能承担一定救助责任的债务(亿元)
市政建设	37 935.06	5 265.29	14 830.26
土地收储	16 892.67	1 078.08	821.31
交通运输设施建设	13 943.06	13 188.99	13 795.32
保障性住房	6 851.71	1 420.38	2 675.74
教科文卫	4 878.77	752.55	4 094.25
农林水利建设	4 085.97	580.17	768.25
生态建设和环境保护	3 218.89	434.60	886.43
工业和能源	1 227.07	805.04	260.45
其他	12 155.57	2 110.29	2 552.27
合计	101 188.77	25 635.39	40 684.31

资料来源：国家审计署2013年第32号公告。

二、中国影子银行与地方政府债务风险分析

随着地方债问题的日益突出、影子银行的规模逐渐壮大、房地产泡沫的野蛮扩张,地方融资平台、影子银行、房地产领域所暗含的风险相互交织、相互传导,形成了风险传递的循环,已经成为威胁中国财政金融系统的最大风险。

为什么说地方融资平台与影子银行蕴含着巨大风险呢？首先,政府性地方债最主要的举债主体就是地方融资平台公司,地方政府通过地方融资平台为其资金缺口筹集资金,而资金的来源归根到底还是银行,融资平台公司的最大优势在于可以依靠政府的信用和某些方面的权力进行运作。长此以往,势必导致不规范的行为以及一些潜规则的出现,对政府的公信力以及财政金融

[①] 赵聚军,2014:《晋升锦标赛与福利超载——中国地方债务问题与欧债危机的政治学比较》,《天津社会科学》第6期。

造成极大的伤害,由此积累下巨大的财政金融风险。其次,地方债的风险积聚已经受到中央政府以及国家相关部门的高度重视,传统的地方性商业银行开始收缩对地方政府的信贷资金,这样将导致地方政府相关项目的资金短缺,资金的风险敞口进一步放大。而地方政府为了避开监管获得更多的资金支持,选择与影子银行进行"政信合作",致使地方政府的财政金融风险向着影子银行进行转移。

同时,地方融资平台中存在资产不实、资本金不足、过度依赖买卖土地收入、优良资本出逃等现象。地方政府通过"影子银行"进行融资同样存在法律关系不明确、期限错配严重、资金池产品与投资标的不对应等问题。现在地方融资平台与影子银行之间已经紧密相连,出现任何一个问题都将对政府的财政金融体系造成巨大的伤害,最终也必将传导到整个金融行业并引发一系列的连锁反应。

(一) 中国影子银行与地方政府融资

2007 年美国次贷危机爆发后,影子银行开始被人们所关注和重视,并被认为是此次金融危机的主要推手之一。近几年来,我国影子银行得到迅速发展,大量的金融创新给我国金融市场带来活力的同时,也加大了金融监管的难度,潜在的金融风险逐渐显现。尤其是地方政府选择与影子银行进行"政信合作",通过发放信托产品,如基建信托、平台类信托、资金池信托等形式来弥补地方政府的资金缺口。

1. 影子银行的内涵

2007 年美国的太平洋投资管理公司执行董事麦卡利(McCulley)首次提出了影子银行系统(The Shadow Banking System)的概念,并开始被广泛应用。随后,在 2011 年 4 月金融稳定理事会(FSB)的研究报告中,影子银行被定义为一种信用中介体系,并指出由于该体系游离于银行监管体系之外,因此容易引发一系列的系统性风险。[①]

在 2014 年 1 月国务院办公厅发布的国办 107 号文《关于加强影子银行业务若干问题的通知》中,影子银行的范围按照是否持有金融牌照以及三种不同的监管程度进行划分:第一种是不持有金融牌照,并且完全不被监管的信用中介机构,比如新型的网络金融公司、第三方理财机构等;第二种是不持有金融牌照,并

---

① 周晓明,2013:《地方债:中国式的"次贷危机"》,《财经科学》第 9 期。

且存在监管不足的信用中介公司,比如小额贷款公司、融资性担保公司等;第三种是持有金融牌照的机构,但是存在监管不足或规避监管的业务,比如部分理财业务、货币市场基金以及资产证券化等。不难看出,此次分类大致是按照监管的程度来划分,"完全无监管"与"监管不足"的部分不少。但是如何衡量监管的程度,将缺乏监管的金融机构和金融业务也划入影子银行后,什么机构和业务才叫缺乏监管并没有明确的说法。可以说,目前为止国内还没有关于影子银行的精确定义。

2. 地方债发行路径依赖:地方政府融资平台

地方政府融资平台是政府通过划拨实物(如土地)、货币(财政资金)、无形资产(特许权)等形式,组建资产规模和现金流均可达到融资标准的公司,必要时再辅之政府承诺函、财政补贴和设立政府偿债基金作为还款保证。真正的地方融资平台产生于1994年的分税改革后,但是此时地方融资规模及范围比较小,仅仅用于城市基础设施的建设。1997年爆发的亚洲金融危机使得融资平台得到了迅速发展的机会。

受《预算法》的限制,为了缓解资金压力,地方政府成立了大量的交通公司、城投公司、开发投资公司等地方融资平台,借助地方政府的直接或间接担保,向银行贷款建设基础设施。2008年的全球金融危机更是让融资平台得到了井喷式的发展。由于担忧金融危机给中国经济带来的危害,中央政府迅速出台了"4万亿"的经济刺激计划。地方政府为了配合中央政府救市,也陆续推出一系列的经济刺激政策,此时进行大规模的基础设施建设的资金基本上都是通过融资平台来筹集的,因此融资平台得到了更加"疯狂"的发展。

3. 影子银行在地方财政金融中的表现形式

中国影子银行在地方财政金融中的体现主要表现为"政信合作"或称"信政合作"。所谓政信合作,就是信托公司与各级政府在基础设施、民生工程等领域开展的业务合作。政信合作类信托主要通过发放基建信托、平台类信托、资金池信托等信托产品来进行融资,其融资方一般是地方政府的融资平台,信托贷款是其最重要的融资渠道之一。政信合作的业务模式是在中央"4万亿"刺激政策的背景下迅速发展起来的。信托公司连同银行和地方融资平台构成了"银政信"模式:对于银行而言,为了规避监管,银行可以通过信托公司向融资平台进行贷款;对于地方政府,通过政信合作可以顺利获得所需资金;对于信托公司,通过与政府的关系扩宽了自身的业务范围。但是,在"银政信"三方合作的运行模式中,至关重要的仍然是地方政府的偿债能力和信托产品自身的风险。

(二) 警惕地方债与影子银行风险

地方政府通过"影子银行"的融资存在法律关系不明确、期限错配严重、资金池产品与投资标的不对应等问题。地方融资平台中同样存在资产不实、资本金不足、过度依赖买卖土地收入、优良资本出逃等现象。一旦出现问题,局部地区很有可能爆发债务违约风险,影子银行体系将受到严重打击,甚至引发危机。

在中国,"政信合作"作为影子银子在中国地方政府财政金融体系的最主要的表现形式,其背后也凝聚着巨大的潜在风险,主要表现在以下几个方面:第一,融资渠道有限,地方融资平台的信托融资成本高企,政府面临兑付风险。相对于其他融资渠道,信托融资的隐蔽性强,地方政府通过信托公司的融资成本比较高,利息支出负担也比较重。因此,地方政府与信托公司合作的项目不全是纯粹的公益项目,也会选择投入一些商业性的项目,否则很难承担信托的高融资成本。然而,"借新还旧"一直是地方政府解决债务集中兑付问题的主要方式,资金期限错配加剧了整个地方财政金融风险。第二,信托公司在"政信合作"中所面临的风险主要是信用风险,风险的高低取决于地方政府的偿债能力和还款意愿。然而,信托公司通过发放信托产品,将风险转嫁给购买了这些信托产品的社会投资者。一旦出现违约,最终伤害的还是我们广大社会投资者,地方政府的公信力也会受到极大的损害。第三,信托公司在利益的驱动下盲目追求规模,过度依赖地方政府信用担保,存在严重的项目管理不到位的问题。由于相信"政信合作"信托产品有地方政府和财政兜底,信托公司投资到的标的项目可能并不符合其公司风险控制和业务投向的要求,有可能将资金投入资金实力弱、信用程度差和综合偿债能力弱的项目中。因此,存在项目管理不严谨,担保、抵押行为不规范,操作环节有法律漏洞等问题。

2011 年年中的云南城投债违约风波,引发市场对地方债可能违约的预期,曾一度导致信用债市场危机。民营企业超日太阳能公司 2014 年 3 月未能如期支付利息,超日债的违约构成了当代中国债券市场首次真正的债务违约。那么未来地方债会不会出现违约呢? 从国家资产的存量上来看,我国公共部门的资产足以应付政府现有债务。现在地方债风险的核心问题是流动性问题,其本质是地方政府债务的负债方和资产收益方的期限错配,风险集中在地方政府是否能按时偿付利息及本金。在负债方面,政府债务中大部分是来自于银行贷款,而这些贷款中期限在三年以下的短期贷款居多。在资产收益方面,地方政府债务多投向城市基础设施建设、科教文卫、生态环保等领域,政府投资的这些项目多为公益性质的项目,其根本是给经济发展带来"正外部性"。然而,这种正外部性在短期内难以产生强劲的税收现金流。从目前来看,地方政府多以"借新还旧"以及债务展期的方式来化解偿付到期债务压力。这种方式并不能从根本上解决短期的地方债偿付风险,反而使得地方政府的债务像滚雪球一样越滚越大,最终地方政府可能因无力支付本金及利息而选择违约。

为了防范政府性地方债风险以及推动地方政府债务融资机制的发展,经国务院批准,2014 年上海等十个城市开始试点地方政府债券自发自还,这意味着地方政府自主发债开始启航。"自发自还"也意味着地方政府要自己直接面对市场,中央政府将不会对地方政府的债务问题进行解决或代偿,地方政府将抛开多多益善的观念,按照市场化的原则以及自身的偿债能力去考虑自身的融资额度问题。市场化、透明化是地方债发展的根本之道,建立地方债的风险与收益的市场化定价机制,并向市场传递地方债的风险和价格信号,形成与此相匹配的市场化交易机制。随着地方政府债券自发自还的试点开展,地方政府对影子银行的依赖度将有所减弱,但其依然是地方发展资金的重要来源。如今,影子银行风险仍然威胁着整个银行业的稳定性,将影子银行纳入监管体系势在必行。

三、中国地方政府债务问题的政策建议

为了防范和化解地方政府债务危机风险,中国对公共债务的管理应该从以下几个方面着手:(1) 继续完善分税制财政体制,并扭转以"唯 GDP 论"为纲要的官员晋升考核与问责机制;(2) 加强地方政府债务的实际管理;(3) 建立地方政府债务预警及风险监管机制。就这三个方面的内容进行具体分析如下:

第一,继续完善分税制财政体制,并扭转以"唯 GDP 论"为纲要的官员晋升考核与问责机制。分税制的实施改善了中央政府的财政状况,并促进了经济的发展。但是,分税制割裂了地方政府财权与事权的统一,同时造成了上下级政府在事权和支出方面的重叠。因此,在对分税制进行进一步改革时,应当合理分配财权和事权的关系,即根据相应的事权大小确立财权的分配,由此构建良好的政府层级结构。地方债问题的另一个体制根源在于以"唯 GDP 论"为纲要的官员

晋升考核与问责机制。长期以来,官员的考核都以当地的 GDP 增速这一单一指标为主要依据,GDP 增速与官员的晋升速度成正比。地方经济增长速度越快,地方的官员晋升的空间和速度就会得到相应的提升。然而,为了拉动当地 GDP 的增长,地方政府需要雄厚的财力来进行投资,但上级政府所拨款项远远不能满足其经济的发展,这样举债成为地方政府获取资金的主要渠道,造成了地方政府债务的急剧增长。因此,应该建立多层次的考核与问责机制,杜绝"一刀切"的评判标准,建立以社会稳定、生态治理、居民生活条件等多方面的考核指标体系,并把对地方债的治理作为考核指标,增强各地方政府化解地方债务的能力。同时应当改革问责制度、优化问责周期、提高问责力度,端正官员的投资行为,遏制不顾风险的过度举债及投机行为。

第二,加强地方政府债务的实际管理。债务管理制度的不完善也是造成地方债无序扩张的原因之一。我国尚未成立地方性政府债监管的独立机构,中央政府与地方政府之间仍然存在空白的不能量化的债务管理区域,并且也未设立科学可行的偿还机制。由于缺乏还贷压力以及强烈的政绩诱惑力,一些地方政府通过地方融资平台进行融资就可能失控。同时,地方官员缺乏科学的资金规划和风险意识,用于投资的很多项目变成了"面子工程"。长此以往,造成了成本与收益的严重脱离,而且在大多数基础设施、公益性项目的收益基本为零的情形下,借新债还旧债成为地方政府"止血"的主要途径,这样造成了地方债务规模的进一步扩张。然而,由于没有专门的部门对地方债规模进行统计,债务规模也就无法科学客观地进行管理。因此,上级政府应当建立有效可行的债务管理机制,地方政府在举债时必须通过统一的专网进行申报以及提供相关信息,如债务规模、利率、期限等。在偿还机制方面,应当落实各地方政府的偿债责任,明晰偿债主体,对于与公共服务无关的地方债务,政府不做兜底担保。为了加强地方债务管理,可以考虑引入市场机制,促使市场对地方政府债务的融资进行约束,并对相关信息进行及时的披露,由市场规范地方政府的举债行为。同时,加强对地方融资平台的监管,限制其借贷规模,预防过度放贷带来的财政金融风险。

第三,建立地方政府债务预警及风险监管机制。由上文分析可知,尽管我国地方债风险整体可控,但仍然存在很多隐患。因此,现阶段应当建立地方政府债务预警指标体系,对地方债风险进行严格的监管。在建立中国特色的预警及监管机制的时候,可以借鉴欧洲发达国家的经验,设定可操作的预警指标、地方债务评级标准。在此基础上构建以财政收支状况、债务规模、投资项目收益以及经济发展等为标的物的财政风险预估模型,对其中各因素的影响度进行分析,并根据实际数据进行预测和管理。确立地方政府债务的发行权,提高地方债务透明度,管理经济运行风险。新的预算法规定了地方债可由省级政府发放,并将其纳入财政预算。各级政府应当积极配合中央政府对地方债的监管及检查工作,对信用评级低的债务进行实时跟踪,在积极提高财政收入的情况下,从根本上加强抗债务风险的能力。同时,中央政府可根据地方政府风险评估模型中的因子,即财政收入、地方政府信用评级、经济社会发展情况等来规定地方债的配额,由此控制债务风险。

第二节 欧洲福利国家制度对中国社会福利保障体系的启示

从欧债危机的经验中,我们发现福利支出与经济增长背离而出现的福利超载现象会给一国经济带来阻碍。南欧国家内部竞争性的政党体制与福利竞争导致这些国家逐步放弃了原有的与自身经济发展相符的福利模式,转而发展福利国家模式。在一定程度上,较高的经济发展水平、劳动力参与率以及对公共干预秩序性和公平性的信任是福利国家模式的基础,而希腊、西班牙等南欧国家并不具备这样的条件。因此,在国内政党政治和国家间恶性福利竞争的推动下,南欧各国违背了福利国家发展的基本规律,不断提高养老金替代率水平,使得福利支出大大超过了其自身经济发展水平以及财政负担能力。现如今,我国正面临人口老龄化的严峻考验,如何实现有福利的经济增长成为关键。

一、欧洲福利国家的经验及批判

欧洲是福利国家的发源地,而北欧福利国家被认为是全球最成功的福利国家代表。北欧福利国家的特点在于高度发达的工会职能,以及在实现充分就业的情况下保障了国民的社会利益的均衡化,由此缩小了贫富差距,缓和了阶级矛盾,并使得中下阶层得到了更多的实惠。因此,"民主社会主义"在北欧国家取得的成功,受到了全球各国的关注和追捧,各国民众也呼吁向着民主社会主义的福利政策靠拢。在我国有一部分人将"民主社会主义"等同于社会主义,有的甚至主张在我国推行民主社会主义或社会民主主义。本小节将就欧洲福利国家的经验，尤其是以北欧福利国家为例，给出对我国推行福利制度的一些建议和启示，以及对民主社会主义的可行性进行批判。

(一)"北欧福利国家"的经验

北欧福利国家的经济社会特征表现为充分就业、社会福利保障完善以及高税收等。首先，充分就业是北欧福利国家实施政策的首要目标。在经济繁荣或稳定期，政府要求企业自备战略就业基金，为日后经济衰退出现的失业做储备。与此同时，政府的公共服务项目计划对工人的培训和再就业也起到了一定的辅助作用，保证了社会的高就业水平。其次，北欧国家的高福利是其显著特征。长期以来，各国一直保持着十分高的福利支出，在全民共享的福利制度下，社会福利贯穿于每个人的日常生活之中，尤其在教育、科研方面仍投入了大量的人力物力。最后，政府的高福利的支出由高税收来维持。欧盟的数据显示，芬兰的所得税最高达50％，瑞典民众收入的60％都用来缴纳各种税费。高税收可以降低贫富差距带来的社会风险，经济的持续发展也催生了强大的中产阶级队伍，工会力量也愈发强大。

北欧福利国家制度的经验对我国的社会福利保障制度的建设具有非凡的意义。首先，从北欧国家福利制度的原则来看，"广泛性、普遍性、统一性"是其基本原则。北欧的福利国家以公正平等的社会理念来建设其社会保障体系，并充分体现了其公平、公正的先进理念。因此，政府应当坚持公平公正为我国建立福利保障制度的基本前提，在全面建成小康社会的背景下，确保经济平稳发展的同时，应当大力促进经济发展成果与人民共享的和谐局面。其次，从北欧福利制度的主导力量来看，政府是其各项公共管理的核心。以政府为主导的再分配机制是北欧福利国家的主要特征之一，尽管私有化在满足福利服务的多样性方面具有一定的优势，但在建立全社会共享的福利机制时，北欧各国仍然坚持以政府为主体来对社会财富进行再分配，由此弥补初次分配中存在不公平的缺陷。所以，我国在推进全方位的社会福利保障体系的过程中，要充分发挥以政府为主导的积极作用。最后，北欧福利国家的发展表明福利的增长需要控制在经济发展所能承受的范围之内，否则会向着南欧诸国债务危机靠拢。统一的福利保障体系需要从保障的规模、内容、范围出发，与经济发展形成良性循环，由此将福利水平控制在合理的范围内。鉴于此，我国应当建立符合中国国情的社会保障体系，循序渐进、脚踏实地地从我国经济发展实际水平出发,在充分考虑各族人民根本利益的基础上,逐步完善我国社会主义社会福利体系。

(二)"北欧福利国家"的批判

福利国家仍然存在自身不可避免的矛盾。正如德国学者克劳斯·奥菲所说:"福利国家是稳定资本主义社会的一套装置,而不是使其改变的一个环节。尽管工资收入者的生活条件已经得到了无可否认的改善,但福利国家的制度结构在改变资产阶级和工人阶级之间的收入分配方面作用极小,或根本就无所作为。"[1]自由主义则认为,北欧福利国家的高福利催生了劳动者的生活惰性,不利于经济的长期发展,而过高的税率也会遏制投资者的投资欲望,使其失去必要的投资信心。奥菲做了如下论述:"福利国家机构强加于资本之上的管理和税收负担等于是抑制了资本投资的动力,同时,福利国家所认可的要求、权利以及工人和工会所拥有的集体权力,等于是抑制了工人工作的动力,或者至少不能迫使他们像在完全市场经济条件下那样努力而有效率地工作。概括起来,这两方面的结果导致这样一种合力的产生——它既使经济不断衰退,又使期望不断上升;既使经济上产生'超负荷要求'即通货膨胀,又使政治要求超负荷化即产生不可能管理性。这些方面越来越无法通过经济上的产出来得到解决。"[2]北欧国家的高福利降低了社会劳动生产效率,而高税收削弱了企业的国际竞争力。面对20世纪70年代由石油危机引发的世界性危机,北欧福利国家开始陷入经济泥潭。据此,北欧各国不得不进行相应的改革,改革涉及就业政策、福利支出、税收、医疗以及养老金等各个方面。改革的目标是减轻政府的负担、给企业注入活力、培养和提升个人的社会责任感和工作积极性等。

尽管北欧福利国家在面对危机时做出了积极的改革,并收到了良好的效果,但其根本仍然是以私有制为主的资本主义市场经济制度,北欧各国的企业私有化决定了整个社会的经济活动,只不过把高福利和高税收相匹配,并以自身的丰富的资源及地理位置为基础,发展自身的独特的且略有优势的经济体系。北欧福利国家只是传统资本主义国家的另一种表现方式,其宣扬的"第三条道路"——民主社会主义实质是为了缓和资本主义的基本矛盾、克服贫富两极分化、增强社会凝聚力的口号,其不可能改变资本主义制度,更不可能建立社会主

---

① [德]克劳斯·奥菲,2006:《福利国家的矛盾》,吉林出版社,第8页。
② [德]克劳斯·奥菲,2006:《福利国家的矛盾》,吉林出版社,第3页。

义制度。尽管北欧福利国家成功地给世界展示了公平、公正、平等的价值理念，为其他各国的社会福利保障制度提供了宝贵的经验，但其本质仍然无法与社会主义制度划等号。因此，中国无论从制度上还是从国情上，都与北欧福利国家有着本质差异，不能照搬其发展模式，更不可能走民主社会主义或社会民主主义道路，而应从自己的社会文化传统以及经济社会现实情况出发，建设有中国特色的社会保障体系。

二、建设符合中国国情的社会福利保障体系

与欧洲发达国家全面覆盖的社会福利体系不同，中国仍然处在城镇化初级阶段，社会保障福利体系仍在建设之中。目前，城镇社会保障制度已经基本建立，大部分城市居民也纳入了社会保障体系。但在尚未实现城镇化的广大农村，仍有一部分农民没有进入社会保障体系中。因此为了加快建设全覆盖的城乡居民的社会保障体系，各级政府部门应当做好打攻坚战的准备。接下来，本小节对如何建设符合中国国情的福利保障体系进行进一步的探讨。

（一）中国社会福利保障体制的问题

"十二五"期间，我国社会保障体系建设取得了非凡的成绩，但是由于多种因素的制约，现阶段我国社会保障体系建设与欧洲发达国家相比仍然有很大的差距，同时也面临很多问题和挑战。

具体来看主要包括以下几个方面：首先，社会保障发展理念不够清晰，价值导向不够明朗。现阶段，我国社会保障供给总量不足、保障水平整体偏低、保障权益结构失衡等问题成为"十三五"期间全面建成新兴社会保障体系的主要障碍。同时，仍有学者呼吁遏制大幅福利支出，预防"福利国家病"，并主张消减财政福利支出、社会医疗保险商业化以及养老保险大户化等。可以说，这些不切实际的政策主张一旦实行势必会影响社会保障体系的实施和完善。其次，社会保障体系仍缺乏科学的顶层设计。社会保险、社会救助、社会福利三大基本制度缺乏合理的定位以及责任分工，多层次的社会保障体系的推进仍然十分缓慢，整个体系的发展目标以及理念的界定模糊。在老年人保障方面，现实中缺乏对老年人的经济保障、精神保障、服务保障的统筹规划以及顶层设计。而就医疗改革而言，远未能达到全局覆盖深化改革的目标。同时，养老保险、医疗保险以及最低生活保障等项目依然存在着责任失衡、层次不清晰、管理体制与经办机制欠合

理、与相关制度之间缺乏协同等缺陷。再次,现行社会保障制度公平性不足且效率不高。由于城乡地区差异、待遇不均衡等原因,在普惠性尚未完全凸显的情况下,各地方社会保障权益的维护存在一些失衡现象,所履行的相关义务也不完全相等,比如养老保险缴费,广东等地区缴费偏低,基金结余多,保险待遇高;而东北地区缴费高,基金结余少,保险待遇低。这种地区差异是由于制度的地区分割导致的。最后,现阶段福利保障体系的改革仍然面临许多挑战。主要包括:民众对保障制度的信任度低、预期不稳定;各地区经济发展失衡导致福利支出的差异化显著;人口老龄化问题严峻;地方政府财政状况不佳以及财政支出刚性的矛盾等等。

因此,在中国社会保障体系的发展过程中,各级政府如何化解上述问题和挑战,成为未来能否实现具有中国特色全覆盖的新型福利保障体系的关键。

(二) 中国福利保障体系发展的政策建议

"十三五"是全面建成小康社会的冲刺期与决胜期,也是中国特色的新型社会保障体系从长期试验性改革状态经过全面深化改革走向成熟、定型的决定性时期。而与世界发达国家相比,现阶段我国福利保障的总体水平比较低,财政支出结构并不完善。因此,结合中国社会保障制度所面临的问题和挑战,我国各级政府应该从以下几个方面对福利保障体系进行改革和优化:

第一,确立更加公平的价值导向,并处理好建设福利保障制度过程中公平与效率的关系,保证福利制度的可持续发展。发展符合我国国情的社会保障制度、提高人民的生活水平和不断满足人民的内在需求是各级政府的职责所在。积极推动中国式福利体系的发展、充分发挥社会保障制度的优越性,并以积极、理性的态度构建完善全面多层次的社会福利体系是各级政府刻不容缓的任务。同时,对福利保障体系进一步深化改革的最终目的是全民共享发展成果,使普惠全民的社会保障制度更加公平。近些年来,中国人民的生活水平提高得很快,但是,按照世界银行的标准,中国还有近2亿贫困人口,中国仍然还是发展中国家。因此,加大对贫困人口、贫困地区的扶持应当成为社会保障体系的核心组成部分。各政府部门应当继续坚持精准扶贫战略,增加对革命老区、边疆地区、贫困地区的财政支出,着重改善这些地区人民的生活。而为了处理好财政约束与福利刚性的矛盾,弥补各级政府无法单方面持续、高效率地开展扶贫或社会保障工作的缺陷,政府各级部门应当充分调动社会资源,以公平、公正的发展理念来不断增强社会保障的物质基础,进一步推行政府、企业、个人之间的责任共担制。在政府增加公共投入的前提下,增强个人对社会贡献和应负的责任感,保证我国福利保障制度的可持续发展。

　　第二,确立社会保障在现代社会发展中的核心地位,做好统一协调、公平普惠的福利保障制度的顶层设计。在社会的发展过程中,社会保障一直是国家治理体系中不可或缺的组成部分,国家的制度安排应以保障人民的根本利益为基础,公共政策的实施应以社会保障的价值理念为导向。社会的可持续发展,必须在经济政策与公共政策的积极配合下开展,并统筹社会福利、社会保险、社会救助三大基本制度的关系,这样社会保障体系及其功能才能得到充分的发挥。由此进一步促进城乡最低生活保障制度的整合与并轨,加强最低生活保障制度与其他社会福利体系的整合与协调,促进社会救助体系的经办管理体制整合,并推进社会救助的信息化建设。在具体的各社会保障项目的功能定位、资源配置以及制度安排方面,各级政府应该充分发挥新型保障体系的优越性来处理各类别项目的关系。比如:医疗保障体系的结构优化及其与医疗、医药"三医"之间的协同推进,老年保障体系中经济保障与服务保障之间的协同推进与结构优化,社会救助与扶贫开发之间的协同推进与结构优化,养老保险与企(职)业年金及人寿保险之间的协同推进与结构优化,法制建设、体制改革、机制创新的协同推进等。① 然而,将社会保障制度改革纳入全国深化改革体系之中,需要各省级以下部门共同努力将微观层面的单项制度的改革落实到位,由此优化福利筹资机制,提高中央和省级政府的支出比重,改善流动人口的社会权利,促进社会福利体系的制度整合和资源整合,并以"保基本、兜底线、促公平"的发展理念为全体国民提供统一、公平、普惠的社会保障。

　　第三,确保社会的基本保障全覆盖,并构建多层次的全民共享的社会福利保障体系。各级政府应当具体落实社会保险、社会救助、社会福利的基本工作,使社会保障制度安排能够真正覆盖全民。在社会保险方面,医疗保险和养老保险的覆盖深度和范围是检验社会福利保障制度安排是否公平和有效的标尺,将城乡居民和适龄人口纳入医疗和养老保险体系是各级政府推行新型保障体系的首要任务。现阶段,尽管我国大部分老年人均能够按月领取相应的养老金,但是仍然还有一部分人被排除在医疗保险和养老保险制度之外,一些地区的脱保或漏

---

　　①　郑功成,2016-02-17:《"十三五"将全面建成中国新型社会保障体系》,光明网: http://theory. gmw.cn/2016-02/17/content_18911299.htm。

保现象仍然十分严重,因此,各级政府有关部门应当全力投入到医疗和养老保险制度的人口覆盖清查之中,让所有未纳入制度之中的国民的权益得到保障。在社会救助方面,对于特殊群体的扶助,各级政府应该做到全盘托底,确保他们的基本生活需求得到满足,并逐步建设面向老年人、儿童、残疾人的社会福利机构,将需要救助的老年人、儿童、残疾人纳入福利体系中来,做到制度对这些群体的全覆盖,将社会福利制度的建设更加公平、高效。建立多层次的保障体系、合理地配置社会保障资源和规划各主体间的职责是构建完整的社会福利体系的关键之所在。在充分发挥政府职能的前提下,整合社会资源让社会各界共同分担起社会保障的责任。具体来说,就是进一步整合城镇职工医疗保险制度和机关事业单位公费医疗制度,建立统一的职工基本医疗保险制度。进一步整合城镇居民基本医疗保险和新型农村合作医疗保险,建立统一的城乡居民基本医疗保险制度。

第三节　欧债危机对中国宏观经济结构的启示

资本扩张空间与经济结构空心化的矛盾是决定欧债危机的根本原因之一,"欧洲五国"的经济结构多以服务业为主,在产业结构向外转移后,经济结构愈发单一,且空心化程度十分严重。反观欧洲核心国家——德国,制造业一直以来是其支柱性产业,并依靠先进的制造业以及对服务业良好的控制,促进了其经济结构的健康发展。甚至在全球金融危机和欧债危机面前,德国还借机巩固了其在欧洲经济中的领导地位。因此,对于欧债危机的分析和考察可以给我国宏观经济结构的调整带来一些值得思考的地方。中央已经指出,高投入、高消耗、偏重数量的发展方式已经难以为继,必须推动经济在稳定增长中优化结构。既要稳住速度,确保经济平稳运行,确保居民就业和收入持续增加,为调结构转方式创造有利条件;又要调整结构,夯实稳增长的基础。接下来,就如何调整社会需求结构和全面推动产业结构升级做进一步的探讨。

一、调整社会需求结构

根据经济学理论,一个经济体在高速增长之后,其一定会出现增速下滑。发生这种情况的原因主要有以下四个方面：（1）农村剩余劳动力耗尽；（2）制造业衰落，经济增长更多地依赖于服务业的增长，而服务业的生产率提高困难；（3）资本折旧上升，经济资源无法弥补折旧的增加；（4）经济缺乏技术创新。在现实生活中，一个经济体的快速发展，势必会面临以上几种情况，由此拖累经济的持续增长。显然，近几年，随着中国经济增速的回落，以上四种情况都已经全部出现。产能过剩、"中等收入陷阱"、人口老龄化加剧等经济社会问题在经济高速增长时期并没有表现出来或表现得不明显，但是当经济增速出现下滑后，这些问题就会显得愈发严重甚至出现集中爆发的局面。在中国经济进入"新常态"以后，消除产能、顺利跨越"中等收入陷阱"以及处理好人口老龄化问题的关键还是在于对社会需求结构的调整。

中国社会需求结构的演变呈以下两种特征：第一，投资率呈波浪式震荡上升，阶段性循环。如图 6.2 所示，在 2001 年加入 WTO 以后，投资率逐年上升，到 2004 年达到了 40％以上，而之后由于国家的紧缩政策有所回调，但幅度不大，趋于平稳。随后，2007 年继续上涨，2011 年达到了近 50％，基本维持在高位。第二，消费率的变化呈尾巴式下滑，偶有回升。1979 年改革开放后的几年，消费率稳定上涨，随后在一定区间内震荡。进入 21 世纪以来，消费率持续下降，2010 年一度下跌至 50％以下，随后趋于平稳。

可以看出，近十年来中国的高投资、低消费的需求结构十分明显。之所以会这样，与中国之前所依赖的粗放型经济发展模式有关。随着全球化的不断发展，

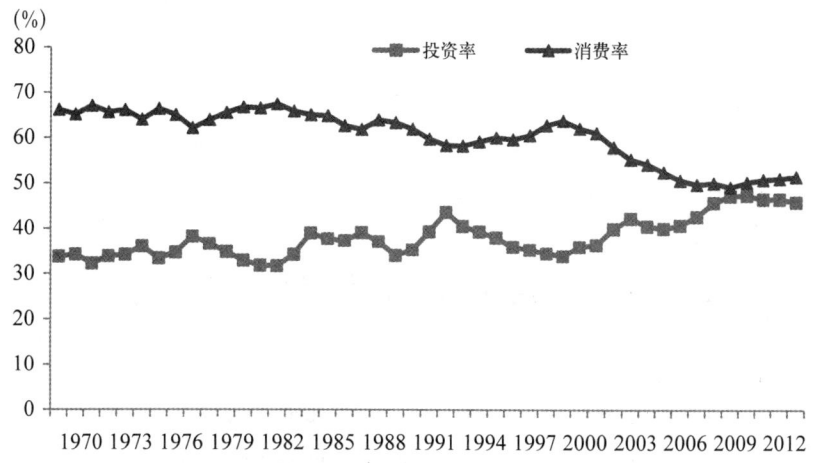

图 6.2　1970—2014 年中国需求结构变化情况

资料来源：国家统计局 http://data.stats.gov.cn/easyquery.htm? cn=C01。

过分依赖投资和出口造成了中国经济结构在简单劳动密集型与资本偏向的收入分配制度中出现了失衡。

　　具体来说,在经济发展初期,由于资本稀缺与劳动力资本丰富的对立,资本容易在劳动密集型产业中得到积累。随着经济的发展以及资本的不断积累,先进技术的应用成为资本进一步扩张的关键,也促进产业结构从劳动密集型向资本密集型转变。随着经济水平的进一步提高以及资本积累的加剧,劳动力资源逐渐萎缩,受到资本自身扩张的限制,需要更先进的技术及知识创新来支撑更高水平的发展,此时,发展知识密集性的产业成为关键。然而,在经济不断发展的各阶段,都需要相应的收入分配制度与之相匹配。可见,收入分配的失衡也是导致需求结构失衡的主要原因。收入分配失衡直接促进了需求端的萎靡。收入分配的差距拉大,直接造成了储蓄倾向的上升。投资需求相对于消费需求快速增长。有效需求不足问题日益凸现,尤其消费需求不足问题更加突出。中国的最终消费支出由居民消费支出和政府消费支出组成。而随着改革开放的深入,根据国家统计局的数据显示:居民消费支出占 GDP 比重由 1981 年的 53.4% 下跌到 2014 年的 37.9%,政府消费支出 2000 年最高的 16.7% 下降到 2014 年的 13.5%,见图 6.3。从图中不难发现,消费需求中的居民消费支出占比逐年下降,而政府消费需求比较平稳,代表投资需求的固定资本形成总额占 GDP 比重则随着经济的发展逐年攀升,2009 以后一直维持在 40% 以上。我国消费率偏低主要

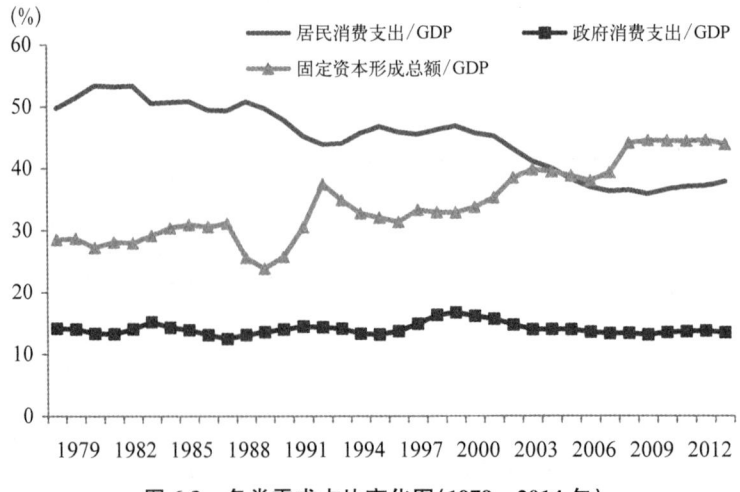

图 6.3　各类需求占比变化图(1979—2014 年)

资料来源:作者根据国家统计局公布的数据计算整理而得,http://data.stats.gov.cn/easyquery.htm? cn=C01。

表现在居民消费支出倾向偏低,高收入群体对奢侈品或高档品的需求旺盛,而低消费群体对基本消费品的需求偏低。同时,投资需求拉动的经济增长出现了增长陷阱,即流量与存量之间的结构失衡问题十分突出。因此,可以看出,在我国有效需求不足突出表现为消费需求不足,居民消费支出相对于 GDP 增长缓慢。而从深层原因来看,生产、消费与分配三者之间的不够均衡是问题的关键。

现如今,尽管消费在拉动我国经济增长方面起到了至关重要的作用,但仍然面对着环境、金融风险以及债务风险等问题,如何处理消费与这些问题的关系呢?首先,面对环境问题。从消费领域来看,美国学者施里达斯·拉夫尔曾深刻地指出:"消费问题是环境危机问题的核心,人类对生物圈的影响正在产生着对于环境的压力,并威胁着地球支持的生命的能力。"因此,我国各级政府应当强化全体人民节约资源和保护环境的意识,营造良好的生态环境和消费环境,并促使人们树立正确的生态消费价值观,由此构建一种人与自然和谐发展的可持续消费模式。从生产领域来看,我国应当利用强大的社会主义政治与经济力量来驾驭和引导企业资本的扩张,由此建立循环经济。充分发挥社会主义制度的优越性,加强对企业的区域集中管理,尤其对同类型的污染物生产企业实行大规模的集中管理,并提高污染物的再利用率。同时,鼓励生态环境技术的科技创新,为循环经济的发展提供强大的技术支持,并为建设资源节约型、环境友好型社会打下坚实基础。其次,应对金融风险。从微观上来看,消费金融作为我国政府扩大内需、调整需求结构的重要一环,在其发展过程中却存在着金融法律体系不完整、金融服务监管不健全、消费支付环境不安全、金融消费者保护机制不完善等问题,因此我国应当不断强化监管、防范风险、保护消费者利益以此促进消费金融市场的健康发展。从宏观上来看,我国必须从制度上进行防范和规避金融风险,即坚持以社会主义的公有制为主体的经济制度,建立和完善社会主义市场经济体制。同时,加强对资本的管制,反对"以资本为本",坚持"以人为本"的科学发展观。消除金融社会,即抑制金融投机和炒作,预防虚拟资本的盲目扩张,保护好中小投资者利益。最后,应对债务风险。从家庭债务来看,我国各级政府和企业应当宣扬正确的消费价值观,杜绝过多的超前消费、负债消费甚至炫耀性消费,加强全体居民的家庭债务风险管理意识,同时,合理控制全社会的家庭负债规模,使个人信贷规模的扩张与社会经济的发展水平相匹配。从政府债务来看,我国应当处理好政府负债、政府消费和个人消费之间的互补关系,尤其在地方性政府债问题上,应当完善地方财政风险监管和预警机制,并遏制地方政府的各种短期投机行为,从政治体制根源上解决地方债务问题,即扭转以"唯 GDP 论"为纲要的官员晋升考核与问责机制。同时,提高政府财政支出效率,建立符合我国国情的社会福利制度。

消费驱动带来的问题也滋生在经济增长方式转型之中。中国经济增长方式从过多依赖于出口、投资的粗放型经济增长模式向出口、投资和消费共同拉动的知识创新型经济增长模式的转变,是中国未来经济发展的核心任务。然而,收入分配差距增加会导致消费需求的进一步萎靡,从而影响投资需求,由此产能过剩和流动性过剩问题难以得到及时的解决。社会需求结构未能得到有效的调整,造成了经济增长方式转变的缓慢及低效。因此,我国应当建立市场主导资源配置、需求驱动经济的国家发展战略动态调节机制。中国经济发展战略的演变可以归纳为三个阶段:一是计划经济时期,主要实行以进口替代为主要特征的"赶超型"发展战略;二是改革开放至 2008 年,主要实行以出口导向为主要特征的比较优势发展战略;三是从 2009 年开始,中国进入以转变经济发展方式为主线的新阶段,需要构建以科学发展观为统领,以扩大消费内需、强化产业创新等内生增长动力为主要特征的内生发展战略。[①] 在现阶段,要充分认识我国资源能源禀赋的不足,利用市场在资源配置的主导作用,推动收入分配合理化和资源配置均衡化。政府应当在保障和改善民生的基础上,降低对环境资源的过分依赖,确立人力资本、知识资本驱动模式,并以人的全面发展为核心,不断增进人民福祉,由此确立需求和创新驱动为内源性的可持续发展战略。

二、全面推动产业结构升级

产业结构升级或产业结构的高度化(高级化)是指产业由低层次向高层次的转换过程。通常包括:第一、第二、第三次产业在国民经济中比重演替变化,产业结构中劳动密集型、资本密集型、技术密集型和知识密集型之间依次演变,以及产业结构从低附加值向高附加值、从低加工水平向深加工水平的演变。其核心是生产率的不断上升,产业结构向具有较高生产率、较快需求增长的以更高级技术为基础的产业群转移,最终表现为国际贸易条件的改善。[②]

改革开放以来,中国从以抑制消费和以农补工、以轻工业补重工业并让重工业优先发展的中央集权控制的计划经济体制转变为以扩大内需为主、服务业为

---

① 史晋川、黄良浩,2011:《总需求结构调整与经济发展方式转变》,《经济理论与经济管理》第 1 期。
② 王岳平,2011:《中国产业结构调整和转型升级研究》,安徽人民出版社,第 30 页。

创新发展导向和以市场在资源配置中为主导的市场经济体制。在改革开放初期,主要是扭转之前的强调积累、抑制消费和以农业补工业的发展战略,并增强重工业为轻工业服务的功能。随着改革的逐渐深入,20世纪90年代初期产业结构的主要特征表现为满足于用的需求的非农产品为原料的轻工业的迅猛发展。如图6.4所示:第一产业占GDP比重迅速下滑,从1982年的33.4%下滑至1991年的24.5%;第二产业基本保持稳定在44%上下;第三产业占比有较大幅度的上升,从1982年的21.8%上涨至1991年的33.6%。随后,第一产业和第三产业呈"剪刀差"的方式稳步发展,尤其是第三产业经过前期稳定发展后,近几年出现了"井喷式"的增长,2015年第三产业占GDP比重更是突破了50%。第三产业迅猛发展的主要原因在于:随着经济社会的发展,我国城乡居民消费文化和消费理念发生相应的变化,从注重温饱向追求生活品质的消费结构升级,消费者对服务业以及高新产业的需求促进了第三产业的高速发展。因此,从中国产业结构演变的历程可以看出,进入到21世纪以后,产业结构的调整正在稳步推进,中国经济将继续稳步向前发展。其特征主要表现为:经济结构需要不断优化来适应经济从高速发展回落到中高速发展的事实,同时,经济增长动力由要素驱动、投资驱动转向创新驱动。接下来就产业结构的特征、产业结构的矛盾以及如何推动产业结构全面升级进行进一步的探讨。

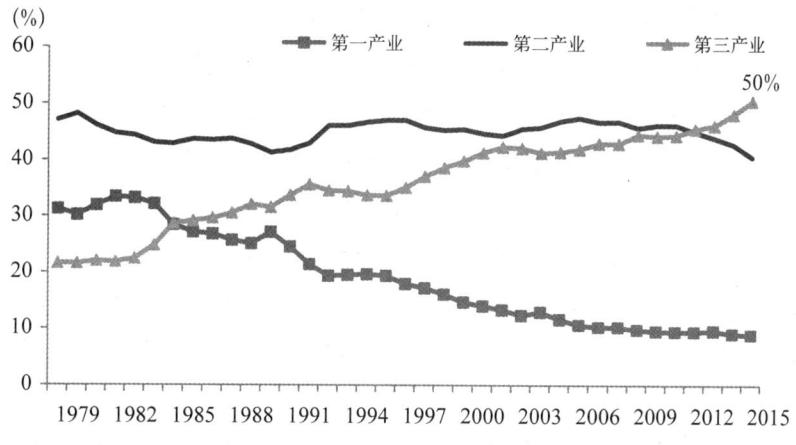

图6.4　改革开放以来中国产业结构的演变(1979—2015年)

资料来源:国家统计局 http://data.stats.gov.cn/easyquery.htm? cn=C01。

经济社会在不同的发展阶段需要不同的产业结构与之相适应,合理的产业结构能够推动经济的持续增长。从总体上来看,中国的产业结构的变化适应了总体需求的变化,由此支撑了中国经济的持续增长。然而,以往只在乎数量增长的粗放型经济发展模式所积累的矛盾成为影响未来中国经济可持续发展的重要因素。在未来产业结构调整和升级过程中,需要从实际问题出发,比如:产能过剩、环境污染、国民收入增长缓慢以及贸易条件恶化等问题,在化解矛盾的基础上实现国民经济的健康发展。

现阶段,中国产业结构的主要特征表现为以下几个方面:①(1)产业结构名义高度化较快,但其实际高度化不足。中国近十年来,制造业占 GDP 比重有明显的上升,出口工业制成品贸易额逐年攀升,其中劳动密集型产品所占比重逐年下降,以机械、电子和运输设备等为代表的高加工度产品所占比重持续上升,机电产品和高新技术产品成为出口的主导。同时,产业技术水平明显提高。但是,实际上中国制造业的能源和资源消耗较大,行业内部加工深度不足和增加值低。在加工深度不足的同时,高技术产业占比也比较低。(2)产业之间的协调性比较差,低水平产能扩张,能源资源和环境压力大,环境效应问题突出。中国产业结构的一些矛盾和问题反映出产业之间的协调性与国民经济和人民的要求相比差距较大。工业过度依赖加工制造环节,决定市场地位和附加值的产业链两端的关键环节和生产性服务业发展滞后成为制约中国产业结构升级的最主要矛盾。(3)国际贸易的竞争优势逐渐弱化导致贸易条件恶化,产业结构升级过程中的剩余劳动力就业问题仍然严峻。出口数量上的优势使得中国出口收入处于上涨的态势,但与此同时,生产率的提高并不能弥补出口商品价格的下降。在全球化的背景下,发达国家对技术创新产品的垄断,使得发展中国家的单位出口产品对进口产品的相对购买能力逐渐衰竭,从而导致发达国家与发展中国家之间的交换和竞争具有不平等性。(4)在组织结构方面,呈现局部有所改善,但垄断与过度竞争并存的事态。制造业主要是以价格竞争为主,企业集中度不高,呈现出典型的极度分散和分散竞争型特征。而石油、电信、电力、海运、银行、冶金等集中度高的行业具有垄断性强、开放度低等特征,因缺乏有效的竞争造成了服务质量差、创新动力不足等问题。

中国当前的产业结构的形成与经济增长方式、中国城镇化进程以及社会体制改革有着密切的关系。从国际产业结构转移的规律来看,产业结构一般是由产业低端向产业高端转移。中国产业结构已经进入了第三产业稳步上升,工业

---

① 王岳平,2011:《中国产业结构调整和转型升级研究》,安徽人民出版社,第28—32页。

特别是制造业在国民经济中的地位开始逐步下滑的阶段。现如今,第三产业已经成为国民经济中的第一大产业(占比 50% 以上)。随着我国城镇化进程的不断深入,城镇人口的不断集聚和上涨将促进服务业在产业结构中的比重的上升以及其就业规模的进一步扩大。

因此,未来我国产业结构的调整和转移应该围绕着制造业的高附加值、高科技化以及大力发展生产性服务业和生活性服务业的战略模式进行。同时,为了实现产业结构的全面升级,应当从以下几个方面着手：首先,根据国际环境的变化,适度调整产业结构来顺应各阶段经济社会的发展,并不断提高我国在国际竞争和全球分工中的地位,加快将我国产业结构从低端向高端、低附加值向高附加值的过渡和转变。其次,促进人与自然的协调发展,处理好经济建设、人口增长与节约资源、能源以及生态环境保护之间的关系,并推动产业结构模式从高投入、低产出、高污染的数量扩张模式向低投入、高效益和绿色化的低碳模式转变。再次,坚持"创新是发展的第一动力",促进技术与制度的协调发展,以科技创新为核心,以人才发展为支撑,不断提高产业技术含量,更多地依靠创新驱动作为经济增长的主要动力。最后,根据消费需求结构升级和产业结构升级的要求,以服务经济体系发展为主导,制造经济为辅助的发展模式,加快从制造经济向创新经济、服务经济的转型,以此促进我国经济的可持续发展。

参 考 文 献

［1］ 奥菲.福利国家的矛盾[M].郭忠华,译.吉林：吉林人民出版社,2006.

［2］ 安德森.转型中的福利国家——全球经济中的国家调整[M].杨刚,译.北京：商务印书馆,2010.

［3］ 安德森.福利资本主义的三个世界[M].苗正民,腾玉英,译.北京：商务印书馆,2010.

［4］ 艾芬格.欧洲货币与财政政策[M].向宇,译.北京：中国人民大学出版社,2003.

［5］ 阿尔博,金建,闫月梅.资本、危机和国家经济政策：新自由主义的退出？[J].当代世界与社会主义,2013(04).

［6］ 艾四林,王贵贤,马超.民主、正义与全球化——哈贝马斯政治哲学研究[M].北京：北京大学出版社,2010.

［7］ 布洛克.后工业的可能性[M].王翼龙,译.北京：商务印书馆,2010.

［8］ 鲍德里亚.消费社会[M].刘成富,全志钢,译.江苏：南京大学出版社,2006.

［9］ 布朗代,皮萨尼,加尼亚.主权债务危机[M].江时学,译.北京：中国社会科学出版社,2014.

［10］ 波斯纳.资本主义的失败[M].沈明,译.北京：北京大学出版社,2009.

［11］ 比特纳.贪婪、欺诈和无知：次贷危机真相[M].贾扬眉,译.北京：中信出版社,2008.

［12］ 贝拉米.欧元区与金融危机[M].张红地,译.北京：中国金融出版社,2013.

［13］ 伯南克.大萧条[M].辽宁：东北财经大学出版社,2008.

［14］ 博卡拉,赵超.对当前资本主义危机的马克思主义分析[J].国外理论动态,2014,(03).

［15］ 巴曙松.应从金融结构演进角度客观评估影子银行[J].经济纵横,2013(4).

［16］ 陈志勇,李祥云.公债学[M].北京：中国财政经济出版社,2012.

［17］ 陈为雷.马克思的贫困结构范式及其对当代中国的启示[J].社会主义研究,2013(2).

［18］ 陈炳辉.奥菲对现代福利国家矛盾和危机的分析[J].马克思主义与现实,2006(6).

［19］ 成思危.虚拟经济与金融危机[J].管理评论,2003(1).

［20］ 成思危.虚拟经济的基本理论及研究方法[J].管理评论,2009(1).

［21］ 陈宝森.美国经济与政府政策：从罗斯福到里根[M].北京：世界知识出版社,1988.

［22］ 崔宏伟.欧盟"内嵌的自由主义"为什么失败？——对欧债危机的解读[J].马克思主义

研究,2012(12).

[23] 狄蒙德,蒙代尔,亚力山德罗维尔切利.七十年后再读凯恩斯通论[M].王汉昆,译.北京:中国金融出版社,2012.

[24] 堤清二.消费社会批判[M].朱绍文,译.北京:经济科学出版社,1998.

[25] 杜厚文,王广中.欧元的世纪:欧洲经济与货币联盟理论与实践[M].北京:法律出版社,2003.

[26] 丁玉娟,洪波.欧洲主权债务危机原因及我国规避路径——基于马克思货币资本理论[J].当代经济研究,2012(3).

[27] 弗里德曼.自由选择[M].胡骑,译.北京:商务印书馆,2008.

[28] 菲利普斯.金融大崩盘[M].冯斌,周彪,译.北京:中信出版社,2009.

[29] 冯兴元.欧洲货币联盟与欧元历史:沿革、现状、前景和经验[M].北京:中国青年出版社,1999.

[30] 费里.欧元危机[M].郑联盛,译.湖南:湖南科技技术出版社,2015.

[31] 方东霖,任祐卓.福利主义视角下的主权债务危机[J].湖南商学院学报,2013(2).

[32] 范彦君,董裕平.主权评级对市场影响的实证分析[J].国际金融研究,2012(5).

[33] 宫川彰.解读《资本论》(第一卷)[M].刘锋,译.北京:中央编译出版社,2011.

[34] 顾俊礼.福利国家论析:以欧洲为背景的比较研究[M].北京:经济管理出版社,2002.

[35] 贡森,葛延风.福利体制和社会政策的国际比较[M].北京:中国发展出版社,2012.

[36] 郭翠萍.从福利国家的视角看欧债危机的根源[J].当代世界与社会主义,2012(6).

[37] 胡世祯.《资本论》研读(上卷)[M].广州:暨南大学出版社,2012.

[38] 何秉孟.新自由主义评析[M].北京:社会科学文献出版社,2004.

[39] 何秉孟,李千.新自由主义评析[M].北京:社会科学文献出版社,2012.

[40] 何秉孟.国际金融垄断资本与经济危机跟踪研究[M].北京:社会科学文献出版,2010.

[41] 哈耶克.通往奴役之路[M].王明毅,译.北京:中国社会科学出版社,1997.

[42] 哈贝马斯.合法化危机[M].刘北成,曹卫东,译.上海:上海人民出版社,2000.

[43] 何子英.从凯恩斯主义福利民族国家理论到熊彼特主义竞争国家理论——杰索普论福利国家的危机及其出路[J].马克思主义与现实,2006(6).

[44] 何秉孟.美国金融危机与国际金融垄断资本主义[J].中国社会科学,2010(2).

[45] 何秉孟.新自由主义:通向灾难之路——兼论新自由主义与自由主义的渊源和区别[J].马克思主义研究,2014(11).

[46] 黄晓薇,黄亦炫,郭敏.人口结构变迁、福利制度错配与主权债务适度规模[J].浙江大学学报,2015(2).

[47] 黄榕,沈坤荣.债权债务关系锁链的政治经济学分析——基于美国次贷危机与中国地方债的研究[J].马克思主义研究,2012(9).

[48] 黄河.从欧洲主权债务危机看美国评级霸权对世界经济的影响[J].国际观察,2011(6).

[49] 何小青.符号消费与广告伦理[J].湖南师范大学社会科学学报,2007(1).

[50] 金圣荣.欧元大崩溃:主权债务危机引发的欧洲经济大衰退[M].北京:电子工业出版社,2010.

[51] 加尔布雷思.富裕社会[M].赵勇,译.江苏：江苏人民出版社,2009.

[52] 加尔布雷思.经济学与公共目标[M].于海生,译.北京：华夏出版社,2010.

[53] 加尔布雷思.加尔布雷思文集[M].沈国华,译.上海：上海财经大学出版社,2006.

[54] 金指基.熊彼特经济学[M].林俊男,金全民,译.北京：北京大学出版社,1996.

[55] 金斯伯格.福利分化：比较社会政策批判导论[M].姚俊,张丽,译.浙江：浙江大学出版社,2010.

[56] 吉登斯.全球时代的欧洲[M].潘华凌,译.上海：上海译文出版社,2015.

[57] 刘俊奇.当代资本主义的发展与危机[M].北京：中国社会科学出版社,2014.

[58] 姜云飞.欧元区主权债务危机：最优货币区理论再思考与实证[M].上海：上海人民出版社,2015.

[59] 金德尔伯格.西欧金融史[M].徐子健,译.北京：中国金融出版社,2010.

[60] 金德尔伯格,阿利伯.疯狂、惊恐和崩溃：金融危机史[M].朱隽,译.北京：中国金融出版社,2014.

[61] 江时学.爱尔兰房地产泡沫解析[J].欧洲研究,2011(3).

[62] 焦玉良,张敦福.福利国家：走钢丝的巨灵——评克劳斯·奥菲《福利国家的矛盾》[J].社会科学论坛,2012(12).

[63] 蒋永穆,杨少垒.欧债危机：当代资本主义一体化异化噩梦.政治经济学评论[J].第3卷,2012(2).

[64] 卡列茨基.资本主义4.0：一种新经济的诞生[M].胡晓姣,译.北京：中信出版社,2011.

[65] 凯恩斯.就业、利息和货币通论[M].高鸿业,译.北京：商务印书馆,2004.

[66] 克鲁格曼,奥伯斯法尔德.国际经济学[M].北京：中国人民大学出版社,2002.

[67] 克鲁格曼.现在终结萧条![M].罗康琳,译.北京：中信出版社,2012.

[68] 廖子光.中国出路：全球债务危机与中国应对策略[M].林小芳,稽飞,译.北京：全国百佳出版社,2010.

[69] 利皮特.资本主义[M].刘小雪,王玉主,译.北京：中国社会科学出版社,2012.

[70] 鲁品越.资本逻辑与当代现实——经济发展观的哲学沉思[M].上海：上海财经大学出版社,2006.

[71] 鲁品越.鲜活的资本论：从深层本质到表层现象[M].上海：上海人民出版社,2015.

[72] 刘明远.马克思主义经济危机和周期理论的结构与变迁[M].北京：中国人民大学出版社,2009.

[73] 刘迎秋.国际金融危机与新自由主义的理论反思[J].经济研究,2009(11).

[74] 李建军,宗良,甄峰.主权信用评级与国家风险的逻辑关系与实证研究[J].国际金融研究,2012(12).

[75] 李其庆.全球化与新自由主义[M].广西：广西师范大学出版社,2003.

[76] 罗斯福.罗斯福选集[M].关在汉,译.北京：商务印书馆,1982.

[77] 李奇泽.欧债危机与中国经济[M].北京：人民出版社,2014.

[78] 李成勋.世界金融风暴的袭击和我们的对策[M].北京：知识产权出版社,2009.

[79] 罗斯巴德.美国大萧条[M].谢华育,译.上海：上海人民出版社,2009.

［80］ 李延喜,孙文章.债务危机、资产泡沫与经济衰退[M].辽宁：大连出版社,2015.

［81］ 列宁.列宁全集中文2版.第3卷[M].北京：北京人民出版社,1984.

［82］ 李立清,李燕凌.企业社会责任研究[M].北京：人民出版社,2005.

［83］ 栾彦.全球视角下的欧洲主权债务危机研究[M].北京：经济科学出版社,2012.

［84］ 李卓.欧洲货币一体化的理论与实践[M].湖北：武汉大学出版社,2005.

［85］ 刘宁宁.欧洲经济货币联盟政策协调机制研究[M].北京：经济科学出版社,2006.

［86］ 缪建民.欧元的使命与挑战[M].北京：中国经济出版社,2011.

［87］ 莱因哈特,罗格夫.这次不一样：八百年金融危机史[M].綦相,译.北京：机械工业出版社,2012.

［88］ 鲁品越.实践生成论：马克思主义哲学的主轴[J].哲学动态,2009(10).

［89］ 鲁品越.为什么说西式竞争性民主是资产阶级民主[J].高校理论战线,2013(2).

［90］ 鲁品越.《资本论》的真谛及对其曲解——兼论《资本论》与西方经济学的关系[J].马克思主义研究,2015(7).

［91］ 鲁品越.虚拟经济的诞生与当代精神现象[J].哲学动态,2015(8).

［92］ 鲁品越.利润率下降规律与资本的时空极化理论——利润率下行背景下的资本扩张路径[J].上海财经大学学报,2015(3).

［93］ 鲁品越.利润率下降规律下的资本高积累——《资本论》与《21世纪资本论》的矛盾及其统一[J].财经研究,2015(1).

［94］ 刘银喜,徐天骄.凯恩斯政府干预理论对化解全球金融危机的启示与借鉴[J].内蒙古大学学报(哲学社会科学版),2010(2).

［95］ 林民旺.论欧洲联盟的"民主赤字"问题[J].国际问题研究.2007(5).

［96］ 刘志明.全球性贫困：马克思和恩格斯视野中的西方全球化[J].马克思主义研究,2005(1).

［97］ 刘合波.富裕社会中的贫困：加尔布雷思的政治经济思想研究[J].哲学研究,2013(9).

［98］ 吕薇洲."北欧福利国家及其批判"论析[J].政治学研究,2012(2).

［99］ 林义,陈加旭.福利制度对欧盟国家债务危机的影响及启示[J].保险研究,2013(2).

［100］ 鲁全.欧债危机是社会保障制度导致的吗？——基于福利模式与福利增长动因的分析[J].中国人民大学学报,2012(3).

［101］ 刘厚俊,袁志田.全球公共债务危机与世界资本主义新变化[J].马克思主义研究,2011(10).

［102］ 莫尔丁,泰珀.终局：看懂全球债务危机[M].章爱民,译.北京：机械工业出版社,2012.

［103］ 迈尔.社会民主主义的转型：走向21世纪的社会民主党[M].殷叙彝,译.北京：北京大学出版社,2001.

［104］ 米什拉.社会政策与福利政策：全球化的视角[M].郑秉文,译.北京：中国劳动社会保障出版社,2007.

［105］ 曼昆.经济学原理[M].梁小民.译.北京：机械工业出版社,2003.

［106］ 明斯基.凯恩斯《通论》新释[M].张慧卉,译.北京：清华大学出版社,2009.

[107] 明斯基.稳定不稳定的经济:一种金融不稳定视角[M].石宝峰,译.北京:清华大学出版社,2010.

[108] 马焕明.归去来兮凯恩斯——"凯恩斯主义"盛衰演变与现代资本主义经济周期的关系初探[J].史学集刊,1999(3).

[109] 马克思.马克思恩格斯选集第1卷[M].北京:人民出版社,2012.

[110] 马克思.马克思恩格斯全集中文第1版,第1、2、3、6、11、23、25、26、30、42卷[M].北京:人民出版社,2012

[111] 马克思.资本论第1,3卷[M].北京:人民出版社,2004.

[112] 孟艳.欧元区国家财政政策与货币政策协调研究[J].财政研究,2010(11).

[113] 皮凯蒂.21世纪资本论[M].巴曙松,译.北京:中信出版社,2014.

[114] 卜永光,庞中英.从主权债务危机看欧元区制度的缺陷与变革[J].现代国际关系,2012(9).

[115] 彭绪庶.新金融企业的创新特征、影响因素及未来趋势[J].深圳大学学报(人文社会科学版),第36卷,2019(3).

[116] 裴小革.资本主义经济危机相关理论若干学派评析[J].经济学动态,2014(3).

[117] 彭华民,张晶.新马克思主义论福利国家内在矛盾与重组[J].国外社会科学,2009(1).

[118] 乔姆斯基.新自由主义和全球秩序[M].徐海铭,季海宏,译.江苏:江苏人民出版社,2000.

[119] 任平.马克思"资本批判"辩证视域的当代启示——对全球金融危机的哲学反思[J].哲学动态,2009(4).

[120] 孙杰.主权债务危机与欧元区的不对称性[J].欧洲研究,2011(1).

[121] 塞耶斯.马克思主义和资本主义危机[J].哲学动态,2009(5).

[122] 孙涛,臧秀玲.欧债危机与资本主义福利国家新变化[J].财经科学,2012(6).

[123] 舒建华.现代资本主义福利国家的结构性矛盾——新马克思主义的福利国家批判理论[J].理论月刊,2015(4).

[124] 孙彦红.意大利公共债务问题评析[J].欧洲研究,2015(2).

[125] 孙慧民.社会福利政策的本质:社会控制与"去商品化"[J].社会科学,1994(10).

[126] 施魏因贝格尔.欧债危机:一个德国视角的评估[J].孙彦红,译.欧洲研究,2012(3).

[127] 孙少岩,万宣辰.欧洲债务危机的几点思考[J].国际观察,2012(5).

[128] 时寒冰.欧债真相警示中国[M].北京:机械工业出版社,2012.

[129] 时寒冰.当次贷危机改变世界:中国怎么办[M].北京:机械工业出版社,2009.

[130] 萨伊.政治经济学概论[M].北京:商务印书馆,2009.

[131] 斯威齐.资本主义发展论[M].北京:商务印书馆,2009.

[132] 斯拉法.大卫·李嘉图全集第1卷[M].北京:商务印书馆,2013.

[133] 史锦华.公债学[M].北京:中国社会科学出版社,2011.

[134] 施建生.伟大的经济学家熊彼特[M].北京:中信出版社,2006.

[135] 史密斯.莱斯特.大崩盘[M].北京:社会科学文献出版社,2010.

[136] 斯密.国民财富的性质和原因的研究上卷[M].郭大力,王亚楠,译.北京:商务印书

馆,1972.

[137] 宋林飞.全球金融危机观察与思考[M].北京:光明日报出版社,2010.

[138] 沈君克.欧洲主权债务危机研究[M].山东:山东人民出版社,2013.

[139] 孙飞、赵文错.金融风暴启示录[M].北京:新世界出版社,2008.

[140] 史晋川,黄良浩.总需求结构调整与经济发展方式转变[J].经济理论与经济管理,2011(1).

[141] 沙奈.资本全球化[M].齐建华,译.北京:中央编译出版社,2001.

[142] 太田康夫.全球金融攻防30年:欧洲债务危机的来龙去脉[M].蔡林海,译.北京:经济科学出版社,2011.

[143] 王守安,于传利,杨悦新.环境经营:企业突破绿色壁垒的策略选择[M].北京:企业管理出版社,2002.

[144] 吴德礼,曹国华,李惠彬.虚拟资本与实体经济[M].北京:中国财政经济出版社,2014.

[145] 威德默.下一轮经济危机[M].宫立杰,译.北京:北京大学出版社,2012.

[146] 沃尔顿,罗考夫.美国经济史[M].王珏,译.北京:中国人民出版社,2011.

[147] 吴德礼,曹国华,李惠彬.虚拟资本与实体经济[M].北京:中国财政经济出版社,2014.

[148] 王华庆.金融创新理性的思考[M].上海:上海远东出版社,2011.

[149] 吴志成,朱旭.欧盟对欧洲主权债务危机的救助[J].南京大学学报,2013(2).

[150] 王祖奇.凯恩斯国家干预资本主义思想的产生与时代[J].学术界,2009(6).

[151] 王伟光.运用马克思主义立场、观点和方法.科学认识美国金融危机的本质和原因——重读《资本论》和《帝国主义论》[J].马克思主义研究,2009(2).

[152] 王志伟.凯恩斯主义经济理论与近年来的经济危机[J].福建论坛·人文社会科学版,2013(2).

[153] 王岳平.中国产业结构调整和转型升级研究[M].安徽:安徽人民出版社,2011.

[154] 吴雨欣.选举民主问题国内研究现状述评[J].行政论坛,2011(2).

[155] 万解秋.欧债危机.仅是金融危机的重影[N].河北经贸大学学报,2012(3).

[156] 王云龙,陈界,胡鹏.福利国家:欧洲再现代化的经历与经验[M].北京:北京大学出版社,2010.

[157] 熊彼特.经济分析史第一卷、第二卷、第三卷[M].杨敬年,译.北京:商务印书馆,2010.

[158] 熊彼特.资本主义、社会主义与民主[M].吴良健,译.北京:商务印书馆,2012.

[159] 熊彼特.从马克思到凯恩斯十大经济学家[M].宁嘉风,译.北京:商务印书馆,2013.

[160] 熊彼特.经济发展理论:对利润、资本、信贷、利息和经济周期的探究[M].叶华,译.北京:中国社会科学出版社,2009.

[161] 席勒.金融新秩序:管理21世纪的风险[M].郭艳,胡波,译.北京:中国人民大学出版社,2004.

[162] 席勒.非理性繁荣与金融危机[M].何正云,译.北京:中信出版社,2014.

[163] 席勒,阿克洛夫.动物精神[M].黄志强,译.北京:中信出版社,2012.

[164] 辛乔利、孙兆东.次贷危机[M].北京:中国经济出版社,2008.

[165] 鲁道夫·希法亭.金融资本——资本主义最新发展的研究[M].北京:商务印书

馆,2009.

[166] 许小年.从来就没有救世主[M].上海：上海三联书店,2011.

[167] 徐明.透视危机——百年来典型经济危机回顾与启示[M].北京：经济科学出版社,2009.

[168] 许涤新.政治经济学辞典[M].北京：人民出版社,1981.

[169] 谢地、宋冬林.政治经济学[M].北京：高等教育出版社,2008.

[170] 西斯蒙第.政治经济学新原理[M].何钦,译.北京：商务印书馆,2009.

[171] 希夫.国家为什么会崩溃[M].刘寅龙,译.北京：中信出版社,2013.

[172] 徐大建.资本的运营与伦理限制[J].哲学研究,2007(6).

[173] 徐大建.金融监管的伦理本质与局限性[J].道德与文明,2010(2).

[174] 徐大建.对次贷危机深层原因的哲学反思[J].上海财经大学学报,2009(5).

[175] 谢世清、郑雨薇.欧洲稳定机制(ESM)的运作及其评价[J].宏观经济研究,2015(1).

[176] 薛晶洁、陈志敏.欧盟"双重民主赤字"问题与成员国议会在欧盟决策中的参与[J].国际观察,2011(4).

[177] 胥丽.债务危机背景下西方福利国家模式的困境与启示[J].江西社会科学,2012(6).

[178] 徐明棋.欧债危机的理论评述与观点辨析[J].国际金融研究,2013(6).

[179] 徐明棋.欧元区国家主权债务危机、欧元及欧盟经济[J].世界经济研究,2010(9).

[180] 应霄燕.主权债务危机是金融资本主义的主要危机形态[J].马克思主义研究,2011(7).

[181] 杨寄荣、杨玉生.西方福利国家理论与实践评析——作为经济运行机制的福利国家[J].当代经济研究,2010(6).

[182] 杨丽艳.马克思的无产阶级贫困化理论及其当代发展[J].马克思主义研究,2006(2).

[183] 伊辛.欧元的诞生[M].王琳,译.北京：中国金融出版社,2011.

[184] 伊特韦尔.新帕尔格雷夫经济学大辞典第三卷[M].北京：经济科学出版社,1992.

[185] 余治国、叶楚华.欧元必死：揭开欧债危机的真相[M].北京：中国经济出版社,2012.

[186] 余文烈、吴海山.当代资本运动与全球金融危机[M].深圳：海天出版社,2014.

[187] 英格尔哈特.现代化与后现代化：43个国家的文化、经济与政治变迁[M].严挺,译.北京：社会科学文献出版社,2013.

[188] 俞红、姚顺良.当代欧美国家的社会与文化[M].北京：国防工业出版社,2005.

[189] 杨晓龙.基于技术效率视角的欧元区国家主权债务危机原因的分析[J].国际金融研究,2012(12).

[190] 伊诺泽姆采夫.后工业社会与可持续发展问题研究[M].安启念,译.北京：中国人民大学出版社,2004.

[191] 张丽璇.消费主义：全球化时代的资本扩张[J].求索,2011(7).

[192] 张静.法团主义[M].北京：中国社会科学出版社,2005.

[193] 张雄、鲁品越.中国经济哲学评论——2004·货币哲学专辑[M].北京：社会科学文献出版社,2005.

[194] 张雄、鲁品越.中国经济哲学评论——2006·资本哲学专辑[M].北京：社会科学文献

出版社,2007.

[195] 张雄、鲁品越.中国经济哲学评论——2010·财富哲学专辑[M].北京：社会科学文献出版社,2011.

[196] 张雄.市场经济中的非理性世界[M].上海：立信会计出版社,1995.

[197] 张型双.政治经济学原理资本主义部分[M].北京：科学出版社,2010.

[198] 赵景峰.当代资本主义经济新变化与发展趋势[M].北京：科学出版社,2014.

[199] 周莹莹、刘传哲.虚拟经济与实体经济协调发展研究[M].北京：经济管理,2013.出版社

[200] 张荔.金融自由化效应分析[M].北京：中国金融出版,2003.

[201] 张宇燕.全球智库观点：影响全球经济决策的声音[M].北京：社会科学文献出版,2013.

[202] 中国地方债务管理研究课题组.公共财政研究报告——中国地方债务管理研究[M].北京：中国财政经济出版,2011.

[203] 张志前、喇绍华.欧债危机[M].北京：社会科学文献出版,2012.

[204] 中国国际经济交流中心课题组.欧债危机评估及中国对策[M].北京：社会科学文献出版,2014.

[205] 张雄.实践转变乃是唯物史观的核心[J].哲学动态,1994(9).

[206] 张雄.货币幻想：马克思历史哲学解读[J].中国社会科学,2004(4).

[207] 张雄.时间维度与资本逻辑的勾连[J].新华文摘,2007(3).

[208] 张雄.现代性逻辑预设何以生成[J].新华文摘,2006(10).

[209] 张雄.现代性的后果：从主体性哲学到主体性资本[J].哲学研究,2006(10).

[210] 张雄.历史进步的寓意——关于历史普遍性与历史特殊性的解读[J].哲学动态,2008(12).

[211] 张雄.科学发展观精神实质初探[J].哲学研究,2008(11).

[212] 张雄.政治经济学批判：追求经济的"政治和哲学实现"[J].中国社会科学,2015(1).

[213] 周茂荣、杨继梅."欧洲学期"机制探析[J].欧洲研究,2012(3).

[214] 赵儒煜.去工业化与再工业化：欧洲主要国家的经验与教训[J].当代经济研究[J],2015(4).

[215] 周茂华.欧债危机的现状、根源、演变趋势及其对发展中国家的影响[J].经济学动态,2014(3).

[216] 张昌廷.马克思与凯恩斯经济危机理论之比较研究[N].河北经贸大学学报,2011(4).

[217] 张凤林.金融、经济危机引发的宏观理论与政策反思——基于后凯恩斯经济学派的视角[J].经济学家,2013(3).

[218] 张锐.爱尔兰债务危机的近距离观察[J].财经科学,2011(1).

[219] 张俊.福利困境、"去民主化"和欧洲一体化：欧洲政治转型的路径,欧洲研究2014(1).

[220] 褚鸣.批判的新自由主义与新自由主义批判[J].国外社会科学,2005(4).

[221] 郑秉文.社会权利：现代福利国家模式的起源与诠释[J].山东大学学报哲学社会科学版,2005(2).

[222] 郑秉文.经济理论中的福利国家[J].中国社会科学,2003(1).

[223] 郑秉文.欧债危机下的养老金制度改革——从福利国家到高债国家的教训[J].中国人口科学,2011(5).

[224] 张婷.奥菲〈福利国家的矛盾〉中的福利国家危机管理理论探析[N].山东大学学报,2015(3).

[225] 张士斌、何秋仙.欧洲福利国家扩张与公共财政赤字的关联性探讨[J].浙江社会科学,2012(9).

[226] 赵聚军.晋升锦标赛与福利超载——中国地方债务问题与欧债危机的政治学比较[J].天津社会科学,2014(6).

[227] 赵聚军.代议民主与福利超载:从福利国家危机、拉美化到欧债危机[J].经济社会体制比较,2014(3).

[228] 中国发展研究基金会.中国发展报告2008/09:构建全民共享的发展型社会[M].北京:中国发展出版社,2009.

[229] 张浚.福利困境、"去民主化"和欧洲一体化:欧洲政治转型的路径[J].欧洲研究,2014(1).

[230] 周晓明.地方债:中国式的"次贷危机"[J].财经科学,2013(9).

[231] 张尔升.矛盾转化、制度异化与债务危机[J].经济学动态,2012(6).

[232] ALSAKA R. Rating agencies' credit signals: An analysis of sovereign watch and outlook[J]. International Review of Financial Analysis, 2012, 21: 45 - 55.

[233] ALSAKA R. Rating agencies' credit signals during the European Sovereign Debt Crisis: market impact and spillovers [J]. Journal of Economic Behavior & Organization, 2013, 85: 144 - 162.

[234] ALSAKA R. The sovereign-bankrating channel and rating agencies' downgrades during the European debt crisis[J]. Journal of International Moneyand Finance, 2014, 49: 235 - 257.

[235] ARGHYROU M G. The EMU sovereign-debt crisis: Fund amentals. expectations and contagion[J]. Journal of International Financial Market. Institution &Money, 2012, 22: 658 - 677.

[236] ALI T. The impact of the sovereign debt crisis on the Eurozone countries[J]. Precedia-Social and Behavioral Sciences, 2012, 62: 424 - 430.

[237] BAUM A. Debt and growth: New evidence for the Euro area[J]. Journal of International Money and Finance, 2013, 32: 809 - 821.

[238] BORDO M. The European Crisis in the context of the history of previous financial crises[J]. Journal of Macroeconomics, 2014, 39: 275 - 284.

[239] BORDO M, MEISSNER C. Foreign currency debt, financial crises and economic growth: a long run view[R]. BIS Working Paper, 2009, 11.

[240] EICHENGREEN B. The Eurozone Crisis: phoenix miracle or lost decade[J]. Journal of Macroeconomics, 2014, 39: 288 - 308.

[241] DREGER C. Does Euro area membership affect the relation between GDP growth and public debt? [J]. Journal of Macroeconomics, 2013, 38: 481 – 486.

[242] FRIEDMAN. Foreign affairs: don't mess with moody's [N]. The New York Times, 1995.

[243] FELDSTEIN M. The failure of the euro[J]. Foreign Affair, 2011, 91: NO.1.

[244] GIBSON. The crisis in the Euro area: an analytic overview [J]. Journal of Macroeconomics, 2014, 39: 233 – 239.

[245] GOODHART. Lessons for monetary policy from the Euro-area crisis[J]. Journal of Macroeconomics, 2014, 39: 378 – 382.

[246] HONKAPOHJA. The Euro area crisis: a view from the north[J]. Journal of Macroeconomics, 2014, 39: 260 – 271.

[247] KOUTSOUKIS N S. The GrExit paradox[J]. Procedia Economics and Finance, 2014, 9: 24 – 31.

[248] KOURETAS. The Greek Crisis: causes and implications[J]. Panoeconomicus, 2010, 57: 391 – 404.

[249] LANE P R. The European Sovereign Debt Crisis [J]. Journal of Economic Perspectives, 2012, 26: 49 – 68.

[250] MANGANELLI W. What drives spreads in the Euro area government bond market? [J]. Economic Policy, 2009, 24: 191 – 240.

[251] MILNE. Limited liability government debt for the Eurozone[J]. CESifo Economic Studies, 2011, 57.

[252] MALLIAROPULOS D. Comment on "The Euro area crisis: a view from the north" [J]. Journal of Macroeconomics, 2014, 39: 272 – 274.

[253] MORO B. Lessons from the European economic and financial great crisis: a survey [J]. European Journal of Political Economy, 2014, 34: S9 – S24.

[254] MASSON P C. Monsoonal effects, spillovers, and jumps between multiple equilibria [R]. IMF Working Paper, 1998, 9.

[255] NOYER C. Risk contagion and the response of the sovereign debt crisis[R]. BIS Review, 2010, 84.

[256] PACINO C. The causes of the debt crisis in Europe and the role of regional integration [R]. Political Economy Research Institute. Working Paper series, 2010, 234.

[257] PAUL D G. The financial crisis and the future of the Eurozone[R]. Bruges European Economic Policy Briefings, 2010, 21.

[258] ROMAN A. The Euro Area Sovereign Debt Crisis and the role of ECB's monetary policy[J]. Procedia Economics and Finance, 2012, 3: 736 – 768.

[259] REICHLIN L. Monetary policy and banks in the Euro area: the tale of two crises[J]. Journal of Macroeconomics, 2014, 39: 387 – 400.

[260] REISEN H, MALTZAN. Boom and bust and sovereign ratings[J]. International

Finance，1999，7：273 - 293.

［261］ SOROS G. The crisis & the euro［J］. The New York Review of Books，2010，7：1 - 5.

［262］ WHELAN K. Ireland's Economic Crisis：the good，the bad and the ugly［J］. Journal of Macroeconomics，2014，39：424 - 440.